輪切りの江戸文化史

この一年に何が起こったか?

鈴木健一
[編]

勉誠出版

はじめに――歴史を輪切りにする試み

今、私たちは、平成三十年（二〇一八）という年を生きている。平成という元号が一年を通して存在する最後の年だ。

北朝鮮をめぐる国際情勢が大きく動いた。東アジアという地域において日本はこれからどのような立場になっていくのだろうか。また、平昌《ピョンチャン》五輪やロシアW杯サッカーが催され、東京五輪まであと二年というように、スポーツの祭典が国内外で盛り上がりを見せている。国内では、ＡＩ技術が進展する一方、働き方改革が唱えられ、将来の職業形態の変質が取り沙汰される。財政改革が必ずしも順調ではなく、年金・医療の分野に不安が漂っている。

それらの事柄を一言で表すのは難しいかもしれない。しかし、いくつかのキーワードを拾い出すことはできそうである。グローバル化と電子化、既成の制度の停止もしくは行き詰まり、新しい世界観の構築の必要性…、といったところだろうか。

同じ時間を共有している以上、あらゆる出来事がどこかで影響を及ぼし合っているに違いないと思う。この時代を生きていることから、誰も逃れることはできない。

そのことは、どの時代にも言えることではなかろうか。

私の専門である江戸時代の文学（近世文学）に関しても同様である。そこで次のようなことを考えた。

ある一年を任意に取り出してみれば、そこには共通する何かが浮かび上がってくる。同じ年に生まれた文学を中心に、政治・社会、学術・宗教、芸能・美術といったものを横に見て行くことで、そのどれにも当てはまるようなキーワードが浮かび上がってくるはずだ。そして、江戸時代のある一年を十数箇所選び、その一年に通底する特質を時代順に並べてみると、新たな江戸文化史が生まれるのではないか、と。

この実験的な試みを名付けて『輪切りの江戸文化史』としたい。

輪切りにすることで同時代の横のつながりが鮮明になり、それを時代順に並べていくことで縦の変化が見えてくる。

実際に、目次を眺めてみよう。江戸という時代における文化と文学が、十七世紀には基盤を形成しつつ、中世から脱却した。十八世紀以降、既成のシステムが停滞感を見せ、改革を繰り返しながら変貌を遂げて行く。十九世紀に入ると、海外からの影響が無視できなくなり、文化も爛熟する中で、近代へと到達する。文化とは、一直線に進化するものでもなく、また一直線に衰退するものでもない。一進一退をしつつ、展開していくものなのだ。その複雑で豊かな様相もここからは見て取ることができるだろう。

願わくば、読者諸賢が、同じ年に起こったさまざまな事象を楽しみつつ、江戸時代の文化全体についての理解を深められんことを。

平成三十年八月末日

鈴木健一

目次

目　次

寛永十三年……………一六三六

時代の始まりの熱気と気品

鈴木健一

関ヶ原の合戦は慶長《けいちょう》五年（一六〇〇）、江戸幕府成立が同八年、大坂の役は同十九・二十年、家康が没するのは元和《げんな》二年（一六一六）である。近世は、慶長（一五九六～一六一五）、元和（一六一五～二四）、そして寛永《かんえい》（一六二四～四四）へと展開していく中で、その形が定まってくる。

大きく言えば、慶長・元和・寛永には時代の始まりの、まだ粗削りだが、力強さの漲る気品のようなものが備わっている。細かく見ていくと、慶長はより粗く、寛永はより整っていよう。

近世初期の、秩序が確立していく途次に、これから取り上げる寛永十三年という年も位置している。

政治・社会の変化——幕藩体制の確立、秩序の構築

ここでは、まず政治・社会の変化を押さえておこう。完全に同時ではないにしても、政治や社会が変わっていくことと、文化が変わっていくことは、どこかで通底し合うものが必ずあるはずである。

寛永十三年に顕著な事柄としては、まず出島の完成、ならびにポルトガル人の海外追放、あるいは朝鮮通信使の来日といった国際関係の大きな事柄があり、さらに寛永通宝の鋳造、日光東照宮の造替などが挙げられるであろう。これらを一言でまとめれば、幕藩体制が確立し、秩序が整っていく過程だと言える。

出島の完成やポルトガル人の海外追放は、桃山時代以来の国際化の流れが、幕藩体制が強化されていくとともに内向きに閉じられていく流れの一環でもあった。

朝鮮通信使は、近世を通じて、まず回答兼刷還使《かいとうけんさつかんし》として三度派遣され、その後、九度通信使として

派遣されており、寛永十三年は通信使として第一回目の来訪であった。

寛永通宝の鋳造の際には、銭の通用規定も発布され、寛永通宝のみを公的な銭と定め、古銭(鐚銭《びたせん》)との換算方法も提示された。銭貨の全国的な統一が目指されたのである(中世では中国銭を用いていたもの貨幣量は不足していた)。

日光東照宮については、祖父家康を敬愛していた三代将軍家光が、この年が家康の二十一回忌に当たるため、伊勢神宮の式年遷宮にならって、ほとんどの建物を造り替えさせたものである。陽明門、唐門、本殿(いずれも国宝)など、現存の建造物の多くはこの時に造営された。東照宮の権威の確定は、徳川の世の堅固さにつながっていく。

なお、家光の強い要望によって、朝鮮通信使は厳寒の中、日光社参を行っている。

一方、文化面に即して、この年の特質をまとめるとしたら、どのようなことばで表現できるだろうか。そこでも、秩序が整っていく様相は、政治・社会面と同様認められる。今試みに、〈時代の始まりの熱気がまだ残存している中、粗削りながらも気品が感じられ、徐々に秩序が整いつつある時期〉と定義して、以下に具体例を分野横断的に検討してみることにする。

林羅山による朝鮮通信使の応接

近世に儒学、朱子学が重要な思想となるに当たって大きな力を及ぼした漢学者林羅山《はやしらざん》(一五八三〜

図1　『東照社縁起』(部分)　寛永13年(1636)、朝鮮通信使の一行が東照宮を訪れた様子が描かれている。(日光東照宮蔵、『続々日本絵巻大成：伝記・縁起篇8　東照社縁起』中央公論社、1994年より)

一六五七）は、三代将軍徳川家光（一六〇四～五一）が元和九年、伏見城において将軍宣下を受けた後、その博識・教養によって御《お》咄《はなし》衆《しゅう》として取り立てられることになった。以後、寛永六年に民部卿法印となり、同九年には将軍から下賜された上野忍岡の地に先聖殿《せんせいでん》すなわち孔子廟（現在の湯島聖堂の起源と見なされる）を建て、同十二年には江戸城大広間において諸大名を前にして武家諸法度を読み上げた。このようにして寛永の前半において羅山と林家の権威が確立していった。

寛永十三年、羅山は五十四歳。この年には、先にも述べたように朝鮮通信使が来訪し、羅山も応接をした[1]（図1）。それまで幕府の国書は対馬で執行されていたが、前年には国書の偽造が露顕する事件が決着したため、この時からは江戸で行われることになり、それを羅山が担当することになったのである。同年十二月二十七日には朝鮮国王李《り》

宗《そう》宛家光書翰を著し、また、井伊直孝・土井利勝・酒井忠勝・松平信綱・阿部忠秋・堀田正盛に代わって、「朝鮮国礼曹に答ふ」も起草した（『羅山林先生文集』巻十三）。この事実も、儒学者の地位が次第に向上しつつあることを示していよう。

一方、この時にはやや勇み足の行動も認められる。通信使に対して羅山が質問した内容の中には、次のようなものも含まれていたのである。

聞くならく、檀君《だんくん》国を享《う》くること一千余年と。何ぞ其の此《か》くの如く長生なるや。蓋し鴻荒草昧《こうくわうさうまい》、其の実を詳らかにせざるか。抑《そもそも》檀君の子孫苗裔は承襲遠久、此に至るか。恠誕の説は君子取らざるなり。且つ中華歴代の史には、朝鮮三韓伝備《つぶさ》なり。而も皆、檀君の事を載せざるは何ぞや。斉《せい》東野人《とうやじん》の語を以ての故か。（原漢文。『羅山林先生文集』巻十四所収「朝鮮国の三官使に寄す」の第一項目）

「檀君」とは、朝鮮の伝説上の始祖である。それが千年も長生きしたというのは、どういうことなのか、また、中国の代々の歴史書には朝鮮の歴史が詳しく記されているのに、壇君のことが載っていないのは、それが間違いだからではないのか、と羅山は難じる。「斉東野人の語」は『孟子』万章上にあることばで、愚かで信じるに足りないことを言う。堀勇雄氏が指摘するように[2]、日本の外交使節に対して「古事記や日本書紀に載せる日本の神話には怪誕の話が多い。イザナギ・イザナミ・天照大神・神武天皇などの事蹟が、中国の歴史書に全然見えないのは何故か」などと尋ねるのと同じで、言いがかりをつけるような無理な質問と言うべきであろう。当然のことながら、通信使の人々も、その質問には答えようとしなかった。

羅山には、朝鮮に向けて日本の優越性を示し、将軍に対して得点を稼ぎたいという目論見もあったのだろう。五十歳を過ぎ、自分自身や林家の地位が上昇しても、知識を披歴することで自己の評価を高めようとする性癖は変わらなかった。自身や林家の現状に満足せず（あるいはまだまだ安心できず）、さらなる上昇志向を抱いていたとも言えるだろう。

そして、このことは、羅山の個性に帰する部分もあろうが、それだけではなく、戦乱の世が終わり、新たな秩序が生み出され、社会全体が安定していく中で、個人がそれぞれの居場所を求めていた、時代の始まりゆえの熱気のなせる業というふうに全体的な問題に置き換えることもできる。

なお、羅山についてもう一言付け加えておく。この年、日光東照宮の造替が行われたことはすでに述べたが、四月に家光が日光に赴くのに羅山も同行している。五月には、家光の命により、『東照大権現新廟斎会《さいえ》記』を著してもいる。

仮名草子『可笑記』の批判意識

羅山が権力のきわめて近くで政治体制が整っていくのを見ていたのに対して、浪人といういわば対極の立場からそれを見届けたのが仮名草子『可笑記《かしょうき》』の作者如儡子《にょらいし》（一六〇三?~七四）である。

如儡子、本名斎藤清三郎親盛は、酒田の生まれで、父盛広が山形藩主最上家親《もがみいえちか》に仕えていたものの、元和三年に家親が没した後の相続争いによって、五十七万石が一万石に減らされてしまう。そのため、父とともに浪人となって酒田を去ることになる。まもなく父も没し、江戸である大名の祐筆を務めたものの、再び浪人の身となってしまう。万治《まんじ》三年（一六六〇）、子の秋盛が二本松藩に召し出されたため、二本松に移住し、晩年の約十五年間をここで過ごした。

如儡子が随筆『可笑記』を一応完成させたのは寛永十三年、三十四歳の頃だった。刊行されたのは同十九年、執筆を開始したのは同六年である。もっとも、同十四年〜十五の島原の乱を踏まえている章段もあり、すべてが同十三年に成ったわけではないらしい。

そして、寛永十三年に江戸において成ったものが京都にまで広まって書肆の目に留まり出版に及んだということらしい。寛永十年前後からは整版の時代に入り、市中に出回っている写本の中から適当な作品を選んで出版させる傾向があった。

寛永十九年版の『可笑記』には挿絵はなかったが、万治二年版にはある。寛永十年前後の仮名草子では、小説——御伽草子や物語——には挿絵があり、随筆類には挿絵がなく、その一点において厳密に区別されていた。この区別がなくなり随筆類にも挿絵が添えられるようになるのは、明暦《めいれき》・万治頃であった。(3)

本書には、当時の武家社会の堕落を取り上げ、無能な大名やそれに仕える家老・出頭人《しゅっとうにん》——『日葡辞書』には、主君に重用され、親しく仕える者とある——に対する批判がしばしば見受けられ、それ

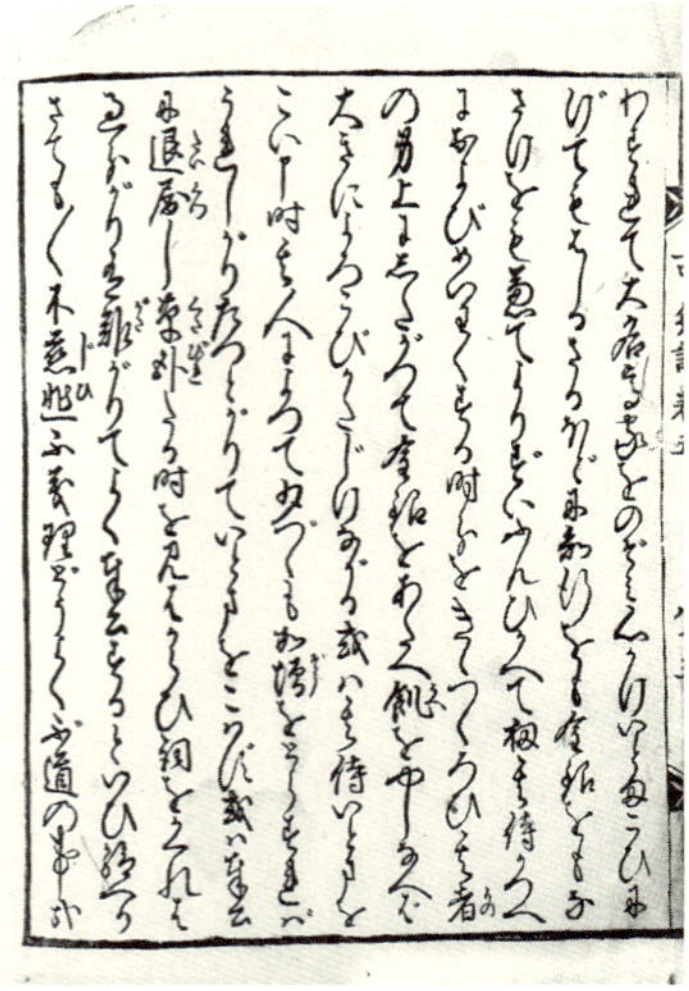

図2 『可笑記』(寛永19年版)
(早稲田大学図書館所蔵)

が大きな特徴となっている。(4)

この時期には、幕藩体制を確立するため、諸大名の改易・転封がしばしば行われ、浪人の数も増加した。著者自身も浪人として人生の多くを過ごし、そのような社会状況や自らの境遇への不満が、厳しい批判として現れたと考えられる。最初の主な読者も武士が想定され、その反響の大きさから町人などにも読まれるようになった。もっとも、その批判は激烈ではあったが、権力を全否定するものではなく、難点や欠陥を指摘して是正を期待するという類のものであった。(5) 権力をある程度認める立場からの発言なのである。

二つの章段を抜き出してみた。いずれも、本文は読みやすさに配慮し、漢字を宛てるなどの校訂を施してある。

諸侍にも知行《ちぎやう》思ふさま与へ、金銀たくさんにとらせ、情をかけて召し使へば、必ずつきあがりして、我ほどよきものはなしと身に自慢し、いつぞのほどにか家中を見こなしきらひいやがり、日比《ひごろ》の恩賞、情をわすれて、大名高家をのぞみ心がけ、いとまごひにげてもはしる。さるほどに知行をも金銀をも情をも兼てよりずいぶんひかへて、扨《さて》其侍かつへにおよび、迷惑する時分をき〻つくろひ、其者の身上にしたがつて金銀を与へ飢《うへ》をやしなへば、大きによろこびかたじけながる。（中略）さても〳〵、不慈悲不義理、胴欲《どうよく》不道の事哉と、聞人毎に身の毛いよだて、おそろしがり、かなしがり、にくがり、きたながり、腹をたゝてそしり、あざけり、悪口す。(6)（図2）

諸侍に対して、知行（領地）・金銀を与えるのを控えめにしておき、その侍が困窮したところでそれらを与えればよいという主君のことばが紹介され、それに対して厳しく非難する（「かつへ」は飢えること）。やや粗く野太い文体で語る口調には、先ほど羅山のところでも指摘した時代の始まりの熱気といったものが反映してもいる。

其家々の老《おとな》、出頭、奉行、役人などが、胴欲不道の悪人なれば、あながちに其国所を目につけ、心にこめて、ほしゝ、とりたし、うばゝばやと思はね共、をのれが欲心のつたなきまゝに、是は殿様のおため、彼は殿様の御とくよとて、めた物、金銀米銭万のものをむさぼり、あつむる故に、かならず無理ひがごとの我まゝ成仕置法度斗《ばかり》にて、侍、百姓、町人、出家までもなげき、くるしみ、うれへ、述懐ふかく、籠屋《ろうや》にめしうどおほく、道路に死罪流人たへず。しかる間、天地、わざはひ事しげく、国家、次第に衰微しもてゆき、終には滅亡うたがひなし。

国家滅亡の源をたづねれば、かの老、出頭、奉行、役人等の胴欲深き、不道の故也。さあらば、胴欲不道の老、出頭、奉行、役人は、国家をかたぶけ、天下をも乱さんとする、謀反反逆の大悪人と同事ならずや。

さりながら、しりぞいて、つく〴〵と案ずるに、国家治乱の根本はたゞ主君の善悪によるべし。

いかんと云《いふ》に、主君、仁義をわきまへ、しり給ひて、善人をめきゝし、それ〴〵の役に召し使はれ候はゞ、上に大盗人なく、下に小盗人あるべからず。責《せめ》、一人に帰すとなれば、おそれつゝしみ給ふべき事。(7)

前半では、家老、出頭人などの不正への慨嘆が激しく語られる。後半の、主君が「善」で諸侍の任用が適切に行われるならば国家は治まるという論理からは、権力を肯定しつつそれが正しく運用されることを望むという立場がうかがえよう。

ところで、『可笑記』では先行文献をそれと示さず自分の文章にすることが随所になされている。羅山の著述である金言集『巵言抄《しげんしょう》』『童観鈔《どうかんしょう》』も利用された。(8) すでにある教養的なものを継ぎ合わせて十分に練らないまま、とにかくも人々に知識を供与する、そういうことが求められる時代であったのだ。

『あだ物語』の世界

先行する文献を引用していく姿勢は、寛永十三年に後水尾院《ごみずのおいん》が感動したとされる、三浦為春《みうらためはる》（一五七三〜一六五二）の仮名草子『あだ物語』（寛永十七年刊）にも認められる。

三浦為春は紀伊大納言頼宣に仕え、筆頭家老をつとめたが、寛永元年に致仕していた。そのような人物の創作だからこそ、後水尾院の叡覧を得ることができたのであろう。そのことは寛永十三年の空《くう》性　法親王《しょうほっしんのう》による跋文に記されている（『寛政重修諸家譜』巻五三〇にも記されている）。また、公家の烏丸《からすまる》光広《みつひろ》も跋をものした。(9) ここでも権力者との関わりが看取される。

同書は、「てりうそ姫」に鳥たちが求愛の歌を贈る、姫の病を祈禱によって治したふくろ法師は姫に艶書を送り病気になる、姫からの返書を使者のみみずくが紛失し、鷹に拾われ、ふくろ法師は詰問される、姫は自殺し、鳥たちは無常を感じる、といういかにも中世的なあらすじで、室町時代末期に制作された御伽草子『ふくろふ』の内容をほぼ踏襲している。その上で、『ふくろふ』には見られなかった和・漢・仏の故事の引用が認められるのである。

このことは、口承文芸の世界に属して記憶を頼りにする御伽草子から、依拠すべき典籍を座右に置き記録を頼りに作品を作っていく仮名草子へという変化だと見なせよう。(10) 社会が安定し、文化が復興して、出版の機能が徐々に整っていく中で、教養の浸透、知識の定着という特質が顕れてきたとも言える。

茶人小堀遠州、家光へ献茶

権力との関わりという点では、茶人の小堀遠州《こぼりえんしゅう》(一五七九〜一六四七)にも寛永十三年に大きな出来事があった。(11)

慶長九年、二十六歳にして近江小室一万石を継いだ遠州は、元和九年に京都伏見奉行に任ぜられる。寛永三年には二条城の諸役をつとめ、仙洞御所や女院御所の造営に当たる。同十一年には「上方八人衆」の一人に抜擢され、畿内以西の民政を統轄することになった。幕府の職責をこなしながら、茶人としても実力をつけていったのである。

さて、寛永十三年、遠州五十八歳の年であるが、日光社参にも供奉した翌月の五月二十一日に、品川の林中に設けられた御殿において、家光に茶を献じた。このことによって、遠州の名は天下に知られるようになった。

藤原定家の色紙を飾るなど、遠州の心尽くしのもてなしは御意に叶い、天盃と、鎌倉時代後期に元から来日した禅僧清拙正澄《せいせつしょうちょう》の墨蹟「平心」を賜っている。

寛永文化においては、後水尾院の仙洞御所や、近衛信尋《このえのぶひろ》（後水尾院の弟）の桜御所をはじめ、本阿弥《ほんあみ》光悦《こうえつ》の周辺や、大徳寺、金閣寺などが文化人の集まる、いわばサロンとして機能していた。そして、これらに出入りする人々と遠州の茶会の客とは重なっていた。(12) 茶の湯を通して多くの文化人が交流する、そういった側面もこの時代を考える上で見落とせない。

そして、茶の湯の質自体も変化していた。桃山時代の古田織部《ふるたおりべ》の大胆で「へうげ」た茶に対して、遠州のそれは優美な「きれいさび」の世界だった。こぢんまりと整って美しいありかた、ここにもこの時期に共通する特徴が表れていた。

俳諧・狂歌の台頭

寛永初年、俳諧では専門作者が登場し、大きな変化が起こってくる。(13)

そもそも中世では俳諧は言い捨てられるものであった。それが記録の対象になるのは、慶長から寛永初年にかけてである。たとえば、大村由己《ゆうこ》・斎藤徳元《とくげん》・杉木望一《もういち》らの百韻などがその例として指摘できる。古活字版の『犬筑波集《いぬつくばしゅう》』が三種も刊行されたのも、俳諧の記録化と関連がある。

俳諧の台頭を示すのはそれだけではない。連歌によって行われていた寺社の法楽（芸能などによって神仏を楽しませる営み）が俳諧によって行われたり、あるいは両者が併存するようになった。慶長十五年、伊勢常明寺での神宮法楽の俳諧万句は、その早い例であり、後で述べるように尾張の熱田神宮でも寛永八年以降法楽俳諧が頻繁に行われるようになる。

さて、寛永初年の俳諧の隆盛を受けて、同八年には、当時指導的立場にあった歌学者松永貞徳《まつながていとく》（一五七一～一六五三）の門下の二人、重頼《しげより》・親重《ちかしげ》（立圃《りゅうほ》）が俳諧撰集を編もうとする。なお、この一派を貞門と称した。同十年には『犬子集《えのこしゅう》』として刊行されるのだが、その過程で二人は対立してしまい、同書は重頼単独の編となり、同じ年に立圃は『誹諧発句帳』を刊行するに至った。ただし、二人がこの後も競争して俳書を制作することによって、俳諧という分野はますます勢いを強めていくことになる。こういったところからは、新しい分野が栄えていく原動力を感じるとともに、やはり新しい時代が始まった熱気といったものも感じ取れるだろう。

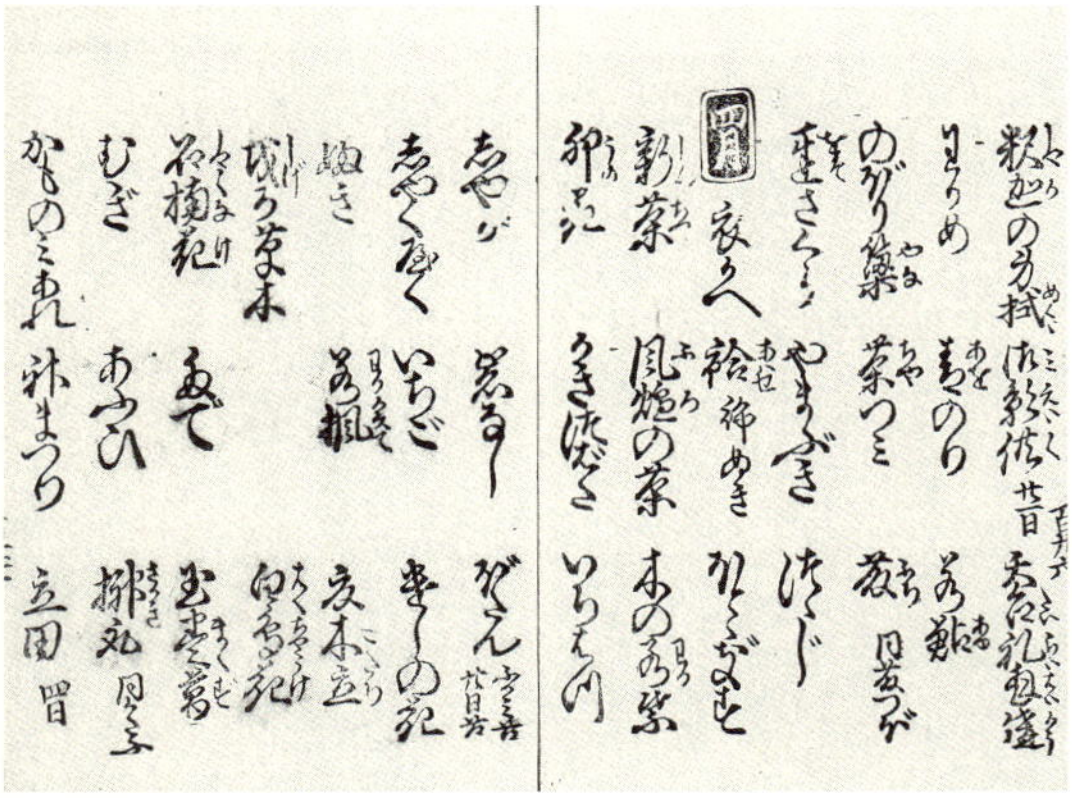
図3　『はなひ草』（早稲田大学図書館所蔵）

寛永十三年には、立圃が貞門初の俳諧作法書『はなひ草』（図3）を著している。いろは分けで用語を解説し、季語を列挙しており、携帯にも便利な小型本だった。

その序文には、次のようにある。

> 道のちまたにても知人《しるひと》に行あひぬれば、ゑもんひきつくろひひぢをいからかし、「けふは連歌の月なみにてそこ〳〵へまかる」なんどいふを、うらやましくて、道の達者にしたしみよりうかゞひみ侍れば、からのやまとのその事このことをきてのたゞしきに立入るべくもあらず。こゝに連歌のたゞごとをはいかいといひて、あながちにふるごとの跡をもおはず、今やうのよしなしごとを口にまかせていひちらすあり。其たへなる所にいたりては、輪扁《りんぺん》が輪《りん》たるべけれど、いひやすきに心ひかれて、予が為には孟母が三遷ともまげておもひなしぬ。

連歌を嗜みたいと願いつつ、制約の厳しさによって叶わず、親しみやすい俳諧へと傾倒していく、当時の貞門俳諧の作者たちの思いが如実に表れていよう。同書は、成立から半世紀以上経った元禄十二年（一六九九）に刊行された『西鶴名残の友』二―四にも「雛屋立圃、『はなひ草』を種として、（中略）世の重宝草とてそも〳〵俳諧のいろは付、是を見ぬといふ事なし」とあるように、広く流布した。

掛詞や縁語を駆使し、素朴な笑いを探究する貞門俳諧には、後の時代の芭蕉のような、人間の存在を根本から問い掛ける姿勢や、蕪村のような、唯美的な姿勢は見出せない。そういう意味では、まだ粗削りなのだが、しかし、俳諧が本来的に滑稽さを追い求めるものだという点で、貞門のありかたはむしろこの分野の特質を最もよく体現しているとも言える。

熱田の法楽俳諧についても言及しておくと、寛永八年を嚆矢とし、同十三年にも万句が興行され、以後も数度にわたり行われた。参加者は熱田近在の人々で、多くはその地域から外に向けて活躍はしなかったが、熱田の有力者橋本善四郎毎延《まいえん》や京で学び尾張藩の吏官となった小出永庵《えいあん》といった人々は京俳壇の主流と関わりを持った。(14)

今度は、狂歌に目を転じてみたいのだが、この分野も指導的存在だったのは、松永貞徳である。六十六歳になった貞徳が、寛永十三年に詠んだのが、『貞徳百首狂歌』である。たとえば、次の三首を見てみよう。

霞

1むさうできれいな物は歌人《うたびと》の口にかかれる山のはかすみ　(三番)

杜若

2業平の折句の歌のまねをせばたちまち恥をかきつばたかな　(一七番)

述懐

3借銭《しやくせん》も病もちくとあるものを物持たぬ身と誰かいふらん　(九九番)

1、「山の端霞」と「歯涅」が掛詞で、歌人によって詠まれた山の端にかかる霞という〈自然〉〈雅〉と、口に歯かすがたまっているという〈人事〉〈俗〉とが重ね合わされることで、雅俗の落差による笑いが生まれている。2、「業平の折句の歌」は言うまでもなく、「かきつばた」を各句の冒頭に置く『伊勢物語』九段の「唐衣」の歌を指す。その真似をすれば「恥をかき」と「かきつばた」が掛詞である。3、「ちくと」は、ちょっと。「病」とは、貞徳が前年に眼病を発症したことを言うか。

貞徳がもともと歌人だったということもあり、全体として笑いは鋭利ではなく穏やかで、品がい い。この時期の俳諧は微温的と称されるが、狂歌も同様であった。ただし、狂歌は俳諧のように式目によって束縛されることはなく、ことばの用い方の自由度は俳諧より高かったと言えるだろう。(15) 細川幽斎《ほそかわゆうさい》に学び、歌学者・歌人としても一流だった松永貞徳が〈雅〉文芸の担い手としての実力や権威を保ちつつ、新興の〈俗〉文芸である俳諧・狂歌を導いたところに、雅俗の交流という近世的特質が顕著に表れている。

後水尾院の詠歌活動

貞徳は地下（民間）歌人だったが、その上部構造を形成する堂上（宮中）和歌についても触れておこう。寛永六年の譲位後、後水尾院（一五九六〜一六八〇）の宮廷歌壇の詠歌活動は活発化する。射程を伸ばしてみると、応仁の乱による文化的な断絶から百数十年を経て、徐々に文化が復興していき、宮廷文化もここに来てようやく秩序が整ってきたと言えるだろう。

この寛永十三年には、五月に和漢千句、十月に当座百首、十一月に当座二百首の会がそれぞれ行われる（「当座」とは、当日その場で歌題が与えられること）。同十四年には、三月三日から一日一首ずつ詠んでいく後水尾院の着到百首があった。烏丸光広や中院通村《なかのいんみちむら》ら重要な歌人たちも同時に詠んでいる。同十五年には、後水尾院が追慕してやまなかった後鳥羽院の四百年忌によって、追善三十首の歌会が催される。同十六年には、二年後にその内容が公刊されることになる歌合御会がある。以上は、後水尾院単独の営みではなく、歌壇の構成員による集団的な行為であった。また、正確な数値を出すのはむずかしいのだが、『後水尾院御集』の歌を検討していくと、寛永十四年前後が入集数としては最多だと考えられる。これらのことから、寛永十三年は、後水尾院歌壇の最盛期の中の一年と位置付けてよいように思う。同十五年に光広が、同十七年に三条西実条《さんじようにしさねえだ》が没し、年長の実力者を失うことで、宮廷歌壇は後水尾院が主導し通村が強力に補佐する体制へと変化していく。

さて、寛永十三年に、後水尾院は四十一歳。内閣文庫蔵『近代御会和歌集』によれば、十一月十六日の当座二百首の歌会で、後水尾院は、

初花

世の常の色香とも見ず待たれこし初花染《はつはなぞめ》の深き思ひは　（後水尾院御集・一二七番）

という歌を詠んでいる。「初花染」は、その年あるいは季節に初めて咲く花で染めたものを言う。多くの場合は、以下に挙げる古今集歌のように紅花を指すが、後水尾院は桜に対してそれを用いている。歌意は、ずっと待っていて、今日ようやく出会えた咲き初めの花であることだ。その花で染めた色が深いように、私も深く思っているので、尋常の色香とは見えない。二句切れで倒置法を用いているところが清新で印象的である。

さて、この歌は、『古今集』恋四に収められているよみ人しらずの、

紅《くれなゐ》の初花染めの色深く思ひし心我忘れめや　（七二三番）

を本歌取りしている。古今集歌では、初咲きの紅花で染めた色が深いという自然の情景と、恋する相

手を思い初めた頃の愛情が深いという人間の心情を重ね合わせて、自らの恋心を歌っているわけだが、後水尾院は「初花染」「深き思ひ」を摂取しつつ、自然の情景に絞っておいて、桜の花への思いが強くて、それが初めて咲いたことへの感動も一入だというふうに詠じてみせる。『古今集』の世界と一体化しつつ、それをずらしていくことで個別の美しさを表そうとする優美なありかたに、近世初期の和歌が持つ気品が見て取れよう。

漢詩人石川丈山、広島を去り、上京

雅俗という範疇において、漢文学も〈雅〉に属する。

当代随一の漢詩人と評される石川丈山《いしかわじょうざん》（一五八三〜一六七二）は、慶長二十年（一六一五）、大坂夏の陣で奮戦したものの、先駆けしたことを軍令違反に問われて致仕し、元和九年（一六二三）広島安芸藩の浅野家に出仕していた。しかし、人見竹洞《ひとみちくどう》撰「東渓石先生年譜」（『新編覆醤集』所収）によれば、この出仕は母を扶養するためのものに過ぎず、丈山の本意ではなかった。そこで、前年に母が没したことをもって、寛永十三年、五十四歳（丈山と羅山は同じ年の生まれ）の時に丈山は浅野家を致仕し、広島を去ることになる。次に掲げるのは、同年春、厳島に遊んだ際に詠んだ一首である。厳島の地を寿ぎ、そして愛惜の念を込めて別れを告げる。丈山の詩は全体として静謐で気品がある。この詩もその例に洩れない。

江山頗係念　　江山　頗る念を係《か》け

行楽賞春晴　行楽　春晴を賞す
俯見魚龍躍　俯《ふ》して魚龍の躍るを見
仰聞猿鶴鳴　仰いで猿鶴の鳴くを聞く
月昇灯影淡　月昇りて灯影淡く
風静磬声清　風静かにして磬声《けいせい》清し
要永別雲水　永く雲水に別れんと要して
留詩記姓名　詩を留めて姓名を記す

（覆醤集・上）

【現代語訳】海と山にひどく感動し、晴れた春の一日を遊び楽しんだ。下を見ると魚が跳ね上がり、見上げると、樹上からは猿の、空からは鶴の鳴き声がそれぞれ聞こえる。月が昇ると、灯火の光は薄らぎ、風が静まると、僧の打ち鳴らす磬の音が清らかに伝わってくる。この地の風物に永遠の別れを告げようとして、ここに自作の詩を留め、自らの姓名を記しておくことにする。(16)

丈山は、この後、京都相国寺の傍ら、さらに洛北一条寺村に隠棲し、多くの詩を作って、九十歳の齢を保つ。

狩野探幽と日光東照宮

最後に、絵画の分野にも目を転じておこう。

寛永十二年、養子に迎えた益信に「采女」の号を譲るため、三十四歳だった狩野探幽《かのうたんゆう》（一六〇二～七四）は、斎号を「探幽」と定めた。

探幽の絵の特徴としては、簡素で図様化され、余白による淡白さの強調がなされるといった評価が与えられている。まさに「全体の落ち着いた華やかさ、品のよさ」(17)といったものが指摘できるのである。これもまた、ここまで述べてきたこの時期の特徴と呼応し合うものであろう。文学と美術と、分野は異なっていても、通底するものは確かに存在しているのである。

寛永十三年、探幽三十五歳の年には、日光東照宮に関連する御用がさまざまにあった。本社の彩色を長信、安信ら六人とともに担い、陽明門の「雲龍図」も描き、また『東照社縁起絵巻』制作も命ぜられた（絵巻の成立は同十七年である）。

縁起絵を制作するに当たっては、天海《てんかい》僧正の指示によって、狩野元信（一四七六～一五五九）の描いた『清涼寺縁起絵巻』や、同じく清涼寺に伝わる『融通《ゆうづう》念仏縁起絵巻』などを取り寄せ、それらを参考にしたという。(18)ここには幕府の意向に沿う形で作品を創り出していく探幽の姿が見て取れよう。権力との関わりは、近世初期の文化的な事業を行う上では必要なことだったのである。

＊　＊　＊　＊

以上、寛永十三年の文化的状況が〈時代の始まりの熱気がまだ残存している中、粗削りながらも気品が感じられ、徐々に秩序が整いつつある時期〉だということについて、具体例を挙げて述べてきた。

この時点で整いつつあった秩序——儒学、朱子学の日本化、出版機能の発達及びそれに伴う啓蒙性、雅俗の共存——は、この後二百数十年にわたって、近世という時代の文化的特質を先取りするものであったと言えるだろう。

そして、ここで取り上げたもののうち、日光東照宮については、林羅山、小堀遠州、狩野探幽らが関わり、通信使も訪れていた。通信使と羅山とのやり取りも印象深い。そんなふうに、ある事柄に着目しても、同時代の人々は横につながっていると言えるだろう。文化を創り出す人々が権力的なものとつながりが強い時代だとも言える。もちろん、浪人(如儡子)、地下(松永貞徳)、隠逸(石川丈山)といった、権力から距離を置いた人々もいたことで、文化は厚みをもって生成されもする。ある程度、時間と空間を共有しながら、そこに幅を持たせつつ、時代、時期、年は動いていくのである。

注

(1) 拙著『林羅山』(ミネルヴァ書房・日本評伝選、二〇一二年)一二五~一三〇頁。
(2) 堀勇雄『林羅山』(吉川弘文館・人物叢書、一九六四年)二九七頁。
(3) 以上、市古夏生『近世初期文学と出版文化』(若草書房、一九九八年)八、一九、二九七~三〇一頁による。
(4) 深沢秋男「可笑記」(『古典の事典』第七巻、河出書房新社、一九八六年)などを参照した。
(5) 渡辺守邦『仮名草子の基底』(勉誠社、一九八六年)二四~三三頁。

（6）『仮名草子集成』第十四巻三七四～三七五頁。
（7）『仮名草子集成』第十四巻一五四頁。
（8）前掲注5渡辺書、三～四一頁。
（9）『近世文学資料類従　仮名草子編』第十四巻、渡辺守邦氏解題。
（10）前掲注5渡辺書、二九六～三〇二頁。
（11）谷端昭夫『茶の湯の文化史』（吉川弘文館、一九九九年）七二～七八頁、深谷信子『小堀遠州　綺麗さびの茶会』（大修館書店、二〇一三年）一五〇～一五六頁などを参照した。
（12）熊倉功夫著作集第二巻『茶の湯と茶人の歴史』（思文閣出版、二〇一六年）三一〇～三三四頁。
（13）森川昭「〔貞門俳句の展開〕概説」（『古典俳句を学ぶ（上）』有斐閣、一九七七年）などを参照した。
（14）服部直子『尾張俳壇攷』（清文堂出版、二〇〇六年）一～二頁。
（15）田中仁「貞徳俳諧と狂歌の思想」（『形成される教養　十七世紀日本の〈知〉』勉誠出版、二〇一五年）三九三頁。
（16）『江戸詩人選集』第一巻（岩波書店、一九九一年）三六頁における上野洋三氏の注釈と、小川武彦・石島勇『石川丈山年譜　本編』（青裳堂書店、一九九四年）二一八～二三四頁を参考にした。
（17）門脇むつみ『巨匠狩野探幽の誕生』（朝日選書、二〇一四年）五六頁。
（18）榊原悟『狩野探幽　御用絵師の肖像』（臨川書店、二〇一四年）二七九～二八九頁。

文化的インフラ整備期

万治三年……一六六〇

大山和哉

明暦の大火からの復興

炎は空にみち〳〵て、風にまかせてとびちりつゝ、かさなりあつまり、おしあひもみあふ人の上に、三方よりふきかけしかば、数万の男女さはぎたち、あまりにたえかねて、あるひは人の肩を踏まへてはしるもあり、あるひは屋のうへにあがりて逃ぐるもあり、これは〳〵といふ程こそありけれ、高さ十丈ばかりにきりたてたる石垣のうへより堀の中へとび入けり。（中略）さしもにふかき浅草の堀、死人にてうづみけり。そのかず二万三千余人、三町四方にかさなりて、堀はさながら平地になる。

（浅井了意『むさしあぶみ』[1]）

江戸三大火の一つである明暦の大火、いわゆる「振袖火事」は、明暦三年（一六五七）一月十八・十九日、乾燥した空気と折からの強風が災いして、江戸市中の半分以上を焼き尽くした。被害に遭ったのは、大名屋敷一六〇、旗本屋敷七七〇余、町屋は両町（道を挟んで両側に家がある作りの町）で四〇〇町、寺社三五〇、橋梁六十、倉庫九〇〇〇、死者の数は十万を越えると言われる。[2]

冒頭の『むさしあぶみ』（万治四年（一六六一。同年四月に寛文へ改元）刊）は仮名草子作者である浅井《あさい》了意《りょうい》（生年未詳、一六九一没）の著作で、明暦の大火の詳細を伝える。引用箇所は十八日の浅草惣門での惨状を示す場面である。市中に火が燃え広がる中、罪人達が牢を破って逃げ出したとの情報が流れ、浅草惣門は罪人の逃亡を防ぐために閉じられてしまった。そうとは知らずに避難しようとする人々は、門から出ることができず門前に溢れかえる。そのうちに耐えかねた者は石垣を乗り越えて堀へ飛び込むが、身を損じて次々と死傷する。結局、ここでの死者は二万三〇〇〇人を越えたという（図1）。

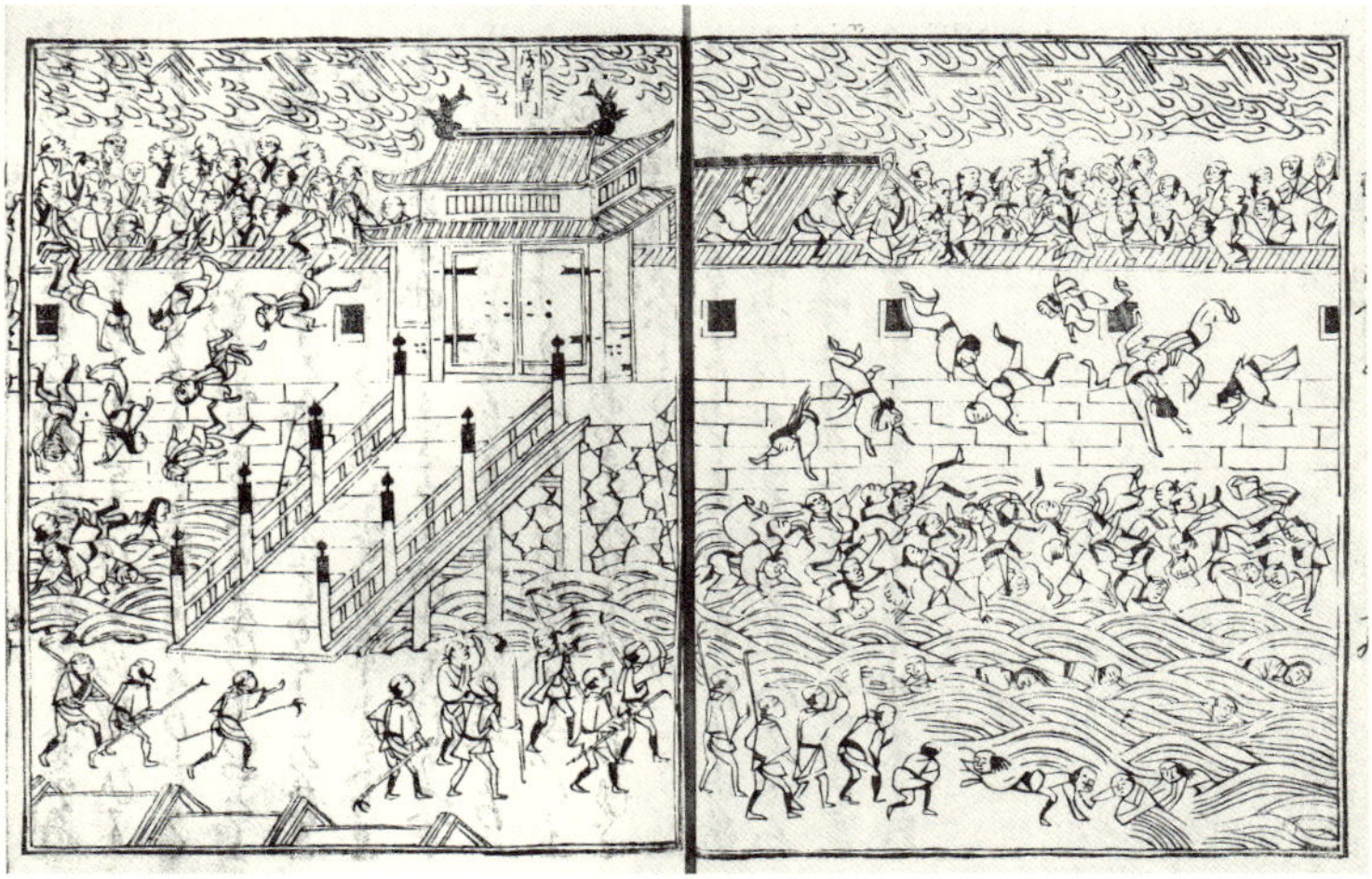

図1　板本『むさしあぶみ』浅草惣門の図(国立国会図書館蔵)

未曾有の大災害を受け、徳川家綱（一六四一～八〇）を将軍とする幕府は給米や恩貸金によって復興を進めるとともに、火除地《ひよけち》の設置や防火に関わる町触《まちぶれ》など、火災対策に力を入れた。

市街地の整備として、万治三年には江戸城の外堀にあたる神田川の掘削工事が行われた。牛込より和泉橋までの水運確保のためのもので、この結果牛込周辺は農地から住宅地へと様相を変えることとなった。[3]武蔵国と下総国の二国を結んだ両国橋の架橋もこの頃（万治二年）で、火災の際の避難経路が確保され、また東西のたもとには延焼を防ぐ火除地として広小路《ひろこうじ》も設置された。加えて、市中の過密化を避けるために武家屋敷や寺社が移動していく経路ともなった。江戸の街が、火事からの復興と防災の観点から大きく作り直されていったのである。[4]万治三年は、いまだ明暦の大火からの復興途上にあった年と言える。

ところで、神田川の掘削工事の命を幕府から受けたのは、当時二十一歳の第三代仙台藩主伊達綱宗《だてつなむね》（一六四〇～一七一一）であった。しかしこの工事の最中にとある事件が起こる。「綱宗は日頃から病気がちであり、日常の務めに支障があるため、綱宗の二歳の長男・亀千代に家督を相続させたい」との申し出が、綱宗の叔父・伊達宗勝《むねかつ》をはじめ一門老臣から、老中酒井忠清《さかいただきよ》（一六二四～八一）へなされたのである。実際のところは、「綱宗、頃日酒色にふけり、家士等が諫をも聞き入れざる」(5)というていたらくであったために、見かねた近親者が綱宗の隠居を画策したもので、綱宗自身はそうした動きを事前に知らされていなかった。結局、綱宗はその不行跡のために逼塞を命じられ、亀千代が家督を継いだ。この亀千代が後の伊達綱村《つなむら》（一六五九～一七一九）であり、以降、伊達家の御家騒動である「伊達騒動」へと発展していく。後世、歌舞伎や実録の題材として長く語られていくこととなる伊達騒動は、ここに端を発していた。(6)

市民レベルの防災

町触では、市民一人一人が心がけるべき防災対策も示された。万治三年一月二十九日に出された江戸の町触(7)の一部を見てみよう。

一、火事の時分、面々手前の火を消し候ひて、火事出来候はぬ様に仕るべき事

一、火事の節、いづれの橋にも荷物積み置き申すまじき事

一、橋両向の者共、橋焼け申さぬ様に心掛け、尤も人足を出し橋防ぎ申すべく候ふ事

火事が起こった際にとるべき行動として、自分の使っている火を直ちに消して延焼を防ぐこと、橋

の上に荷物を積み置いたままにしないこと、橋のたもとに住む者は避難経路となる橋に火が移らないよう人々を集めて防火に努めること、などが示されている。こうした草の根からの防災活動を呼びかけることによって、幕府の意図した防災機能が十全に働くことが期待されたのである。ただし、例えば両国橋の広小路は、後に仮設の屋台や見世物小屋などが立ち並び、また人々が涼を得たり花火を見たりと、江戸市民の憩う場となっていった。必ずしも幕府の思惑通りに事が運ぶわけではないが、むしろそこにまた新たな文化が生まれていくところに、文化史のおもしろさがある。

なお、万治三年にも各地で火事のあったことが記録されている。『厳有院殿御実紀』(家綱の将軍在職期間の記録)には、一月十四日湯島天神前、同日名古屋城、同二十六日甲府、二月三日江戸牛込、同十八日江戸四谷、同二十四日江戸京橋、同二十八日日光山麓、三月二十・二十一日出羽米沢、十月十二日江戸橋場、十一月十二日長崎などの火事が記録されている。さらに、六月十八日には大坂城の火薬庫に落雷があり、大きな被害となった。夏から秋にかけては、七月二十八日日光、同二十九日伊勢国、八月二十日近畿から東北までの広範囲、九月二十日「諸国」などにおいて洪水が起こっている。こうした災害への対処と防災対策は、近世期を通じて常に課題であり続けた。

浅井了意と書肆《しょし》河野道清

こうした万治年間に活躍した仮名草子作者として、先に触れた浅井了意を再度取り上げたい。

了意は生年未詳。父は摂津三嶋江の真宗大谷派本照寺住職であったが、後に宗門から追放されている。了意は成年後、出家して京都正願寺二世住職、後に京都本性寺住職。号は了意、松雲、瓢水子、羊岐斎。元禄四年（一六九一）元旦に八十歳前後で没する。その生涯については不明な部分も多いが、万治二年（一六五九）の『堪忍記』刊行を皮切りに、立て続けに仮名草子を発表していく。『御伽婢子《おとぎぼうこ》』（寛文六年（一六六六）刊）『狗張子《いぬはりこ》』（未完、元禄五年（一六九二）刊）といった怪異小説の作者として知られるが、旅行記の『東海道名所記』（万治年間頃刊）『江戸名所記』（寛文二年刊）、批評書の『可笑記評判』（万治三年刊）、災害の報道文学である『むさしあぶみ』（万治四年（寛文元）刊）『かなめ石』（寛文二年刊）、種々の仏書など、多彩なジャンルの作品を手がけている。

初期の活動では、『東海道名所記』『むさしあぶみ』『江戸名所記』と、江戸に関わる著作が集中している。万治年間に江戸が復興を遂げる一方、京・大坂は材木や衣服、陶器類などの需要を受けて、経済は上昇傾向にあった。これに伴って、東海道の往来も活発になり、道中はさらに整備が進んだ。万治二年には道中奉行がはじめて置かれ、大目付の高木守久がその任に就いている。道中奉行ははじめ東海道の管理に当たっていたが、後に五街道とその付属街道の宿駅・道橋を一手に管掌することとなる。(8) こうした状況の中、上方の人々の間では東海道や江戸への興味が惹起されていただろう。前述の三書が万治から寛文初期に出版されていることは、そうした需要を当て込んでのことと考えられる。(9)

驚異的ともいえるスピードで出版された了意の著作であるが、了意の速筆だけがその要因ではない。出版における企画編集能力も大いに関与していたようである。

例えば『東海道名所記』は、先行する「道中記」（旅路の宿場・名所旧跡・里程などを記した実用的な旅行書）や、林羅山（一五八三～一六五七）の東海道紀行文である『丙辰《へいしん》紀行《きこう》』（寛永十五年刊）の記述によって大部分が構成されており、さらにその他数種の仮名草子からも記事を援用する。[10] 必要な情報を手際よく整理して一書にまとめ上げる了意の手腕が発揮されている。

また、自著の記述も利用している。『江戸名所記』巻四の一「廻向院《えこういん》」には、明暦の大火の被害によって無縁仏となった人々を供養するために回向院（現東京都墨田区）が建てられたことが記されている。この一節の内容は、前年に刊行された『むさしあぶみ』を略記した形になっている。[11] 火災直前の当日の様子を記した場面を並べてみよう。

扨も明暦三年丁酉、正月十八日、辰刻ばかりのことなるに、乾のかたより風吹き出だし、しきりに大風となり、ちりほこりを中天に吹き上げて空にたなびきわたる有さま、雲かあらぬか煙のうずまくか、春のかすみのたな引くかとあやしむほどに、江戸中の貴賤、門戸をひらきえず。夜は明けながらまだくらやみのごとく、人の往来もさらになし。

（『むさしあぶみ』）

そのかみ明暦三年ひのとのとり、正月十八日、辰の刻ばかりの事なるに、乾のかたより風吹きいだし、しきりに大風となり、塵ほこりを吹きあげて、中天にうずまきわたるありさま、雲か煙かとあやしむ。夜はすでにあけながら、くらやみのごとし。

（『江戸名所記』[12]）

『むさしあぶみ』の表現をやや変え、適宜省きながら『江戸名所記』の本文が作られていることが分かる。「廻向院」の章は概ねこの方針で著述されているのである。そもそも『むさしあぶみ』が明暦の大火のルポルタージュであるのに対し、『江戸名所記』は旅行記であって、執筆の意図が異なる。

同様の情報を目的に沿って編集し直すことで、効率良く執筆を進めることを狙ったのであろう。

さて、『東海道名所記』『むさしあぶみ』『江戸名所記』が立て続けに出版されたことについて、坂巻甲太はその背後に書肆（書物の出版、販売を行う店）の存在を想定している。[13] この三書のうち、『むさしあぶみ』『江戸名所記』二書の初版は、その刊記からいずれも京都の書肆河野道清が版元であったことが分かる。河野道清は、『むさしあぶみ』刊行と同じ万治四年三月の刊記を持つ『新板武州江戸之図』[14]を刊行している。これは明暦の大火後の江戸を描いた一枚図である。このようにして江戸に関わる著作・地図がほぼ同時期に刊行されたことは偶然ではなく、おそらくは当時の上方において、明暦の大火及びその後の江戸の状況に関する情報への興味が高まっており、それを当て込んで道清が『むさしあぶみ』『新板武州江戸之図』、そして『江戸名所記』の刊行を進めた。無刊記ではあるが、『東海道名所記』もその中に入るのであろう。以上が坂巻の説である。

そうすると、先に見た浅井了意による先行作品の「編集」の方法もまた、道清との相談の上に成った可能性が考えられる。各時代、各地域におけるニーズを察知し、的確に商品を提供していく作家と書肆のあり方は、明暦・万治・寛文の頃に成熟を遂げていく。[15] 了意と河野道清は、その好例と見ることができよう。

大衆に向けた出版の活況

さて、万治前後の出版業界は、書肆、出版書数ともにその数を増やし、活況を呈していた。十七世紀前半には仏書、漢籍、古典文学など、専門書と言うべきものが中心であったのに対し、明暦・万治の頃には仮名草子や俳諧書、旅行記等の実用書などが多く刊行され、より広い読者を対象としたラインナップが出揃ってくる。万治・寛文期頃から、当時出版されていた書目を記した「書籍《しょじゃく》目録」が刊行されるようになったことも、こうした状況を示すものである。

この時期に出版された本の形式上の変化として、挿絵を持つ本のジャンルが拡張したことが挙げられる。それまで挿絵を持つ文学作品の版本は、御伽草子や物語類、あるいは『うらみのすけ』『薄雪物語』などストーリーを持つ仮名草子に限られ、『徒然草』や、教訓色の強い仮名草子である『可笑記』など随筆に含まれるものには挿絵がなかった。この区別が解消され、随筆にも挿絵が見られるようになるのが明暦・万治頃である。[16] 実際、『可笑記』諸本について見てみると、寛永十九年（一六四二）版十一行本、寛永十九年版十二行本、無刊記本、万治二年版絵入本の四種が知られるが、[17] 挿絵を持つものは万治二年版絵入本のみである。これも当時の風潮を反映したものと見られる。

版本の挿絵に関連して、菱川師宣《ひしかわもろのぶ》（生年未詳、一六九四年没）にも触れておきたい。『見返り美人図』で知られる師宣の出生、幼少期については不明な点が多いが、万治・寛文期には江戸に出て活動していたと見られる。確実に師宣の手になる挿絵を持つと分かる最初の本は、寛文十二年に刊行された『武家百人一首』である。『武家百人一首』の刊記に「絵師　菱川吉兵衛」（吉兵衛は師宣の通称）とあり、その名が確認できる。実は、絵師が署名を入れた刊本はこれが最初とされている。[18] このことはそれまで絵師が軽視されてきたことを物語るものであるが、裏を返せばこの時期から挿絵が刊本の重要な要素として明確に位置付けられるようになったということでもある。江戸後期には葛飾北斎（一七六〇～一八四九）や歌川広重（一七九七～一八五八）といった浮世絵界のビッグネームも挿絵を描いている。書物を出版する上で欠かせなくなっていく挿絵のあり方も、万治期を転機として大きく変容したのである。

芸能の新たな動き

本来語り物である浄瑠璃もまた、書肆との関わりの中で新たな局面へと歩を進めていた。

遊女「浄瑠璃御前（浄瑠璃姫）」を主人公とした語り物の『浄瑠璃御前物語（十二段草子）』は、もと三河国矢作地方の遊女達による創作とされる。(19) 後に同種の語り物の総称を「浄瑠璃」と呼んだ。浄瑠璃は近世初期に人形操りと結びつき、操り浄瑠璃となって人気を博した。先に取り上げた『東海道名所記』でも、京都四条河原で行われた操り浄瑠璃の様子が記されている。その演目も、浄瑠璃独自のものに限らず、周辺ジャンルの作品を取り込んで浄瑠璃化し、その規模を広げた。近世初期には、先行する文学に依拠した形で発展を遂げてきたのである。

寛永期（一六二四―四四）頃からは、書肆による浄瑠璃正本《しょうほん》（詞章の版本）の作成が、浄瑠璃興行に先行するようになった。すなわち、書肆が既存の文学作品の詞章を編集して正本を作り、それを太夫《たゆう》（語り手）が語るのである。語り物という、本来口承の芸能であった浄瑠璃が、むしろ書承によるものとなることで、書肆の本文作成・編集作業が浄瑠璃の要となった。(20)

さらに、明暦・万治・寛文の頃に隆盛を誇った金平《きんぴら》浄瑠璃は、それまでの浄瑠璃の在り方とは大きく異なるものであった。

金平浄瑠璃とは、源頼光の説話類を元に、坂田金時の子として仮構された坂田金平を中心に活躍させる筋の浄瑠璃である。武勇に優れた金平と、知略に富む渡辺竹綱（渡辺綱の子とされる架空の人物）とが政治社会的な闘争に立ち向かう活劇は、江戸、上方共に好評であった。

江戸では桜井《さくらい》和泉《いずみ》太夫《だゆう》（生没年未詳）が活躍した。金平浄瑠璃の嚆矢とされる『宇治の姫切』（明暦四年（万治元）刊）は和泉太夫の正本で、作者は岡《おか》清《せい》兵衛《べえ》とされる（図2）。「浄瑠璃作者」なる存在の出現は、先行文学に依存したそれまでの浄瑠璃とは異なり、作者によって浄瑠璃独自の演目が制作されるようになったことを意味する。[21] 浄瑠璃史上の画期であり、コンテンツのさらなる充実が期待されると共に、後の近松門左衛門登場の足場をも用意することとなった。

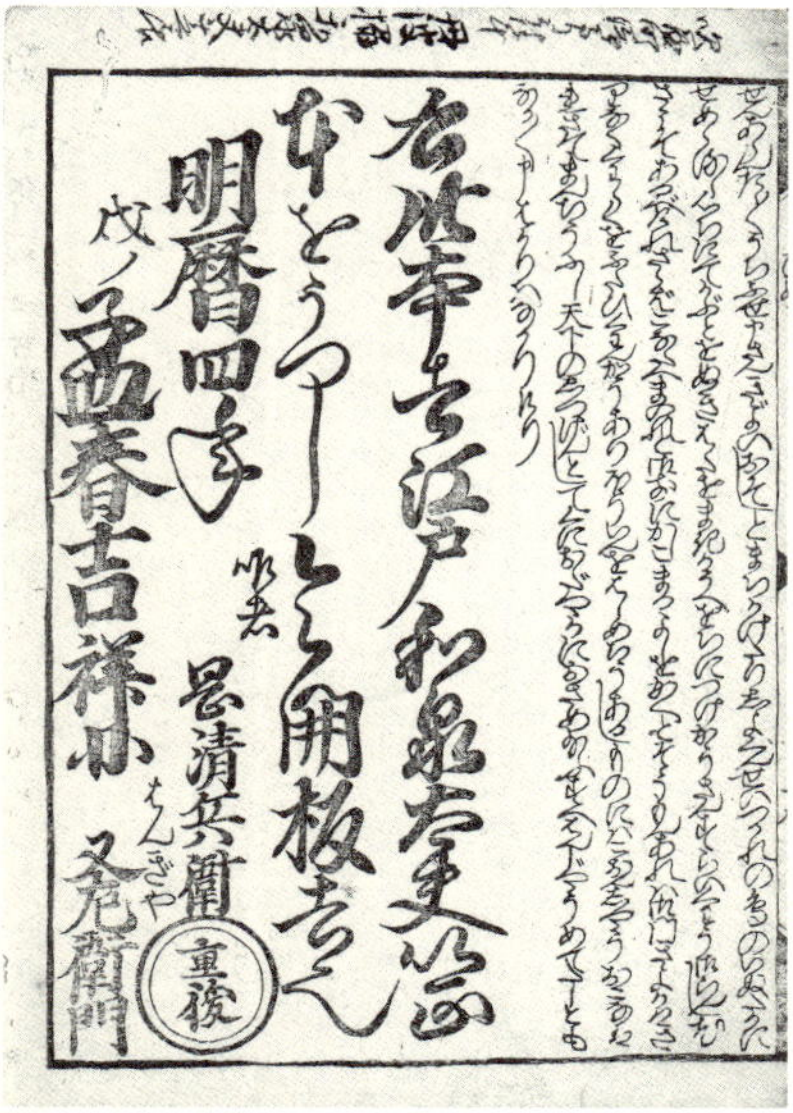

図2　『うぢの姫切』（国立国会図書館蔵）
刊記部分。「作者　岡清兵衛重俊」の名が見える。

竹田からくり最古の興行記録

竹田芝居の現存最古の興行記録も万治三年である。竹田芝居とは、初代竹田《たけだ》近江《おうみ》（生年未詳、一七〇四没）が創始したからくり人形芝居（竹田からくり）である。大阪市平野区の末吉家が所蔵する『長井宗左衛門長重覚書』及び『土橋宗静日記』には、大坂平野の熊野権現社御開帳の際、万治三年三月三日から同月二十八日まで、竹田近江の「からくり」が興行されたことが記録されている。(22) 万治二年五月二日に近江少掾の称号を朝廷より受領してから間もなくのことである。また、続く四月一日から同月二十日までは竹田出雲《いずも》（竹田近江の弟）が、四月二十五日から五月十五日までは江戸一郎兵衛なる人物が、やはり「からくり」を興行している。

竹田芝居は江戸下りの際に、興行演目を絵本として出版している。時代は下るが、宝暦八年（一七五八）正月に江戸で版行された『竹田新からくり』を見てみたい。図に掲げたのは、上巻に収録される「からくり　天満神《あまみつかみ》和《わ》合《かうの》書始《かきぞめ》」「第二おどり　業平《なりひら》姿《すがた》写《うつし》絵《ゑ》」である（図3）。ここでは前者の図に書き込まれた解説文を読んでみよう。

此さいくは、天神の人形に、左右の手口筆にて梅、さくら、松の三字をかゝせまする。次にからこの人形、おのれとさかさになり、片手づゝはなしましてつなをたぐり、むかふへわたりて梅の木のせきだいとかはりまするからくり。

さて又此わくのだいは松の木のせきだいとなりまする。

天神菅原道真をかたどった人形が両手と口に筆を持ち、梅・桜・松の三つの文字を書く。次いで唐子の人形が片手で逆立ちをしながら綱渡りをし、梅の石台（盆栽）に身を変える。最後は綱渡りの枠台も松の石台に変わるというからくりである。極めて複雑で繊細な仕掛けが必要になるからくりであり、その妙趣は観衆を驚かせ、また賑わしたことだろう。これに類する江戸期の文字書き人形の中に

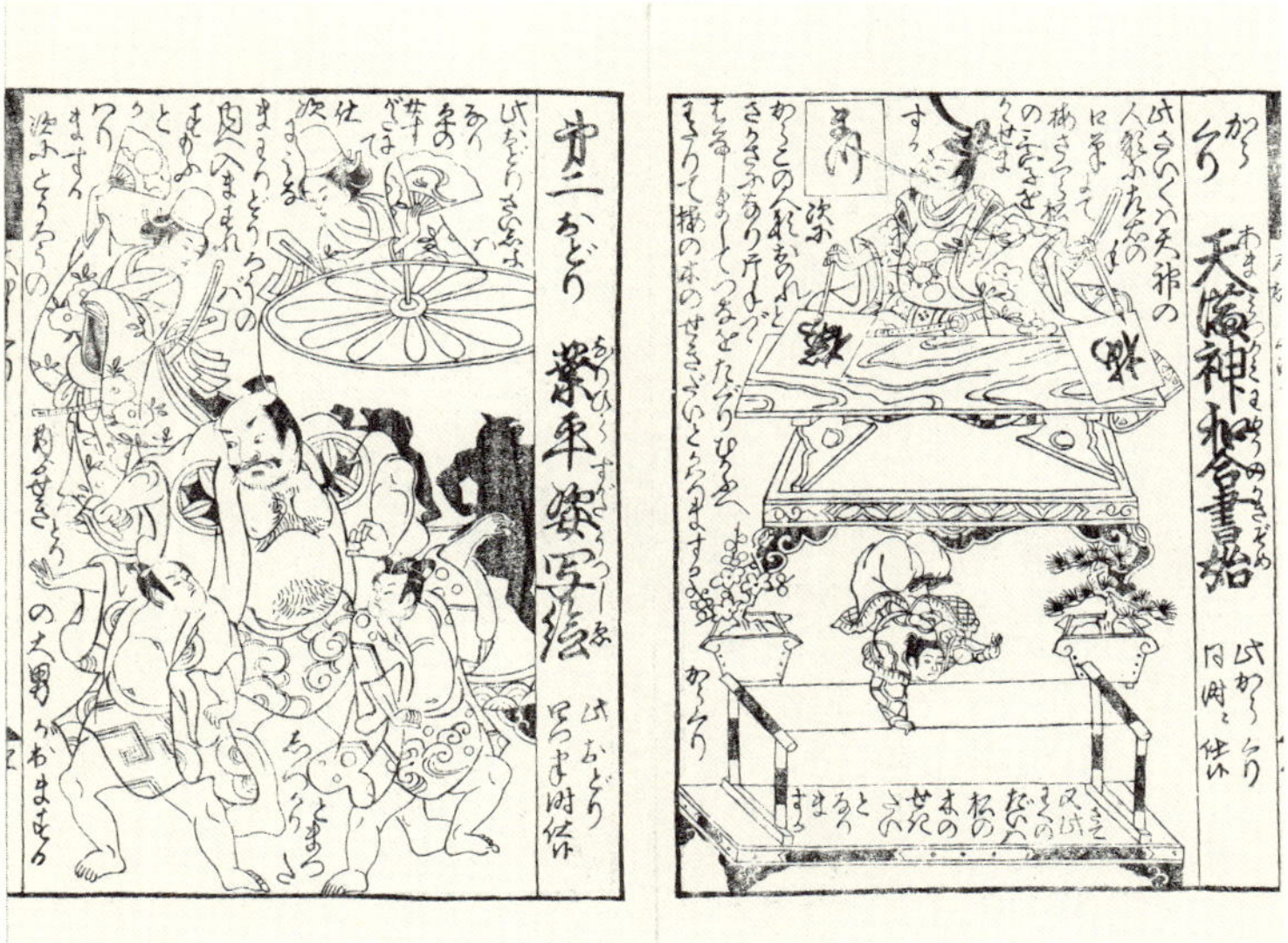

図3　『竹田新からくり』(稀書複製会による宝暦八年刊本の複製『大からくり絵尽』より)より、「天満神和合書始」(右)と「業平姿写絵」(左)
各演目について、舞台図・口上人の解説・上演時間が記されている。丁寧な図と解説により、からくり、踊り、狂言の実際の様子がよく分かる。

は現代に伝わるものもあり、修復や複製によって蘇ったものもある。江戸期のからくり技術を伝える貴重な資料である[23]。

竹田近江は寛文二年に大坂道頓堀に竹田芝居を創設し、以降四代目に至るまで、およそ一〇〇年間興行を行った。江戸での興行をはじめ、伊勢、名古屋などでの地方興行も人気を博した。若女形、若衆方、子供役者などによる芝居との打ち交ぜ興行の記録もあり、人々の興味を引き、飽きさせないよう工夫を凝らしていたのであろう。竹田芝居もまた、万治期に勃興して一時代を築いた文化の一つであった。

歌舞伎「江戸三座」の一つ、森田座創設

江戸時代初期から江戸・上方共に歌舞伎の芝居は行われてきたが、江戸では明暦の大火後の復興期に、「かぶき大芝居四軒」再建の願書が出された。櫓《やぐら》を持たない小規模な劇場で行われる小芝居に対し、官許を得て櫓を築いた劇場で大がかりに興行するものを大芝居といった。「四軒」のうち中村座、市村座、山村座は前身となる劇場があったが、森田座は万治三年に、森田太郎兵衛によって江戸木挽町に創始された。(24) 翌寛文元年に太郎兵衛は引退、坂東又九郎の次男である又七を養子に取り森田勘弥と名乗らせ、太夫元とした。

しかしながら、森田座は経営が安定せず、困窮時には控え櫓（江戸三座が興業不能となった際の代行を許された特定の座）である河原崎座がしばしば興行を代行した。中村座、市村座にも控え櫓は存在するが、享保二十年（一七三五）三月に河原崎座が行った森田座の代行興行が、控え櫓制の嚆矢とされている。常に安定した興行が行えなかったことは不本意であっただろうが、そうした中でも非常時における措置が準備されたことで、座の継続が可能となったとも言える。

正徳四年（一七一四）、江戸城の奥女中である江島《えじま》（絵島）と、山村座の役者生島新五郎《いくしましんごろう》との密通事件である「江島生島事件」を期に山村座は廃絶を命じられる。以後、中村座・市村座・森田座の「江戸三座」が明治まで公認され興行を続ける。

なお万治三年には初代市川団十郎（一六六〇〜一七〇四）が生まれている。江戸で荒事の団十郎、京で和事の坂田藤十郎（一六四七〜一七〇九）といった名役者達が活躍するのは、元禄期を待たねばならない。

万治年間の儒学者

ここでは当時の儒学の様子について見てみたい。

万治年間、京都は偶然にも多くの有力な儒者を擁していた。伊藤仁斎《いとうじんさい》（一六二七〜一七〇五）は京都松下町に隠棲しており、寛文二年には生家に戻って古義堂を開く。古義堂から堀川通りをはさんで西には、明暦元年（一六五五）から山崎闇斎《やまざきあんさい》（一六一八〜八二）が私塾を構えていた。万治元年より毎年江戸に下り、交遊を広げた木下順庵《きのしたじゅんあん》（一六二一〜九九）の自宅も京都である。筑前福岡藩の藩医となっていた貝原益軒《かいばらえきけん》（一六三〇〜一七一四）は留学のため上洛し、闇斎、順庵らに師事している。岡山藩に出仕していた熊沢蕃山《くまざわばんざん》（一六一九〜九一）は明暦三年に病気を理由に致仕し、万治年間には備前和気郡蕃山《しげやま》村に住したが、折々に京都に上っていたという。多士済々、活気溢れる学問の地となっていたことがうかがえる。

万治三年に限ってみれば、闇斎は子女のための教育書として『大和小学』を版行している。これは万治元年に闇斎が江戸へ下った際、「藤のなにがし」から執筆を進められたという。[25] 少年のための修身作法を説いた書で、朱子学を学ぶ上で基礎的なテキストである『小学』を仮名によって解説しており、闇斎の著作の中では珍しい、和文の書である。かかる書籍の需要と、江戸遊学の功とによって成った一冊と言える。また順庵は加賀藩主前田綱紀《まえだつなのり》（一六四三〜一七二四）の求めで加賀藩の儒者に登庸され、江戸において綱紀と会見した。それまで仕官の口を得られず不遇に甘んじていた順庵は、この年から江戸、金沢、京都を慌ただしく往来し、天和二年（一六八二）には五代将軍綱吉のもとで幕

府の儒臣となった。順庵にとっては突如栄達の道が開けた年であった。(26)

在京の学者でも、評判の高い者は江戸をはじめ各地方へ名が知られるようになり、自身も度々地方へ赴いた。思想や学問は京都を中心地点として地理的な広がりをも持ったのである。

なお、この頃の京都には、一乗寺に詩仙堂を営んだ石川丈山《いしかわじょうざん》（一五八三～一六七二）や日蓮宗の僧である元政《げんせい》（一六二三～六八）ら漢詩文に長じた人々がおり、彼らも儒学者達の交友範囲に入っていた。また朱舜水《しゅしゅんすい》（一六〇〇～八二）は、一六四四年に滅亡した明朝の再興に尽力したがかなわず、万治二年に長崎へ亡命した儒者である。舜水は徳川光圀（一六二八～一七〇〇）に招かれて江戸にあったが、順庵と親しく付き合い、仁斎も、直接舜水と面会することはかなわなかったものの、その学問に強い関心を抱いていた。こういった状況も京都における学問の醸成に寄与したのだろう。

熊沢蕃山の学問――実践的学問態度

さて、ここで取り上げたいのは熊沢蕃山である（図4）。(27) 万治三年、蕃山は豊後岡藩へと赴き、治水工事などの土地改良に関わる指導に当たった。このことは、蕃山の生涯や思想においてどのように位置付けられるだろうか。

蕃山は元和五年（一六一九）、父野尻一利と母熊沢亀の間に生まれる。名は伯継。幼名は左七郎、後に次郎八・助右衛門と改める。字は了介、号は蕃山、息游軒など。八歳の時に水戸家に仕えていた外祖父・熊沢守久のもとに引き取られたが、寛永十一年（一六三四）に守久が没すると、遠縁を頼って備前岡山藩主・池田光政《いけだみつまさ》（一六〇九～八二）の元に奉仕することとなった。当初は武士として生きるために武芸を志すが、後に数年、家族の住む近江桐原に過した時から学問に励むようになる。寛永十八年、蕃山二十三歳の時には、日本陽明学の祖とされ、近江聖人と呼ばれた中江藤樹《なかえとうじゅ》（一六〇八～四八）のもとへ入門し、蕃山も陽明学を修める。

理論が重視される朱子学（理学）に対して、陽明学（心学）は実践を重んずる。蕃山はその著作『集《しゅう》義和書《ぎわしょ》』の中で、「書を見るをのみ学問として、つとめをかくは、本心を失ひたるにて候」（巻三）と言い、経書（儒学の経典）の読解については「始より終まで句々皆解せんとするは、書を解するにて候へば、心を労して、受用の本意（稿者注・経書の内容を自身の心に受け入れ、用いていくという本来の趣旨）にあらず候」（巻四）と述べる。書物を理解することにのみ専心するのではなく、経書を読むことで心に得た知識を実践に用いていくことこそが学問の本義であるという立場を貫いている。(28)加えて、一つの理念や方法に固執せず、道義に基づきながら「時・処・位」に応じて最善の行動を為すべきとするのが、蕃山学の特色と言えよう。

図4　熊沢蕃山壮年の頃の肖像
（世界教育宝典・日本教育編『中江藤樹・熊沢蕃山集』玉川大学出版部、1966年より）

正保二年（一六四五）には再び池田家に出仕する。蕃山が岡山藩政に関わろうとする時、その実践は経世済民の策に向けられた。蕃山の元には共に学ぼうとする同志が集まったが、一方で蕃山を疎む家臣も少なくなかった。蕃山の政治的方針が民生の安定を第一としたものであり、必ずしも武家の利益が優先されなかったためである。しかし、光政に厚遇されたことで蕃山の意見は多く藩政に取り入れられた。承応三年（一六五四）、旱魃と大洪水による岡山藩での甚大な被害に対しては、飢餓人救済のための米を確保し、幕府から金四万両を借り受けるなどして即座にこれに対処した。また、百間川《ひゃっけんがわ》の整備による洪水の防止や、村落を巡視して植林や築堤を進め、土地の保全と農地整備を行ったことなども功績として挙げられる。

蕃山に対する幕府の警戒

慶安二年（一六四九）と同四年には光政の参勤に伴って江戸へ下る。その折には有力な諸大名、旗本らに教えを請われ会見している。(29) 一方で、江戸にも蕃山の思想を警戒する人々がいた。その一人に幕府儒官であり朱子学の泰斗、林羅山がいる。

慶安四年（一六五一）、由比正雪《ゆいしょうせつ》（生年未詳、一六五一没）、丸橋忠弥《まるばしちゅうや》（生年未詳、一六五一没）らが首謀者となって反乱を計画した慶安事件は、大量の牢人を集めて蜂起する算段であった。未遂に終わったものの、幕府には大きな衝撃を与えた。この事件について記した羅山の『草賊前記』では、事件の背後に蕃山の陰があったものとする。すなわち、主犯格の忠弥らが「己等、熊沢某の学を慕」う者であると述べたとし、「此の草賊等、皆熊沢の妖言を聞く者也」(30) と断じているのである。この事実を証明する記録は無く、羅山が朱子学者の立場から敵対視したものであろうが、蕃山に対する幕府の警戒は次第に強くなっていく。同時に、岡山藩内でも蕃山への不信感は増大した。光政は蕃山を藩政の中心から遠ざけることを余儀なくされる。

そうした中、蕃山は明暦三年（一六五七）に岡山藩を致仕し、続く万治年間頃は、知行地であった備前和気郡蕃山村に隠居していた。[31] しかしこの間も京や江戸には折々に通っていたという。京では一《いち》条《じょう》教輔《のりすけ》（一六三三～一七〇七）、中院通茂《なかのいんみちもち》（一六三一～一七一〇）ら公家からの信任も厚く、とりわけ通茂との交誼が知られている。[32]

万治三年を見ると、蕃山は一度江戸に下り、そこで蕃山の学に共鳴する豊後岡藩主の中川久清《なかがわひさきよ》（一六一五～八一）に招かれて、岡藩にて治水工事等の民政指導を行ったという。先に触れた治水などの土地整備に関する蕃山の働きを見込んでのことであろう。後世蕃山が著した『大学或問《だいがくわくもん》』にも「水損」（洪水による被害）や「日損」（旱《ひでり》による被害）の対策に関して詳細で具体的な記述があり、そうした知識と技術に通じている点は、自他共に認めるところであった。

その後蕃山は寛文元年（一六六一）の頃に京都に居を移すが、幕府からの圧迫もあり、また光政とは対立を深め、吉野、明石、郡山とその居所を転々とする。幕政に改革を求める主旨の『大学或問』を著してからは、下総古河に軟禁となり、七十三歳で同地にて没した。

蕃山の学問の強みは実学であるという点であり、中でも経世済民においてそれが遺憾なく発揮された。学問の成果は、蕃山の主張通り社会や政治の在り方に還元されたのである。万治三年の岡藩での用務もまた、蕃山の学問に対する態度とその実践の在り方を示すものであったと評価できるだろう。儒学、とりわけ朱子学が理論的な営みに傾倒していく当時の状況にあって、実務者として活躍した蕃山もまた看過すべからざる学者であったということをここでは確認しておきたい。

後水尾院と『万治御点』

禁中の様子にも目を向けてみよう。寛永文化を大きく花開かせた後水尾院（一五九六〜一六八〇）は、万治三年に六十五歳を迎えた。相国寺九十五世の鳳林承章《ほうりんじょうしょう》（一五九三〜一六六八）の日記『隔蓂記《かくめいき》』万治三年一月四日条には「修学院御殿之　御茶屋出来之模様被　仰聞」とある。すでに成っていた修学院御殿に加えて、同地に「御茶屋」が完成したことが分かる。同五月十二日条には院と東福門院和子《とうふくもんいんまさこ》の修学院離宮御幸の記事も見える。寛文年間に入ると、公家や門跡のみならず、一般の僧侶や寺に関わる町の人々まで観覧に訪れていたといい、評判の程が知られる。(33)

老境に入った後水尾院によるこの期の象徴的な活動に、万治二年から寛文二年までの四年間に渡る稽古和歌会がある。『万治御点《まんじおてん》』と呼ばれる資料は、その歌会で詠まれた和歌と、後水尾院による添削指導の記録である。(34)

これらの和歌会は、当時皇位についていた後西天皇（一六三七〜八五）をはじめ、当時の堂上歌壇（朝廷において和歌活動を行う人々の集団）の俊英である烏丸資慶《からすまるすけよし》（一六二二〜六九）、中院通茂、日野弘資《ひのひろすけ》（一六一七〜八七）らを中心に行われた。主な目的は、後水尾院による第二回目の古今伝授を前に、和歌詠作の実力を向上させることにあったと考えられる。実際、寛文四年（一六六四）には後西天皇以下四名に古今伝授が行われた。

古今伝授とは、古今集の秘説を師から弟子へ一定の形式・内容で伝授することである。東常縁《とうのつねより》（生没年未詳、十五世紀）から連歌師・宗祇《そうぎ》（一四二一～一五〇二）へと伝えられた古今集の教えは、三条西《さんじょうにし》実隆《さねたか》（一四五五～一五三七）を通して三条西家に入り、後に細川幽斎《ほそかわゆうさい》（一五三四～一六一〇）、八条宮智《はちじょうのみやとし》仁《ひと》親王（一五七九～一六二九、後水尾院の叔父に当たる）を経て後水尾院へ伝えられた。中世以来、伝受者は歌道の最高権威とみなされたが、一方で江戸時代を通じて伝授の形骸化が進み、内実を伴わないものとして次第に批判されるようになる。

さて、『万治御点』を見ると、後水尾院が参加者に求めたレベルがかなり高かったことが分かる。例えば、万治三年三月の和歌会において、「竹鶯」題で詠まれた後西天皇の次の歌を見てみよう。

窓ちかく我友とみる呉竹に色そへてなく鶯の声(35)

上の句は、『和漢朗詠集』「竹」に載る藤原篤茂の詩句、

唐太子賓客白楽天　唐の太子賓客白楽天

愛為吾友　愛して吾が友と為す(36)

（唐の太子賓客（官名）であった白楽天は、竹を愛して吾が友といった）

に依る。歌意は、窓のそばに生え、我が友として親しみを覚える呉竹《くれたけ》の常緑に、さらに鶯の声が一色添える、という。典拠を踏まえて丁寧に作られた一首であるが、これについて後水尾院は、

わろくもなけれども常の事也。ちと色替れどもさしたる事なし。

と批評の言葉を残すだけである。悪くはないが、通り一遍の歌であり、さして手柄とすべき面白さも無い、と手厳しい。趣向に乏しい歌には、添削も行われないのである。

一方、同じ和歌会において「松藤」の題で弘資が詠んだのは次の和歌である。

さく藤の波の埋《むも》れ木あらはさで日数もこえよ春の松が枝《え》

藤は晩春に紫色の花を咲かせる。房になって連なる花は波に例えられて「藤波」と呼ばれ、松に咲きかかる景が和歌にしばしば詠まれた。「埋れ木」は、長期間水中や土中にあって炭化した木のこと。和歌では、

名取川瀬々の埋れ木あらはれば如何にせむとかあひ見そめけむ

（名取川の瀬から埋れ木が現れるように、私たちの恋が「あらはれ」て人々の知るところとなったらどうするつもりで、恋人として逢うようになったのでしょうか）

（古今集・恋三・六五〇・読人不知）

のように、水の中から引き揚げられて埋れ木が「現れる」ことから、何かが「あらはる（現・顕）」という詞を導くレトリックとして好まれた。

こうした意を踏まえつつ詠まれた弘資の「さく藤の」歌は、手が込んでいてやや難解である。歌意は、「咲きかかる藤波の下に埋れ木となったその姿を現さないまま、残る春の日数を越えていって欲しい、春の松の枝よ」となるのだろう。「波」と「越える」は縁語。藤波の咲きかかる松を、波の下の埋れ木に例えた。さらにその姿を「あらはさで」というのは、松が見える程に藤の花が散って春が

終わりを迎えてしまうことを惜しみ、そうならないことを願う気持ちがある。この歌の道具立てを見れば、藤原定家の名歌、

名取川春の日数はあらはれて花にぞしづむ瀬々の埋れ木

（名取川では、散り落ちた桜によって春の日数がどれほど経ったかが分かる。一方で川面は桜の花びらに閉じられ、埋れ木はさらにその下へと沈んでいる）

（拾遺愚草・二一七四・「建保二年内裏詩歌合、河上花」／続後撰集・春下・一三五）

を本歌取りしていることが分かる。弘資歌は、その上で松を「埋れ木」としたところに発想の妙がある。

さて、この歌に対して、後水尾院は合点《がってん》を与えている。『万治御点』における合点とは、和歌冒頭の右肩に付す斜線で、その歌が合格点に達していることを示す。ただし多くの場合、後水尾院の添削を受けた上での合点である。弘資歌は添削後、次の形となった。

いかにせん暮行《くれゆく》春もあらはれて松こそ藤の波の埋《むも》れ木

（どうすれば良いのか、春が暮れて行くのがはっきりと分かることだ。散りゆく藤の合間から姿を現した松こそ、藤波の下の埋れ木である）

一見して、元の歌と大きく異なっていることが見てとれる。初句は「いかにせん」という慨嘆にはじまり、暮れ行く春をとどめることができない思いを大きく押し出した。その嘆きに呼応させて、眼前には春の終わりを示す景物を置く。散りゆく藤波の下から「あらはれて」きた松である。その様子は同時に、春の終わりを「あらは」すものでもある。後水尾院は、松を「埋れ木」とする弘資の工夫

を保存しつつ、暮れゆく春を痛感する一首に仕立て直した。これは、「歌は、五七五七々の字をきかへてあらたむるに、十七返まではなをさるゝ物なり。然るに二反三反にてよしと思ふ、大きなる誤り也」（烏丸光雄『光雄卿口授』）、すなわち、和歌は詞の置き所を変えていけば十七回は仕立て直せるのであって、二回三回の手直しで十分だと思うのは大きな誤りだ、と述べたという後水尾院の作歌態度を実際に示す例と言える。

やや紙幅を費やしたが、こうした営みを目の当たりにした時、当代の古今伝授を、後世に言われるような形骸化した伝授儀式とだけ見ることはもはやできまい。三条西家、細川幽斎、八条宮智仁親王を経て御所に入った古今伝授は、後水尾院によって儀式面の整理が進んだのだが、それによって即座に権威が有名無実化したのではない。こうした実作の指導や、古典文学作品の講義を受けることで、伝授を受ける人々は相応の学識と能力を身につけたのである。そこから次の指導者が育っていくのであり、事実、通茂について言えば、元禄頃には霊元院（一六五四〜一七三二）歌壇の重鎮として活躍している。要するにこれは、歌道を、知識の面でも実力の面でも維持し、次世代へ継承していくシステムではなかったか。公家を指導者に据えて行った「禁中御学問講」や、院自らが行う和歌指導及び古典作品の講釈といった活動においても同様に、多くの廷臣達が学び、そこから実力者が育っていく。このことは、安定した文化活動の場を確保することに直結する。宮廷文化を、一時的に盛り上げるだけではなく、長期的に維持継承することが可能な形で活動を行ったこともまた、後水尾院の文化的活動の特徴と見て良いだろう。

次代を支える文化的インフラ整備

以上、万治三年及びその前後の時代の様相を見てきた。長いスパンで見るならば、万治三年は「文化的インフラ整備期」に位置すると言えるのではないだろうか。

そもそも明暦の大火からの復興は、江戸における基本的な社会的インフラの整備作業である。災害における大被害は何が原因であったのか。今後それを防ぐために、何が必要か。現状に見合った合理的な対策が、江戸を中心に行われた。

それに対し、本節で見てきたような出版業界、芸能、学問といった諸分野でそれぞれに生じていた新たな機運は、結果的に次代における文化の発展を将来したという意味で、有形であれ無形であれ、文化的なインフラとなったと見ることができよう。その背景として、社会状況に即した人々の需要と、それに応えようとする人々による多分に積極的・戦略的な供給という関係があったことがまずは挙げられる。これは出版や芸能に関する分野において著しい傾向である。また、蕃山や後水尾院らの活動については、自身の中にある問題意識が原動力となって外に現れたものと言える。本当に必要なものを真摯に問うた時、そこから生み出されるものは一時的な流行に終わるのではなく、一定の一般性、普遍性をもって文化の中に定着していくのではないだろうか。

先行する寛永文化や、近世期のスーパースター達が活躍する元禄文化に比べ、万治年間は派手さや華やかさが無いかも知れない。しかしながら、地道に、粛々と準備された当代の文化的インフラが、後続する様々な文化事象の原点となっていることは、見過ごしてはならないだろう。

注

（1）本文は坂巻甲太・黒木喬『『むさしあぶみ』校注と研究』（桜楓社、一九八八年）に依り、適宜漢字・濁点・句読点を当てた。

（2）黒木喬『江戸の火事』（同成社、一九九九年）。なお死者の数の十万という数字は一般に伝えられるところであるが、前掲注1書で黒木は慎重な検討を加え、「二、三万ということではなかったであろう」が、「五、六万にはのぼったであろう」と推測している。

（3）前掲注2黒木書。また、新見正朝（一説に財津種莢）の随筆『八十翁疇昔話』（天保八年（一八三七）刊）には、「一、むかしは牛込舟入これ無し。万治の比、松平陸奥守へ仰せ付けられ、大川より柳原堀通し、牛込へ舟入る様に成り、此土を以て小日向の築地、小石川の築地出来たり。是迄は目白より赤城明神まで、住家一軒もなし。畑計なりしよし。此堀通し、三年に出来たり」（『日本随筆大成』第二期四収録の本文に依る）の記述がある。

（4）「一、本所に屋敷これ無し。万治の比、武士屋敷仰せ付けられ、貞享の比、みな〳〵屋敷上り、元の田畑と成る。其後、元禄の比、武士屋敷に成る」（『八十翁疇昔話』（同注3））。

（5）内閣文庫蔵『厳有院殿御実紀』（『御実紀』（特075-0001）の内）万治三年七月十八日条。

（6）綱宗逼塞の一件は大槻文彦『伊達騒動実録（乾・坤）』（吉川弘文館、一九〇九年）を参照した。

（7）『江戸町触集成』第一巻（塙書房、一九九四年）所収の『正宝事録』に依る。

（8）本多隆成『近世の東海道』（清文堂、二〇一四年）。

（9）野田壽夫『近世初期小説論』（笠間書院、一九七八年）第五章「『東海道名所記』論」では『東海道名所記』の執筆背景として当時の状況を説明するが、『むさしあぶみ』『江戸名所記』も同様の事情の元に成ったと考えて良いだろう。

（10）岸得蔵「『道中記』『丙辰紀行』『東海道名所記』」（岸『仮名草子と西鶴』（成文堂、一九七四年）所収、初出は同題にて『静岡女子短期大学紀要』六、一九六〇年二月）参照。

（11）北条秀雄『浅井了意』（三省堂、一九四四年）第三章「著者の考証と解説」第二節「仮名草子及び

仏書以外の作品」の中で夙に指摘されている。

（12）『近世文学資料類従　古板地誌編八』（勉誠社、一九七七年）所収、赤木文庫蔵本の複製による。
（13）前掲注1書。
（14）前掲注1書の記述による。ただし、当該資料について稿者は未見である。
（15）川崎剛志「万治頃の小説制作事情——謡曲を題材とする草子群をめぐって」（『語文』五一、一九八八年十月）、市古夏生『近世初期文学と出版文化』（近世文学研究叢書八、若草書房、一九九八年）序章「出版文化と近世初期文学」（「仮名草子と出版書肆」（『国文学　解釈と教材の研究』四二巻一一号、一九九七年九月）を加筆して収載）、江本裕『近世前期小説の研究』（近世文学研究叢書一二、若草書房、二〇〇〇年）第一部第一章「近世前期文学序説——小説を中心に」（『文学史を読む　Ⅳ　近世』有精堂出版、一九九二年）所収の「寛永〜貞享期の文学——小説を中心に」を一部補筆して収載）などを参照されたい。
（16）前掲注15市古論文。
（17）深沢秋男「「可笑記」の諸本について」（『文学研究』二八、一九六八年十一月）、田中伸・深沢秋男・小川武彦編著『可笑記大成　影印・校異・研究』（笠間書院、一九七四年）などに各本の詳細な解説がある。
（18）林美一『江戸艶本集成・第一巻　菱川師宣・西川祐信』（河出書房新社、二〇一三年）。
（19）室木弥太郎「語り物の世界——浄瑠璃のはじまり」（『浄瑠璃の世界』世界思想社、一九九二年、第一部第一章）。
（20）阪口弘之「寛永期の浄瑠璃——「鎌田」の周辺」（『浄瑠璃の世界』世界思想社、一九九二年、第一部第二章）、黒石陽子「十七世紀の人形浄瑠璃制作——近松が登場する背景」（鈴木健一監修『近世文学史研究第一巻　十七世紀の文学』ぺりかん社、二〇一七年）などに詳しい。
（21）浄瑠璃作者登場の意義については、荒木繁「金平浄瑠璃の流行」（『浄瑠璃の世界』世界思想社、一九九二年、第一部第三章）を参照されたい。

(22) 山田和人「草創期の竹田芝居」(山田『竹田からくりの研究』おうふう、二〇一七年所収。初出は同題にて『演劇研究会会報』三二、二〇〇六年五月)に詳しい。

(23) 最近では、二〇〇九年に愛知県安城市の旧家から見つかった江戸末期の文字書き人形が、尾陽木偶師・九代玉屋庄兵衛の手によって二〇一二年に復元され、同年安城市で行われた「市制六〇周年記念特別展「からくり人形の世界」」にて実演された例がある。安城市歴史博物館編『からくり人形の世界　その歴史とメカニズム』(安城市歴史博物館、二〇一二年)参照。また同書の山田「からくりの文化史――竹田からくりの絵を読み解く」に「天満神和合書始」の詳解がある。

(24) 以下、森田座に関する記述は小池章太郎『増補新訂　考証江戸歌舞伎』(三樹書房、一九九七年)、服部幸雄・富田鉄之助・廣末保編『歌舞伎事典』(新訂増補版、平凡社、二〇〇〇年)による。

(25) 市来津由彦「山崎闇斎『大和小学』考――中国新儒教の日本的展開管見」(『国際文化研究科論集』一、一九九四年三月)、『日本思想史辞典』(ぺりかん社、二〇〇一年)、澤井啓一『山崎闇斎――天人唯一の妙、神明不思議の道』(ミネルヴァ書房、二〇一四年)などは「藤のなにがし」を伊予大洲藩主加藤泰興の嫡子である加藤泰義とする。なお、『大和小学』序文に執筆の経緯と目的が書かれている。当該部分を左に掲げる。

つちのえいぬのとし、あづまにあそび、藤のなにがしのもとにてかの物語(稿者注・源氏物語と伊勢物語)をそしりければ、「うれしくもいひつ」とほゝゑみて、「小学こそ人のさまなれば、男のみならはんかは。されどまなしらぬ女はよみがたかるべし。そのさまをかなにやはらげよ」とてしゐられにける。筆のちからもなくふくろにひとまきをもたづさへねど、いさゝか立教明倫敬身の目をたてゝ、やまと、こま、もろこしの事をおもひ出るにまかせて書付侍る。

(26) 竹内弘行・上野日出刀『木下順庵・雨森芳洲』(叢書・日本の思想家7、明徳出版社、一九九一年)。

(27) 蕃山の事跡に関する詳細な著作のうち、最も早いものは「文政十四年」(一八三一年か。ただし文政十三年十二月には天保に改元されている)と記した序文を持つ岡山藩士・秋山弘道『慕賢録』(井上通泰校、岡山県、一九〇一年)である。明治期には塚越芳太郎『熊沢蕃山』(民友社、一八九八年）井上通泰『蕃山考』（岡山県、一九〇二年）『続蕃山考』（岡山県、一九〇三年）『蕃山片影』（先掲の井上二著と共に、正宗敦夫編『蕃山全集　第六巻』（蕃山全集刊行会、一九四三年）に収録）が多くの記述を加えた。さらに近時では、後藤陽一「熊沢蕃山の生涯と思想の形成」（『日本思想大系三〇　熊沢蕃山』解説、岩波書店、一九七一年）吉田俊純『熊沢蕃山――その生涯と思想』（吉川弘文館、二〇〇五年）によって、関連資料と共により詳細な事跡を知ることができる。本稿の蕃山に関する記述については、これらの著作を参照した。

(28) ただし、蕃山自身は朱子学と陽明学との対立構造を是としない。「一の不義を行ひ一の不辜をころして天下を得る事をせざる所は、朱子・王子かはりなく候」（『集義和書』巻一）とし、両者の根本は同じであるとした。また、藤樹の学を大いに受け継ぎ、基本的には陽明学に立脚しているとされてきたが、朱子学の「窮理」の姿勢をも受け入れていることが『集義和書』の記述などから分かる。そのため、現在、蕃山の学は朱王折衷と評価される。

(29) 教えを受けた人物として、御三家の一つ紀伊家の祖である徳川頼宣、「知恵伊豆」と呼ばれ明暦の大火からの復興にも大いに尽力した松平信綱、元和六年（一六二〇）より京都所司代を務める板倉重宗らの名前が既に『慕賢録』に見える。

(30) 内閣文庫蔵『群書一轍』中の写本に依る。原漢文。

(31) 「蕃山村」は、もと寺口村といった。蕃山が隠退時に、『新古今集』の源重之の歌、「つくば山はやましげ山しげけれど思ひ入るにはさはらざりけり」（恋一）にちなんで改めたとされ、「蕃山」の号もこれに基づく。

(32) 蕃山の高弟である公家・北小路俊光（一六四二～一七一八）は、蕃山と通茂の連絡を仲介することが多かったことが書簡から知られる。例えば、「一、中公より一包落手。此度此方よりも一箱進らせ申し候。中庸解も清書出来、進らせ申し候」（延宝七年六月、俊光宛書簡。「中公」は通茂。「中庸解」は蕃山の著作『中庸小解』か）と書物のやりとりを行ったり、「吹はろふ嵐に雲のあとたへて夜さむの月の空にくまなき」（年不明十一月十日書簡。宛名不明だが井上が俊光宛とする説に従う）という和歌を贈ったりする様子が見られる（手紙本文の引用は前掲注27正宗書による）。

（33）修学院離宮の造営については熊倉功夫『後水尾天皇』（中央公論新社、二〇一〇年。はじめ『後水尾院』（朝日新聞社、一九八二年）として刊行、のち『後水尾天皇』（岩波書店、一九九四年）として岩波同時代ライブラリーに収録）「6　修学院造営」に詳しい。

（34）『万治御点』に関わる稽古和歌会の概要や後水尾院による指導の実際等については、上野洋三『近世宮廷の和歌訓練『万治御点』を読む』（臨川書店、一九九九年）にまとめられているので、参照されたい。

（35）以下、『万治御点』の本文は上野洋三編『万治御点――校本と索引』（和泉索引叢書四五、和泉書院、二〇〇〇年）に依った。ただし、理解の便を図って漢字を宛てた部分は、もとの字をルビとして示した。

（36）以下、『万治御点』を除く漢詩・和歌の引用は、『新編国歌大観』に依った。

附記　引用文は適宜濁点、句読点、送り仮名を施し、漢文の箇所は書き下した。底本にある振り仮名は省いた。

寛文十三年（延宝元年）……一六七三

河村瑛子

寛文十三年（一六七三）は霊元天皇の御代である。寛文三年（一六六三）に十歳で即位した天皇は弱冠二十歳、後西院（三十七歳）、明正院（五十一歳）、後水尾院（七十八歳）もいまだ健在であった。征夷大将軍は第四代家綱である。寛文期においては、初期徳川政権を支えた人々が次々とこの世を去り、寛文十二年には家綱を輔佐した保科正之が没している。慶安四年（一六五一）に十一歳で将軍となった家綱はこの年三十三歳であり、その治世の後半期を迎えていた。

開幕から七十年にあたる本年には、いまだ近世初頭の記憶が残存する一方で、元禄文化の胎動が観察される。以下、幾つかのできごとを取り上げながら、時代の空気を捉えてみたい。

京都大火

改二寛文一為二延宝一。依二火災事一也。

（『続史愚抄』九月二十一日条）

寛文十三年は、九月二十一日に改元して延宝元年となる。改元の主な理由は、五月八日に起こった京都大火である。当日の様子を尭恕法親王は次のように記している。

八日、風雨、丑刻、自関白亭出火、禁中・法皇・女院・新院焼失、諸家十余ケ処、民屋百五十町余、都千七百余家、牛馬焼死不知其数云々。（中略）公卿・殿上人庭上徘徊、雨如車軸。前代未聞之儀也。

（『尭恕法親王日記』）

丑の刻、関白鷹司房輔邸から出た火は、内裏・法皇御所（後水尾院）・新院御所（後西院）を焼き、公家町・町屋にも及んだ。家数にして一七〇〇余が罹災したといい、車軸のごとき大雨が降る中、公家たちが庭上を「徘徊」するさまが生々しく記される。「上は今出川、下は二条、東は愛（間）の町、西は大宮通までこと〲く焼たりと注進す」（『徳川実紀』）とあるように、炎は御所の西に向かって二条城辺まで広がった。『続史愚抄』は「家数一万三千余」が類焼したとし、最終的な被害はさらに大規模なものとなったようである。尭恕が「前代未聞之儀也」と述べるように、京都においては江戸時代に入って初の都市規模の火災となった。

このとき、天皇はまず聖護院道寛法親王のもとへ避難し、次に上御霊神社へ移動し、鎮火後、近衛基熙邸に移る。後水尾院・後西院は照高院へ避難した後、後水尾院は有栖川幸仁親王、後西院は八条宮長仁親王の屋敷をそれぞれ仮御所とした（『続史愚抄』）。

江戸ではこのとき、次のような触書が出ている。

一、去ル九日　禁中様就炎焼、町中鳴物今日より三日之内停止可仕旨、被　仰付候間、其通町中可被相触候。以上

五月　（『御触書寛保集成』[1]）

国葬・大葬などの折に発せられることの多い「鳴物停止」（楽器演奏の禁止）の触書であり、大火による衝撃の度合いが知られる。内裏・諸御所の再建は順次進められ、最初に造営の成った法皇御所については、この年十二月十九日に移徙が行われた。

堀川下立売に古義堂を構える伊藤仁斎（当時四十七歳）も類焼の憂き目に遭ったひとりである。長男の東涯による随筆『盍簪録《こうしんろく》』巻二には、次のような記事がある。

故旧或相伝云、強仕之後、論孟古義藁成、未レ有二副本一、延宝癸丑之夏、京師大火、延及二予舎一、百物蕩燼、先人不レ携二他物一、唯橐二古義草本一部一而逃。(2)

四十を過ぎ（「強仕」は四十歳の意）、仁斎は「論孟古義」の草稿を成した。「論孟古義」とは仁斎による『論語』『孟子』の注釈書『論語古義』『孟子古義』を指す。両書は古義堂を開いた寛文初年頃に起草され、仁斎が生涯にわたり補訂を続けた重要な書物である。大火の折、火の手が古義堂に及ぶと、仁斎は両書の草稿だけを携えて避難した（「橐」は袋に入れる意）。当時は副本の無い状態であり、何をおいても失うわけにはいかなかったのであろう。

伊藤東涯「先府君古学先生行状」（享保二年〈一七一七〉刊『古学先生詩文集』）に、

延宝癸丑五月、京師大火《ニアリ》。先生遭《ヒ》レ災《ニ》、僑二居《ス》于京極大恩寺一《ニ》。

とあるように、仁斎は家族とともに京極丸太町にあった大恩寺に逃れた（僑居は仮住まいの意）。同年七月、仁斎は、避難先で母親を失う。臨終に際して母親は仁斎に向かって合掌し、年来の孝養を謝したという（『盍簪録』）。この年の冬、古義堂は再建されるが、翌年に父をも失った仁斎は、延宝四年（一六七六）まで父母の喪に服し、その間、講義を休止した。

このように、大火は、社会・文化の中心として卓抜していた京都に深刻な打撃を与えた。折しも江戸、大坂が都市として成熟しつつあったこの時期、文化史の展開にも少なからぬ影響を及ぼすこととなる。

英国船の来航

大火の衝撃も収まらぬ五月二十五日、イギリスの商船、リターン号が貿易再開を求めて長崎に来航した。イギリスは、慶長十八年(一六一三)に家康からの朱印状を得、日本との通商を開始したが、元和九年(一六二三)、経営状況の悪化により日本から自主的に撤退する。渡航禁止となったわけではなく朱印状は未だ有効であるとして、リターン号はチャールズ二世の国書を携えてやってきたのである。佐賀藩の記録『エゲレス船来着之時日記』(佐賀県立図書館鍋島文庫蔵、以下『日記』)には来航時の様子が記される。

ゑげれす船来着之時分ハ雨天故、旗色も見へ不申候。阿蘭陀旗合ニ参候へ共、はたをも合不申、口も通じ不申候付而、ゑげれすと有様相知申候。

当日は雨天のため、番所からはリターン号の旗の種類を判別できなかった。長崎奉行の検使船が旗合(正規のオランダ船の旗と照合すること)に赴くと、その旗はオランダ船のものとは異なり、言葉も通じないので、イギリス船と判明したという。この時、武装解除を命じるとリターン号は従順に対応し、キリシタンではないことも確認されている。

リターン号の来航はただちに江戸へ注進された。審議の結果、幕府は当時の国王がポルトガル王女と婚姻を結んでいたこと、長年来航が途絶えていたことなどを問題視して英国との通商再開を認めず、さらに今後の来航をも禁止した。それを受け、同年七月二十七日に同船は帰帆することとなる。

長崎歴史文化博物館蔵『寛文長崎図屏風』に、長崎湾に入津するリターン号の姿が描かれている

図1　『寛文長崎図屏風』（部分）（長崎歴史文化博物館蔵）

（図1）。右側の大船がイギリス船、左側の小舟三艘は大村藩の番船である。本来、イギリス東インド会社の旗は、紅白の縞模様の左上に、白地に赤の十字（セント・ジョージ十字）を配するが、ここに描かれるのは、紅白の縞模様の旗であり、十字は見えない。その事情は、リターン号の『日本日記』[3]一六七三年七月六日条に詳しい。リターン号が「日曜日だったので、聖ジョージの十字架のついた旗をかかげた」折のことである。

彼ら（引用者注、日本人の役人や通辞ら）は再び乗船してきて、外にかかげている我々の旗に十字架があるが、それはなぜか、我々が最初入ってきた時、旗に十字架は全くなく、白赤のシマ模様だけであったと言った。私は、我々がかかげてきた旗は台湾で作った絹製の新しい旗で、十字架のない赤白であったと答えた。なぜかというと、中国人の話では、彼ら(=日本人)がポルトガル人のせいで十字架に対して大敵であり、我々が最初に入港する際十字旗をかかげない方が好く思われるだろうとのことであった。

リターン号は、日本の禁教令に配慮し、わざわざ十字架を省いた旗を揚げて長崎に入港したのであり、『寛文長崎図屏風』はそれを正確に写し取っている。[4]

イギリスは新教国であり、オランダと同様、布教を行わなかった。したがって近世初期における日英関係は比較的良好であったが、「いぎりす」は当時の日本において「海賊」と同義の言葉として用いられ、脅威とされていた。[5] 俳書『備後表』(寛文十二年〈一六七二〉刊)第二に見える連句には、

　舟をあらげてのれる海上／ゐぎりすはかたきと常に聞及び

とあり、荒々しく船を走らせる「ゐぎりす」を「常」に「かたき」として聞き及んでいると詠み、絶対的な悪として描写する。そのようなイギリスが五十年ぶりに姿を現したのであるから、「町通り大勢いろめき」(『日記』)、長崎の町が不安に包まれたのはもっともであろう。

沿岸警備の任にあたった人々には当然緊張が走った。特に、帰帆の際にはリターン号の「捨打」(去り際に砲撃を仕掛けること)を警戒している。佐賀藩の記録『延宝元年エゲレス船来着一件』(鍋島文庫蔵)には、

　いかにも他見無之様、石火矢乗せ候船をいわう(伊王)之番所之下ニ常々会船之懸居候様仕候て相置、若万一捨打など仕候ハヾ、其時押出打向ひ候ハヾ、高ほこ・伊王、其間三四拾丁も候はん、其中間

ニ而行合可申候。石火矢を以打合可申候。（中略）近付候者、火矢ニ而帆を焼申吟味仕置候（後略）

と、有事に備え、先方に無用の警戒心を抱かせぬよう、ひそかに石火矢（大砲）を乗せた船を番所に隠しおく案を記す。近づいて帆を焼く接近戦を計画するのは、商船とはいえ西洋式の大砲を積む「大船」（同書）である英国船との軍事力の差を自覚してのことであろう。

いっぽう長崎奉行の岡野貞明は、英国船来航に伴う社会不安や、沿岸警護における過敏な対応を警戒して諸大名を牽制した。(6) 有事の対応について尋ねられた岡野は「右ゑげれす船、日本へ何之如在も不仕候」（『日記』）と、過剰な警戒心を持たぬよう告げ、「縦石火矢打掛候共、此方よりハ石火矢ニ而右船是非共打つぶし可申との儀ニ而ハ無之候」（同上）と、たとえ先方から攻撃されようとも、日本側から砲撃して撃沈することはしないという方針を伝え、戦闘勃発の回避に腐心している。

イギリスの渡航禁止により、以後、オランダ以外の欧州諸国との交流は近世後期まで途絶えることとなる。この一件は、結果的に鎖国体制の完成を示すものとなっているのである。

雅文芸のひろがり

次に、宮廷での文学活動を見てみよう。正月十九日には、禁裏で和歌御会始が行われた。『近代御会和歌集』（国文学研究資料館蔵）によれば、霊元天皇はこの日、次の一首を詠んだ。

初春見鶴　　御製

氷とく池のかゞみにすむ鶴の千年のかげも見えてのどけき

春が来て氷が解けた池は鏡のように澄んでいる。そこに住む鶴の齢千年を保つという姿も見え、のどやかである。鏡の裏に鶴の意匠を施すことを踏まえ、「鏡」「すむ」「かげ」の縁語で仕立てている。出題は飛鳥井雅章、読師は万里小路雅房、講師は裏松意光であり(『続史愚抄』)、霊元天皇以下、鷹司房輔・近衛基熙らが同じ題で詠出する。同日、後水尾法皇も御会始(題「鶴契返年」)を催し、同月二十三日には後西院の御会始が行われている(『近代御会和歌集』)。この時期は、貞享以降に本格化する霊元歌壇の「準備期」(7)にあたり、延宝二年(一六七四)に後水尾院から霊元帝へ「三部抄」・『伊勢物語』の伝授が行われるのを始め、霊元天皇に対して様々な教育が施されている。

連歌・和漢聯句会の状況を確認すると、この年、霊元天皇の一座する作品は殆ど見られない。霊元帝はもっぱら和歌を好み、総じて連句文芸には熱心ではなかった。これらの文芸はむしろ、後水尾院・後西院の周辺で盛んに行われ、この一年に後水尾院の一座する作品は少なくとも十一巻(うち十巻が和漢聯句)、後西院は十九巻(8)(うち十五巻は和漢聯句)が知られる。そのうち九巻の和漢聯句において後水尾院・後西院は座を共にしている。

一例として、正月二十七日に行われた和漢聯句を見てみよう。発句・脇・第三を挙げれば次の通りである(京都大学附属図書館平松文庫蔵『連歌和漢漢和』による)。

梅さくや光も匂ふ夕月夜　　照高院宮
欄余柳色鮮(欄余　柳色　鮮やかなり)　　太華
春風のうごかす簾捲あげて　　新院御製

「照高院宮」は道晃法親王、脇句の「太華」は東福寺二四一世の太華令瞻《たいかれいたん》、「新院」は後西院である。このほか、建仁寺の顕令通憲、風早実種、後水尾院ら十二名および執筆《しゅひつ》が一座する。『連歌合集』第二十冊によれば「新院御所」での興行である。

発句の「夕月夜」は陰暦十日頃までの月の出る夕方。『新勅撰集』所収の家隆詠「いくさとか月の光もにほふらむ梅さく山の峰の春風」（春上・四〇）などにもとづきながら、梅花の薫りによって月光までも芳しく感ぜられると詠う。この和漢聯句が巻かれたのは月末近くであり、「夕月夜」と矛盾することから嘱目の句ではない。当時は事前に一巡を制作しておくのが通例であり、当該句も予め準備されたものであろう。脇句は、欄干のあたりで月光に照らされる青々とした柳を詠む。嗅覚で春を感ずる発句に対し、視覚による春の訪れを詠う。さらに第三では、室内にいる人が、春風に揺れる簾を巻き上げて脇句の景を目にしたとする。第三と付いたとき、脇句の青柳がゆるやかな風に揺れるさまが浮かび上がってくる。

こうした宮廷における雅文芸の営みは、大火により一旦は中断するものの、まもなく復活する。六月二十五日には聖廟法楽の和歌会が催され、霊元天皇は巻頭「子日」の題で、次の一首を詠んだ。

あたらしき殿づくりして立かへる春にちとせの初子日せん　（『近代御会和歌集』）

「殿づくり」は御殿を建造すること。『古今集』仮名序に「いはひ歌」として引かれる「この殿はむべも富みけりさきくさの三葉四葉に殿造りせり」が著名だが、この語を詠み込む和歌の例は多くない。霊元帝は意識的にこの表現を用い、新たな建物で春を迎え、千代の栄えを願って初子日を祝おうという、復興への思いを詠ったのであろう。

もっとも、この時期において、和歌や古典の世界はもはや堂上文化人のみのものではない。この年には、地下の人々による古典注釈書類も複数出来した。

たとえば、二月には一竿斎『首書源氏物語』（寛永十七年〈一六四〇〉跋）が刊行された。半丁をほぼ均等な二段組とし、下段に『源氏物語』本文と傍注、上段に頭注を配し、主な古注を引きつつ読解の便宜を図る。簡略ではあるが『湖月抄』の先蹤をなす書である。

そして、冬には北村季吟『湖月抄』（延宝元年冬至日奥、刊行は延宝三年〈一六七五〉）が成立する。『源氏物語』五十四巻に加え、発端、系図、表白《ひょうびゃく》、雲隠説各一巻、年立二巻を含む全六十巻から成り、本文に傍注を施し、諸注を取捨した頭注を付す。近世を通じてもっとも流布した源氏注釈書であり、『源氏物語』普及に甚大な影響を与えた。

和歌の分野では、正月、季吟門の井上秋扇による『百人一首基箭抄《きせんしょう》』が刊行された。季吟の序によれば、秋扇が祖父の遺稿を幽斎の『百人一首抄』によって補ったものという。同年八月には誤りを正し首書を加えた改訂版が出版され、さらに延宝八年（一六八〇）には絵入り版本が刊行され、いっそう広く流布した。

和歌・連歌辞書『和歌呉竹《ごちく》集』も本年三月に刊行された。「いつきの宮」以下の雅語をいろは順に挙げて簡単な解説を加え、巻末に「発句切字之事」以下数条を付す。寛政七年（一七九五）には、本書を尾崎雅嘉が整理改訂した改版本が出版され、天保六年（一八三五）版・万延元年（一八六〇）版・

文久三年（一八六三）版などを経て明治期の活版本に至っている。
これらの書はいずれも、同時代の読者に受容されるのみならず、近世期を通じて長く享受され続け、このことは、地下文学者たちの学問が、ある程度の普遍性を持つ段階に達していたことを示している。

談林勃興

寛文十三年春、大坂生玉社の南坊（神宮寺の法案寺）において、西鶴（鶴栄）ら新風俳士による万句興行が行われた。上方における談林風の旗揚げである。当時の俳諧は基本的に連句形式であり、長句（五・七・五）と短句（七・七）とを交互に一〇〇句まで続けて一巻（百韻）とする。百韻を一〇〇巻制作するのが「万句」であり、最も大規模な興行形態の一つである。

談林俳諧は、西山宗因を盟主とする新風の俳諧であり、延宝期には三都を中心に爆発的に流行する。滑稽・奇抜な表現を用い、「ぬけ」と呼ばれる暗示的な手法を多用するなど、斬新な俳風によって近世初期以来の貞門古風を脱却しようとした。貞門側からは意味不通の異体の俳諧という侮蔑的な意味を込めて「阿蘭陀流」と呼ばれたが、西鶴らはそれを逆手に取ってその呼称を自流の旗印とした。

同年六月には、右の万句の各巻冒頭三句までと、追加の三つ物（発句・脇・第三）、諸家の発句を合わせて『生玉万句』が刊行された。西鶴による序文は、貞門俳諧を「老のくりごと益なし」と批判しつつ、「そしらば誹れ」と「みもすそ川の流」（守武流）を汲む談林新風の優位を高らかに宣言している。

夏には西山宗因の独吟百韻である「蚊柱百句」が成る。自筆巻子本のほか、俳諧書留『ふみはたから』所収本（延宝元年十月奥）があり、後に『蚊柱百句』として上梓された（刊行は翌年か）。本百韻を『しぶうちわ』（去法師著、延宝二年〈一六七四〉刊）が攻撃したのを発端として、貞門・談林の激しい論争が勃発する。発句、

蚊柱は大鋸屑さそふゆふべ哉

は、「蚊柱」で夏の句。「大鋸屑《おがくず》さそふ」は、蚊柱が立ち、それはまるで大鋸屑を燻べて蚊遣火を焚くよう催促しているかのようだという意。「煙」や「燻べる」のような言葉を意識的に省略した「ぬけ」の手法である。また、

5　四つ五ついたいけ盛の花すゝき
6　　まゝくはふとやむしの鳴らん

は、四・五歳のかわいい盛りの花薄を詠んだ擬人的な五句目に対して、六句目は、育ち盛りの野の虫の子供が「まゝくはふ」（ご飯が食べたい）と鳴くことと、空腹で腹の虫が鳴くこととをあわせ詠む。これにつき、貞門側が「まゝくはふの、酒のまふの、といふ虫、終にしらず」（しぶうちわ）と批判するのに対し、談林側の『しぶ団返答』（延宝三年刊）は、「かゝる事を本意にあらずなどゝいひて、あり事ばかりいひ出る俳諧師のこゝろの眠をさまさん事、いまこの時の幸なり」と、現実にありそうなことばかりを詠む、貞門古風のマンネリズムを打破しようとする表現であると論破している。

このほかにも、この年には大坂俳人三十六名の肖像入り真跡集『歌仙大坂俳諧師』（西鶴編）や『宗因千句』などが刊行されており、談林時代の到来を予感させる。

いっぽう貞門においては、二月、貞門七俳仙の一人、貞室が六十四歳で没した。『季吟廿会集』（延宝四年〈一六七六〉刊）には、季吟が貞室の初七日に詠んだ追善の独吟百韻が載る。発句は次の通り。

貞室翁一七日追悼

万事は皆非がん桜よ一さかり　季吟

「万事は皆非なり」（『徒然草』第三十八段）と言うように、この世は「畢境無常」（季吟『徒然草文段抄』当該部分の注）である。彼岸桜よ、亡き貞室への手向花として、今一たびの花盛を見せておくれ、というものであった。この年、京都貞門による俳書出版は数える程しか見られない。前年の寛文十二年（一六七二）には、『時勢粧』（重頼編）、『続詞友誹諧集』（種寛編）、『山下水』（梅盛編）など一定の規模をそなえる撰集が複数見られるのに対し、寛文十三年には、歳旦集のほかは、『誘心集』（種寛編）、『鴬ぶえ』（随流編）といった撰集がわずかに見られる程度である。大火の影響に加え、談林俳諧の威力の大きさがうかがい知られよう。そのような状況下で、季吟の伝書『誹諧埋木』が公刊された。本書は明暦二年（一六五六）の成立以来、秘伝書として伝えられた書物であるが、上述のような貞門への逆風に直面した季吟は、談林風の流行という「世の迷妄」を正し、宗匠としての「既得の地盤の散佚」を防ぐため、出版公開に踏み切ったのである。(9)

また、寛文後半より、地方の貞門俳人が自ら俳書を編集出版する事例が増加する。本年においても、伊勢の重山による指合書『公界集』、江戸の意行子による作法書『武蔵野』、肥後貞門の撰集『松花集』（良庵編）、尾張貞門を中心とした『旅衣』（友意編）などが刊行され、地方俳壇の成長が確認で

き一年である

きる。やや注意されるのは、『公界集』『武蔵野』などが江戸で開板されることで、このことは江戸の出版文化の成熟をも示唆している。(10)。

俳諧史は以後急速に展開し、元禄俳諧の時代へと突入してゆく。本年はまさにその幕開けというべき一年である。

古浄瑠璃と歌舞伎

演劇に目を向けると、本年には魅力的な古浄瑠璃（義太夫節成立以前の浄瑠璃）二本が世に出ている。その一つが、寛文十三年正月に刊行された『牛王《ごおう》の姫《ひめ》』である。慶長頃より操にかけられた演目であるが（『東海道名所記』など）、当時のテキストは伝わらず、本書が現存最古の正本である。概略を記せば、牛王の姫（義朝の郎等鎌田兵衛正清の妹）が牛若に恋をし、牛若が三代相恩の若君であることが判明すると、醍醐へ落ち延びさせる。姫君は清盛に捕らえられて拷問を受けるが、屈服せず自害し、極楽浄土に往生するというものである。姫君には「さんせう太夫」の安寿の俤もあり、古態を残す作品である。(11)

本作は年内に歌舞伎化されており、『役者評判蚰蜒《げじげじ》』（延宝二年〈一六七四〉刊）には、京都夷屋座の玉川三弥が牛王の姫を演じたことが記される。

こぞの牛王の姫の狂言に、「はづかしうていはれませぬ」といひしは、さもありそうにて、さながらせう（正）を見るやうなる。まがきごしのぬれかけ、牛若殿のうしろめたく、彦三郎がひこ〳〵としたるは、いかさまもつともなるべし。

脚本が現存不明であるため、場面の詳細は不明ながら、三弥の真に迫った演技が「せう」（現実の出来事）を見るようであったと評される。「彦三郎」は当時高名な道化方の秋田彦三郎を指し、「まがきごしのぬれかけ」とは「牛若殿の従者的な役割を演じた」彦三郎が、「牛若殿と張り合って、間垣ごしに牛王の姫に濡れかかった」ことをいう。(12) 従者の彦三郎が主人の牛若を差し置いて姫君を口説き、牛若殿が「うしろめたく」（油断がならない）と感じる滑稽な場面が想起される。三弥演じる牛王の姫は、それが「いかさまもつとも」と思われる美しさであったのだろう。

同年三月下旬には、道頓堀を拠点とした伊藤出羽掾の古浄瑠璃正本『一心《いっしん》二《に》河《が》白道《びゃくどう》』(13) が刊行される。有馬山温泉寺や子安地蔵の縁起を背景に、丹波国佐伯郡司秋高の娘である桜姫と、姫に執心し、殺されてもなお亡霊となり害をなす清水寺の若僧、清玄をめぐる物語である。後に浄瑠璃・歌舞伎の主要演目の一つとなる「清玄桜姫物」のうち、現存最古の作品にあたる。

本作の山場の一つは第五段、産死し中有をさまよう桜姫が、蛇身となった清玄に追われ、火の川、水の川に挟まれた一筋の白道を渡ろうとする場面である（図2）。姫君が弥陀の名号を唱えると、その息は白雲のごとき六字の名号と現じる。それを目にした清玄は、姫君に飛びかかろうとする。

既に姫君に飛んでかゝらんとする所に、忝も名号の其□、今に始めぬ御事にて、弥陀の利剣と現れ、虚空無礙に抜け出、かの蛇身が側近く閃きよると見へしが、忽ち首を刎ね落とせば、軀は其侭元の地獄に落ち入、瞋恚の火焰と変じ、未来永々苦を受くるは、理とぞ聞へける。

図2　『一心二河白道』第五段

名号は弥陀の利剣と化して清玄の首を落とし、清玄は地獄へ落ちる。難を逃れた姫君が目を開くと、眼前の「二河白道」は仏地の色である「紺瑠璃の沙の道」と変じ、桜姫は極楽へと迎えられる。出羽掾はからくりを多用した複雑で奇想天外な演出を得意とし、上記のような劇的な展開は、その特色を発揮するにふさわしいものであった。[14]

この作品は瞬く間に流行の演目となり、浄瑠璃では、翌延宝二年（一六七四）三月に京都の山本角太夫正本（現存不明）が刊行され、江戸でも土佐掾正本が出版され、[15]京・江戸での上演が確認できる。また、初演まもなく歌舞伎化も行われ、「延宝一、二年頃、江戸の猿若、市村、山村の三座で「一心二河白道」を競演」しており、評判記『新野郎花垣』（延宝二年八月刊）には、歌舞伎の舞台を描いた挿絵二種が収められる。(16) その人気は同時代のみに留まらず、清玄桜姫物の演劇は、近世期を通じて制作されつづける。本作品はその源流として重要であろう。

宗教の諸相——黄檗宗とキリスト教

四月三日、黄檗宗《おうばくしゅう》の祖、隠元隆琦が示寂した。隠元は明の臨済僧であり、承応三年(一六五四)に来日し、寛文元年(一六六一)には宇治に黄檗山万福寺を開いた。黄檗宗はこれを本山とする禅宗の一派であり、明治九年(一八七六)に一宗として独立している。

隠元は死期を悟り、予め身辺整理をしていた。二月十九日、開山塔の修理が完了した際には、

師命ジテ啓イテレ龕ヲ燕‐坐ス二龕中ニ一。嘱シテ云ク、老僧他日帰後、停メテレ龕ヲ俟ツテ二三年ノ後ヲ一、移シテレ龕ヲ進メヨレ塔ニ。(中略)下午因ミニ示ス二微疾ヲ一。

(『隠元禅師末後事実』)

と、隠元は龕《がん》(ひつぎ)を開かせてその中へ座り、自身の没後三年は龕を停め、その後、開山塔に収めるよう弟子に伝えている。隠元はその日のうちに「微疾」を生じ、次第に病状が悪化する。病中の隠元を見舞う人は多く、三月三十日には後水尾法皇が使者をよこし、隠元は進謝の偈を残している。入寂前日の四月二日には、

初二日、上皇特賜二大光普照国師之号一、聞二師病不レ起嘆曰、「師者国之宝也。倘世寿可レ続、朕願以レ身代レ之」、其尊崇如レ此。

(『普照国師年譜』)

と、後水尾院が隠元に「大光普照国師」の号を授けたことが記される(「特賜」は生前に国師号を賜るこ

と）。つづいて「隠元は国の宝であり、自らの身に代えてもその命を永らえさせてほしい」という後水尾院の言葉があり、その帰依の篤かったことを物語る。翌日、隠元は静かに息を引き取った。三日後、龕は閉じられ、遺言通り、三年後の延宝三年（一六七五）に万福寺の開山塔に収められた。

『玉滴隠見』巻二十六に、「寛文十三年ニイカナル人カタワレゴトヲ書出」したものとされる「安多《あだ》言ニ道々ノ能芸ノ事」という記事がある。諸分野の第一人者、それぞれ一名を挙げ、「仏法」の条には「隠元禅師」が挙げられる。この一事を取っても、社会一般への隠元の影響が甚大であったことが知られよう。それに乗じて黄檗僧を騙る者も現れ、本年四月、幕府は次のような触書を出している。

黄檗派之帽子衣を着し、紛たる出家方々徘徊候付て、急度可遂穿鑿之旨、瑞聖寺看坊に申付之畢。惣て黄檗門派之由にて、江戸町中御代官所におゐて、借屋又は地をもとめ、居住之出家於有之は、瑞聖寺え相届、慥成者のよし証文取之、可差置之。勿論瑞聖寺相改之、紛たる者のよし其家主、名主、五人組等え於相届は、寺社奉行所え訴之、可追払者也。

市中にひそむ偽の黄檗僧を瑞聖寺（開山は黄檗宗二代木庵性瑫）に取り締まらせるものであり、これも隠元、そして黄檗文化の影響力の一端を示していよう。

右の触書と同じ月、幕府はキリシタン取締令を出している。

一、従先年被預置耶蘇宗門之者、不残書注之、国所、其者之年、ちかき親類縁者、可被書付事、

一、耶蘇宗門御預之内、年々死候者、年月又ハ出生之子共於有之ハ、其歳をも可被書注之事（中略）

右書付ハ、従先年、耶蘇宗門之者領内ニ預り置候面々え計被遣之。

ポルトガルの来航禁止より三十年以上が経っているが、「従先年、耶蘇宗門之者領内ニ預り置候」とあるように、この頃においてもキリシタンは根絶されたわけではない。「崩れ」と呼ばれるキリシタンの大量検挙は、寛文年間に至ってもなお見られる。たとえば、美濃・尾張では、寛文元年（一六六一）より大規模な摘発が始まり、「寛文元年から七年まで、男女千三百余名が検挙され、同七年にも乳児一四名をふくむ七五九名が捕えられた。四年十二月に二百余名が名古屋で斬罪となり、七年七月に六四四名、その十月に八百三十名余りがそれぞれ斬罪」(17)となった。

前掲のキリシタン取締令はこのような状況を踏まえて発せられた。「御預」のキリシタン本人の情報のみならず、親類や子供の出生などをも届けさせ、管理を徹底している。寛文十一年（一六七一）、幕府は諸藩に宗門人別帳の作成を命じており、キリシタン根絶の体制は整いつつあった。以後、次第にキリシタンは姿を消し、取締りも形骸化してゆくこととなる。しかしながら、本年においては、キリシタンという脅威はいまだ生々しい実感をもって捉えられていたのである。

探幽最晩年の画業

この年五月、狩野探幽による『日蓮上人龍之口法難図』（本法寺蔵、一軸、以下『法難図』）が成る（図3）。元和七年（一六二一）に幕府の奥絵師に任じられた探幽は、このとき七十一歳という老境にあったが、前掲『玉滴隠見』「安多言ニ道々ノ能芸ノ事」が、「画師ハ　狩野探幽」とするように、当代随一の絵師としてなお名声を保っていた。

図3　本法寺蔵「日蓮上人龍之口法難図」(18)

本作に描かれた「龍之口法難」とは、日蓮の四大法難の一つであり、鎌倉幕府が、文永八年（一二七一）、日蓮を竜口（現神奈川県藤沢市）で処刑しようとした際の逸話である。

当時流布した日蓮の伝記『日蓮上人註画讃』は、該当場面を次のように描写する。

江の嶋のたつみより、大なるひかりもの、かたち満月のごとくして、いぬいにとび、御くびはねんとする座のうへゝとびきたること、鷹隼《はやぶさ》のかけるがごとし。うしろの山の松にうつるかと見れば、雲霞すなはちたちて、闇の夜となる。此ひかりものは、月天子のげんじたまふものなり。あるひは八幡大菩薩げんじ給ふとも申なり。こゝに重連が郎等越智三郎左衛門尉直重、すでに御くびをはねんとす。その太刀おれて警固の武士、たましゐをけし、地にたふる。あるひははせはしり、あるひは馬よりおち、あるひは馬のうへにてうずくまる。

（寛永九年〈一六三二〉版による）

越智直重が日蓮の首を刎ねようとしたとき、江の島の巽（南東）の方角に満月のごとき光り物が現れる。月天子あるいは八幡大菩薩が示現したとされるこの光り物の出現により、直重の刀は折れ、その手足は動かなくなる。警固の武士達も動転し、あるいは地に倒れ、あるいは落馬して逃げまどった。

探幽の『法難図』は、左側に江の島と相模湾、右側に竜口の刑場を配し、中央の浜辺に日蓮を描くという横長の構図をとる。江の島上部に朱色で記された「光り物」からは、金泥の光線が日蓮らへ向かって伸び、処刑人の刀は破断して地に落ちている。警固人が狼狽するさまは、穏やかな表情で座す日蓮と対照的に描かれ、伝記中の名場面が緻密な描写によって生き生きと再現されている。右端には、「寛文十三年五月十三日　宮内卿法印行年七十二歳筆（落款二顆）／依本阿弥法眼空中斎光甫所望図之」とあり、本阿弥光甫（光悦の孫）の依頼により制作されたものと知られる。

探幽は寛文十年（一六七〇）頃より、右手の痛みと麻痺に苦しんでいた。榊原悟『狩野探幽　御用絵師の肖像』(19)によれば、探幽は寛文十年二月にはオランダ商館付きの医師モイジセス・マルコンの診察を受けており、『オランダ商館長日記』二月二十七日条には「絵師の右手の指はこわばり、内側に向けて曲がっている。彼（引用者注、マルコン）は治療を施してみたが、男は老齢であり、完治の見込みは薄い」という芳しくない状態が記される。寛文十一年には「病状が悪化」するが、寛文十二年には奇跡的に本復し、その記念として探幽は熊野権現に「日月松島図」一幅を奉納している。

回復後の寛文十三年には『法難図』のほか、『阿育王山径山寺屏風』(20)（六曲一双）のごとき山水画の大作を残しており、病み上がりの老絵師であることを忘れさせる。このほかにも『白衣観音図』（妙義神社蔵）、『白衣観音・柳に鵲・滝図』（三幅対、宝寿院蔵）などの制作が知られ(21)、本年の年記を持つ臨模の類も複数現存する。あたかもそれまでの不調を取り返そうとするかのような仕事ぶりである。翌延宝二年十月、探幽は他界する。右の作品群は、奥絵師として生きた巨匠の文字通り最晩年の画業であった。

右に述べ来たったように、この一年には、旧時代の残照と新時代の息吹とが混交し、その中から魅力ある人と作品が生み出された。こうした時代の微妙な色合いは、近世前期のごく短い期間にのみ見られるものであり、元禄時代の到来と共に失われてゆく。本年は単なる新旧文化の交替期と捉えることもできるのかもしれないが、そこに独特の煌めきがあったことを見逃してはならないように思われる。

注

(1) 以下、御触書は高柳眞三・石井良助編『御触書寛保集成』(岩波書店、一九三四年)による。
(2) 森銑三・野間光辰・中村幸彦・朝倉治彦編『随筆百花苑第六巻』(中央公論社、一九八三年)。
(3) 島田孝右「リターン号「日本日記」(一)」(『専修商学論集』七四、二〇〇二年)。
(4) 当該記事と「寛文長崎図屏風」の図柄との関係性については、武藤長蔵『日英交通史之研究』(内外出版印刷株式会社、一九三七年)に指摘がある。
(5) 拙稿「古俳諧の異国観——南蛮・黒船・いぎりす・おらんだ考」(『国語国文』八三―一、二〇一四年)。
(6) 松尾晋一「リターン号事件にみる幕藩制国家の沿岸警備体制」(『日本史研究』四八一号、二〇〇二年)。

（7）鈴木健一「霊元院歌壇の成立と展開」（『近世堂上歌壇の研究　増訂版』汲古書院、二〇〇九年）。
（8）田中隆裕「後西院の和歌・連歌活動について」（『和歌文学研究』五三、一九八六年）。同論文は、寛文十年（一六七〇）頃から延宝五年（一六七七）頃まで、後西院が連歌に傾倒していたことを指摘する。
（9）榎坂浩尚『誹諧埋木』について」（『北村季吟論考』新典社、一九九六年）。
（10）本年五月には、江戸で出版取締令が出されている。「御公儀之義ハ不及申、諸人迷惑仕候儀、其外何ニても珍敷事を新板ニ開候は、両御番所え其趣申上ゲ、御差図を受、御意次第ニ可仕候（後略）」と、公儀に関わること、人々が困ることや珍事を開板する場合は、奉行所へ届け出るべき旨が「板木屋ども幷町中之者」に申し渡された。この触書は、江戸で出されたことが確実な出版取締令としては現存最初期のものであり、当時の江戸における出版文化の成長を物語る。
（11）新日本古典文学大系『古浄瑠璃　説経集』（岩波書店、一九九九年）所収、「牛王の姫」梗概（阪口弘之執筆）。
（12）時松孝文「恋慕の浄瑠璃と道化――延宝期加賀掾の作品を中心に」（『語文』五二、一九八九年）。
（13）本文・挿画は前掲注11書による。
（14）鳥居フミ子「土佐浄瑠璃の脚色法――『一心二河白道』をめぐって」（『国語と国文学』五一―一〇、一九七四年）。
（15）同右。
（16）諏訪春雄「元禄歌舞伎の成立」（『元禄歌舞伎の研究』笠間書院、一九六七年）。
（17）五野井隆史「幕藩体制社会とキリシタン教界」（『日本キリスト教史』吉川弘文館、一九九〇年）。
（18）武田恒夫『日本美術絵画全集第十五巻　狩野探幽』（集英社、一九七八年）。
（19）榊原悟「むすびに――巨星墜つ」（『狩野探幽　御用絵師の肖像』臨川書店、二〇一四年）。
（20）前掲注18書に図版を収録する。
（21）榊原悟「探幽年譜」「作品を鑑る――人物画の世界」（前掲注19書所収）の指摘による。

元禄十四年……一七〇一

中世の終焉

西田正宏

元禄時代といえば、一般には、どのような時代と認識されているのであろうか。

例えば、岩波新書の「シリーズ日本近世史」では、この時代を含み、十七世紀半ばから百年余りに『天下泰平の時代』という書名を与え、その帯には、「豊かな経済・花開く文化」と記す。[1] この文言はこの新書の第四章のタイトルでもあり、この章は元禄時代を中心として記述される。こころみに、本稿で取り上げる元禄十四年について、この本の巻末に掲げられた年表には何が記載されているのかを確認しておこう。元禄二年（一六八九）に松尾芭蕉の『奥の細道』の出発を記し、元禄十六年（一七〇三）に近松の『曾根崎心中』の初演を記すように、文化的な事象も記載するこの年表が「元禄十四年」に取り上げたのは、

赤穂城主浅野長矩、江戸城殿中にて吉良義央に刃傷、長矩切腹

という出来事であった。いわゆる忠臣蔵（赤穂事件）の前年にあたり、その事件の発端となった、刃傷沙汰が起こった年であると記されているのである。この事件が、後に文芸の題材になったことは周知のことであろう。それほど衝撃的な事件であったのであるが、この事件の前から「武士」の政権である江戸時代は、安定へと向かっていた。刃を振りかざし、主君のために復讐劇を演じるほどの武士は、ほとんどいなくなっていたのであろう。改めて本格的に刀が抜かれるのは、幕末まで待たねばならないのかもしれない。安定した平和な時代であったからこそ、赤穂事件は特記され、記憶されることになったのだともいえよう。

このような政治的な安定を背景に、「豊かな経済・花開く文化」の時代とされた元禄時代とは、

いったいどのような時代であったのであろうか。特にどのような文化が「花開」いたのかについて見ていくことにしよう。

雅文学

先に取り上げた岩波新書の認識がそうであったように、教科書的には、元禄時代と言えば、徳川幕府が安定期に入り、上方町人による元禄文化が花開いた時代であると認識されている。例えば、高校の地歴の教科書や国語の便覧などでは、「元禄（の）文化」という項が立てられ、その時代を代表する人物として、井原西鶴・松尾芭蕉・近松門左衛門が挙げられている。また平成四年（一九九二）十一月から順次刊行された『講座　元禄の文学』(2)では、この三人を中心に全体が構成されている。けれども、代表として挙げられた彼らが、近代になって改めて発見された人たちであったことは、もはや周知のことであろう(3)。

後世からみて結果的に彼らが、それ以前には見られない新たな文芸の地平を切り拓いたのだとしても、時代に即していえば、元禄時代とはいったいどのような時代であったのかということについて、考えておく必要があろう。例えば、「雅」と「俗」という視点から元禄時代を「俗」に対して「雅」がまさった時代だと捉える見方がある(4)。

（前略）元禄時代の終わりまで、「俗」は「雅」に肩を並べることもできなかったのである。ということは元禄時代の文化は、「俗」に対して「雅」がまさった文化だったといわねばならないことになる、このことが認められるとすれば、従来の文学史観に従って、単純に俗文学が盛んとなり、西鶴・芭蕉が、その成果として名声をほしいままにしたとする元禄文学観は、根本的に改められなければならないことになるはずである。では、元禄文学における「雅」と「俗」の関係は、基本的にどのようなものとして捉えられねばならないかといえば、それは江戸時代前期の文学は「雅」中心の文学であるという視点を絶対に忘れてはならないということである。（中略）元禄文学を大人になる直前の、青年最末期の文学と捉えた場合、「雅」と「俗」の関係は基本的にどのように考えるべきなのであろうか。江戸時代前期であるから、「雅」が優位であることは動かないわけであるが、いま少し、わかりやすい言い方をすれば、「俗」が、「雅」に対して、強いあこがれをもっていた時代だったという言い方が適切であるように思う。

この論によれば元禄文化が、西鶴の文学に代表されるような俗文学が中心であったという従来の一般的な認識は必ずしも適切ではなかったということになる。

また文化を支えたのが「町人」であったということについては、

元禄文化＝太平と繁栄の時代における町人文化・庶民文化というイメージは、アカデミズムという狭い世界の外にいる多くの人々の意識にも、同時代的共感をもって強烈に刷り込まれていったのである。（中略）しかし、こうした元禄文化を町人文化・庶民文化であるとする評価に対しては、松浦玲や尾藤正英などによって、疑問が投げかけられることになった。（中略）元禄文化を町人文化・庶民文化であるとする、我々にとっては既にお馴染みとなっているイメージは、実は一面的なものであったということに気付くのではなかろうか。特に、文化の担い手については、尾藤が注目した武士をはじめ、そのほかにも公家衆や宗教勢力といった支配層や伝統的文化加担者層についても、目配りする必要があろう。とする見解がある。(5)

右の二つの論に代表されるような考え方は、これまでの「元禄文化＝町人・庶民文化・俗文学」という把握に一定の反省を促すものであって、むしろ、近年は研究者の間では、従来のような把握のされ方は、否定されつつある。今さらしく言うまでもなく、元禄時代を通して、文学の中心は雅文学であり、その文化基盤を支えたのは堂上（公家）であったのは確かなことであろう。元禄十四年を考えるにあたり、まず初めに雅文学の状況を見渡しておくことにしたい。

和歌

すでに述べたように、雅文学を担っていた中心は、堂上である。「古今伝受」をひとつの頂点として、それに向かい、添削を通して和歌が修練されるという制度も確立されており、(6)後水尾院から霊元院へと、堂上歌壇も安定期に入っていたのがこの時代であった。(7)元禄十四年九月二十一日には、「太神宮御法楽千首」（いわゆる「元禄千首」）が行われた。武者小路実陰は欠席していたが、中院通茂、清水谷実業、飛鳥井雅豊など霊元院歌壇の主要歌人はすべて出詠している。霊元院、四十八歳のことである。このような堂上歌壇における活動については、古今伝受の具体の様相や、御会和歌などについても考証が重ねられてきている。むしろこの時代で注目するべきは、本来は堂上が中心であった雅文学が地下のあいだにも浸透しつつあったということであろう。

西鶴や近松に代表されるような俗文学の担い手が町人・庶民であり、雅文学の担い手が堂上であったという捉え方もまた、図式化した見方である。俗文学と雅文学との対比を町人と堂上という対比に並立させて捉えてしまうと、あたかも雅文学を担ったのは、堂上だけであったかのように思われるが、決してそうではない。このことを最も象徴的に表しているのが、歌書の出版であり、とりわけ有賀《あるが》長伯《ちょうはく》による一連の歌書刊行であったと言えば、言い過ぎになるであろうか。(8)堂上は、出版を敬遠していたように見受けられるし、(9)版下書き、彫師、摺師などの職人、商人（書肆）の関わる出版という営みは、まさに「地下」のものだったのである。

貞享三年『世々のしをり』の刊行から始まる有賀長伯の啓蒙的な歌書の刊行は、以下、次のように継続される。

『歌枕　秋の寝覚』（元禄五年（一六九二））
『初学和歌式』（元禄九年（一六九六））
『歌林雑木抄』（元禄九年（一六九六））
『和歌　浜の真砂』（元禄十年（一六九七））
『和歌分類』（元禄十一年（一六九八））
『和歌二葉草』（元禄十三年（一七〇〇）？）

『和歌八重垣』（元禄十三年（一七〇〇））（図1）

元禄十三年の『和歌八重垣』の刊行を以って、八部五十六冊に及ぶ有賀長伯の啓蒙書刊行はいったん終了するが、おそらく好評を得て、その後も刊行されたものと見受けられる。例えば、『和歌八重垣』などは明治期にも活字本として出版されている。

この刊行終了後の翌元禄十四年が本稿で取り上げている年であるが、この年にもまた多くの歌書が出版されている。元禄十四年に出版された歌書を挙げれば、次のとおりである。(10)

蔵玉和歌集（洛陽書肆　栗山宇兵衛梓刻）

よみくせ入　伊勢物語　すみにごり付（西田三良兵衛板）

和哥極秘伝抄（教来寺弥兵衛板行）

改正増補　初学和歌式　読方詞寄（書林久宝寺屋作兵衛　河内屋太郎兵衛開板）

つれづれ清談抄（大坂高麗橋一丁目　書林野村長兵衛梓行）

定家　拾遺秘伝抄　全（安静軒開板）

徒然草集説（皇都書肆　吉田四郎右衛門　武村新兵衛他）

新編和国百人一首（御幸町二条上ル弐丁目磯田太郎兵衛）

加えて「未見」として、『戴恩記』『和歌　初学宝鑑』

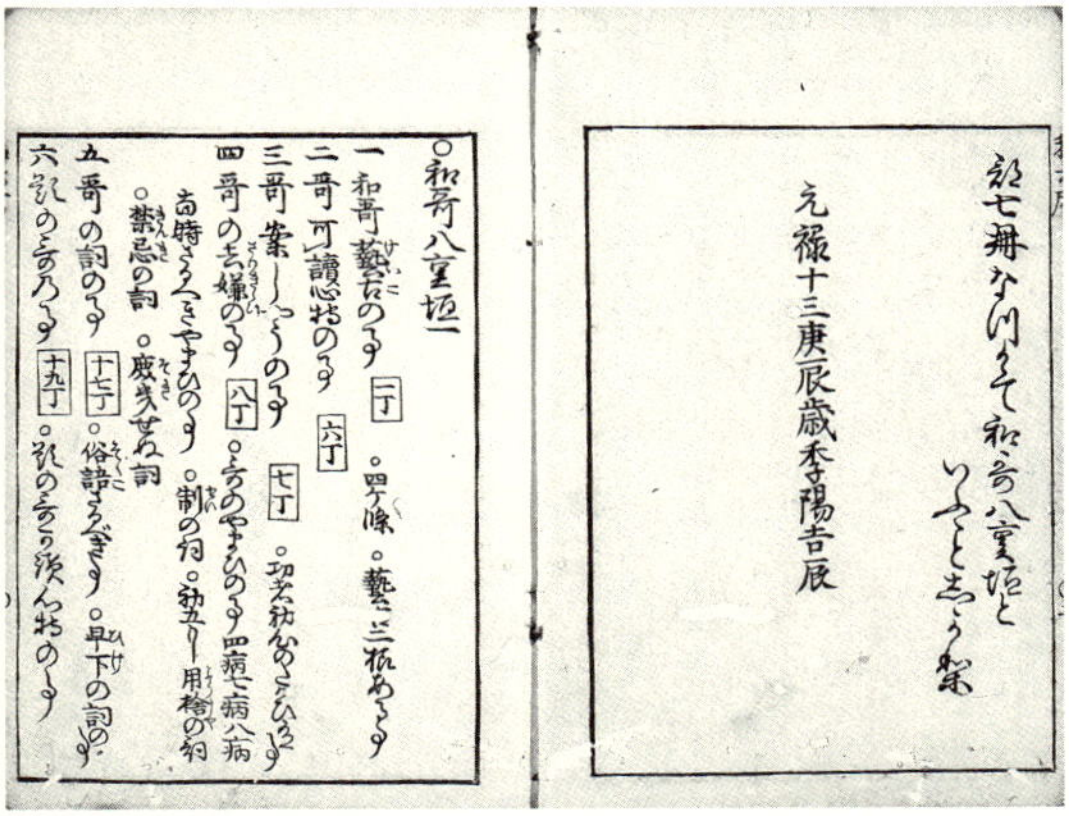

図1　『和歌八重垣』（早稲田大学図書館所蔵）

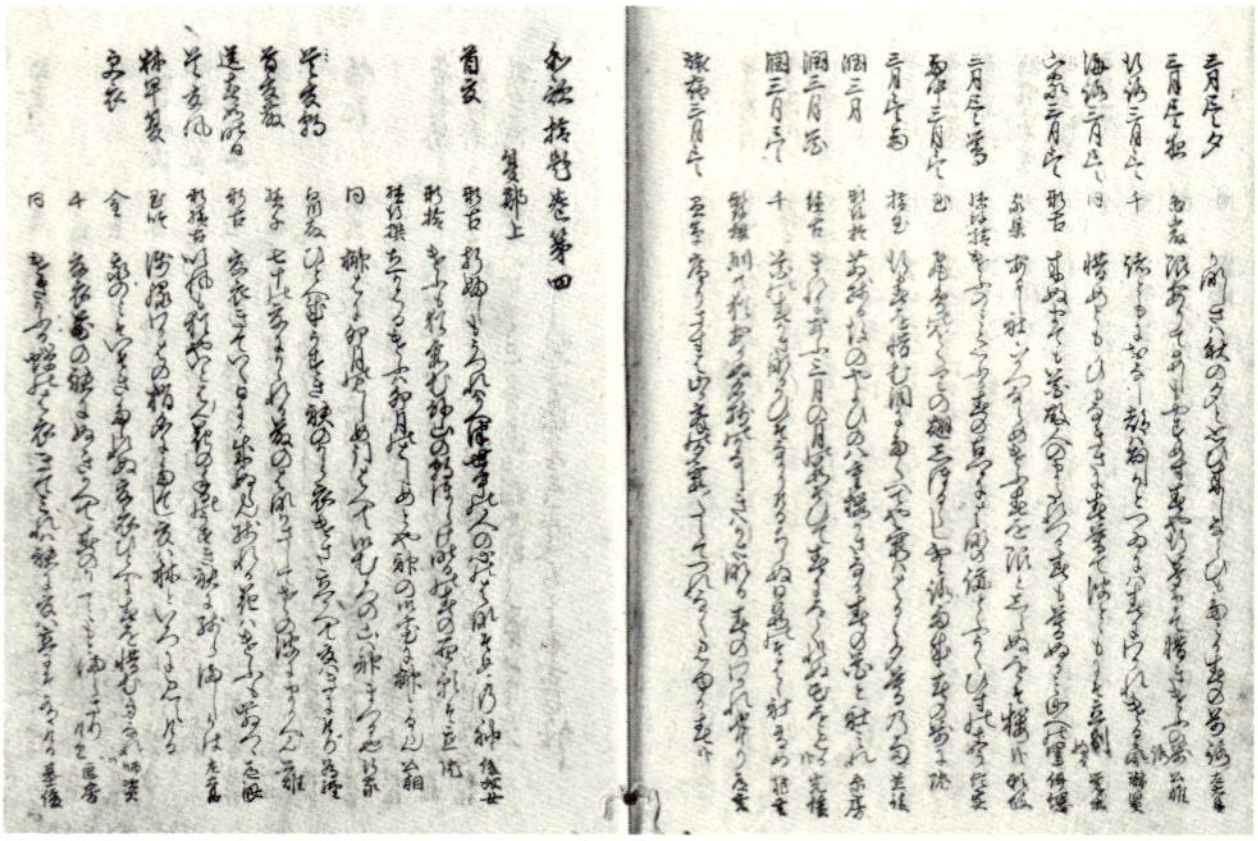

図2　『和歌拾題』（架蔵）

の二書が挙げられている。

右の歌書の出版のなかで、まずもって注目されるのは、「秘伝」と名の付くものの刊行であろう。本来は「秘伝」は師から門流へと授け伝えられるものであって、刊行とはもっとも縁遠いものであるはずである。『人丸秘密抄』（寛文十年）など、すでに秘伝的なものは刊行されていたが、本格的な秘伝書の刊行は、『和哥極秘伝抄』が初めてであろう。[11] この書に取り上げられた「テニハ秘伝」は長伯の『和歌八重垣』とも重なるところがあり、長伯門流が関わった可能性がある。[12] 翌十五年には『和歌古語深秘抄』が刊行される。その序文を恵藤一雄が書いており、この場合も地下歌人の関与が窺われるのである。

これらは、まさに暴露的な出版ということになるが、そこに地下歌人たちが関わりをみせるのは、周到に巧まれた営為であったと考えられる。堂上が守ってきた、いわゆる「秘伝書」を公開しつつ、その一方で、彼ら自身は、「伝受」という方法で確実に学統を継承していたのである。そこでは伝受という中世的な学問のあり方と、出版という極めて近世的な学問のあり方が併存していたといえよう。そしてそれらをともに担っていたのは地下歌人だったのである。

次に注意しておきたいのは、『改正増補初学和歌式読方詞寄』の刊行である。これは元禄九年版の再版で、先に述べた長伯の歌書がいかによく読まれていたのかを、このことは示していよう。再刊されるということは、歌書全体の出版がさかんであった証左にもなろう。それは取りも直さず需要があったからで、その背景にはすでに述べてきたように、松永貞徳を頭にいただき、望月長孝・平間長雅・有賀長伯へと継承されてきた一流の活発な活動があった。

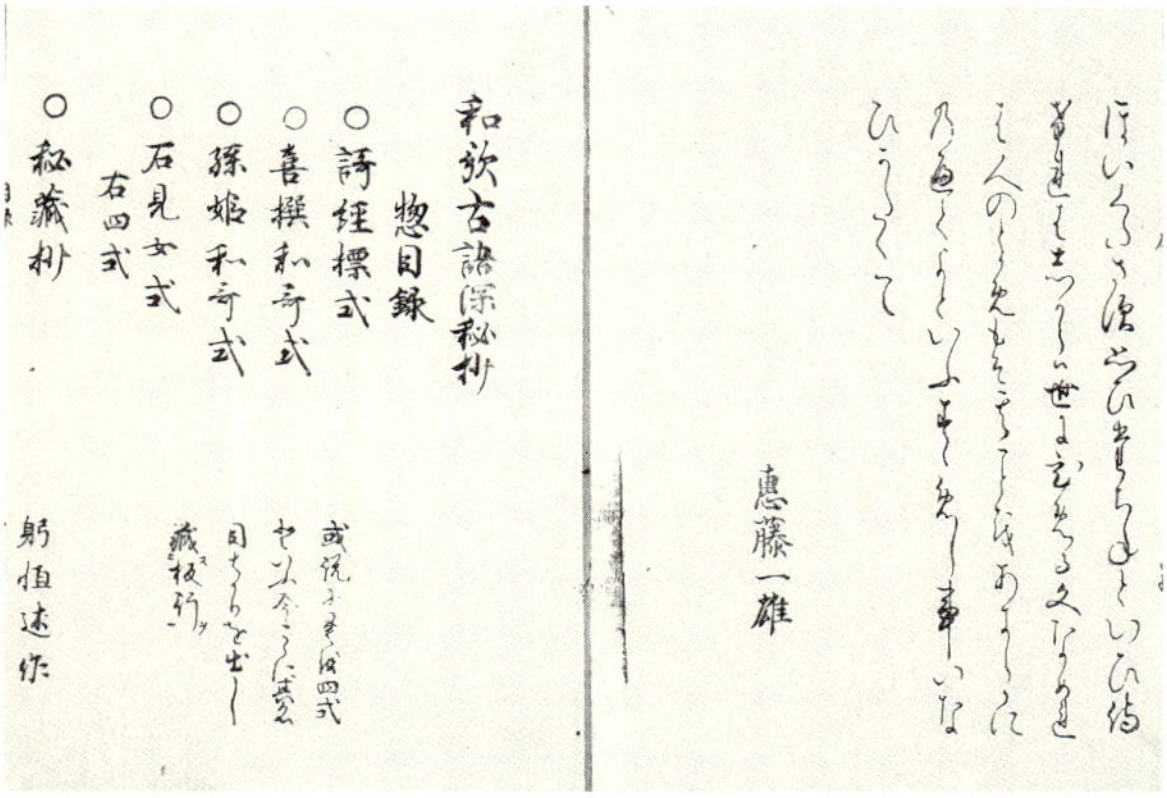

図3　『和歌古語深秘抄』（早稲田大学図書館所蔵）

彼らと対抗意識をもっていた河瀬菅雄や恵藤一雄らの一派もまた、『和歌拾題』（図2）の刊行や先に取り上げた秘伝書『和歌古語深秘抄』（図3）の刊行に関与するなど、旺盛な活動があったと推量される。[13] 彼ら地下歌人たちによって、時には、歌書の出版に関与しつつ、和歌の添削も行いながら、時には伝受という方法をも駆使しながら、雅文学の裾野が拡げられたと忖度される。もはや雅文学は、堂上の専売特許ではなくなっていたのである。

このことは実作だけにはとどまらず、当然、歌学にも、また和歌の注釈にも及んでいたと見受けられる。文学研究（注釈）に眼を向けると、元禄期に多くの古典に注釈を施したのは、幕府の歌学方となった北村季吟であり、浪華の学僧・契沖であった。彼らもまた「地下」の人たちである。続いて、彼らふたりの活動を中心に、元禄の学問について検討することにしたい。

学問

言うまでもなく、歌学を中心とする学問もまた、その担い手の中心は堂上であった。彼らの編んだ歌書は、師の教えを門弟が書き留めた「聞書」であり、もちろん写本であった。[14] しかし、その一方で地下歌人たちによっても多くの歌書が編まれ、出版されていたことは、先述したごとくである。また古典の注釈も盛んであった。そしてそれはむしろ地下の方が積極的であったらしく見受けられる。先に取り上げた長伯には『伊勢物語』の注釈書（『伊勢物語秘々注』）があり、同様にその師・平間長雅も『伊勢物語』に注釈を施している（『伊勢物語秘註』）。またその師・望月長孝には、『古今仰恋』という『古今集』の注釈がある。彼らと同じ貞徳門で、元禄二年に幕府の歌学方に任じられた北村季吟《きたむらきぎん》は、多くの古典に注釈を施し、それらを刊行したことで知られている。その方法は、先行するさまざまな注釈書を集成し（諸注集成）、自らの説を形成するものであり、それは中世の注釈書の集大成的な意味も合わせ持っていた。例えば、『古今和歌集』の注釈書『古今拾穂抄』（図4）を見てみよう。[15]

永正云、心ぼそきといはんとて、糸による物ならなくにといへり。十口云、無儀。無餘情哥也。

小書云、兼好がつれ〴〵に草に古今集の中の哥くづ、えせ哥のよしいへり。但、又当時はかやう

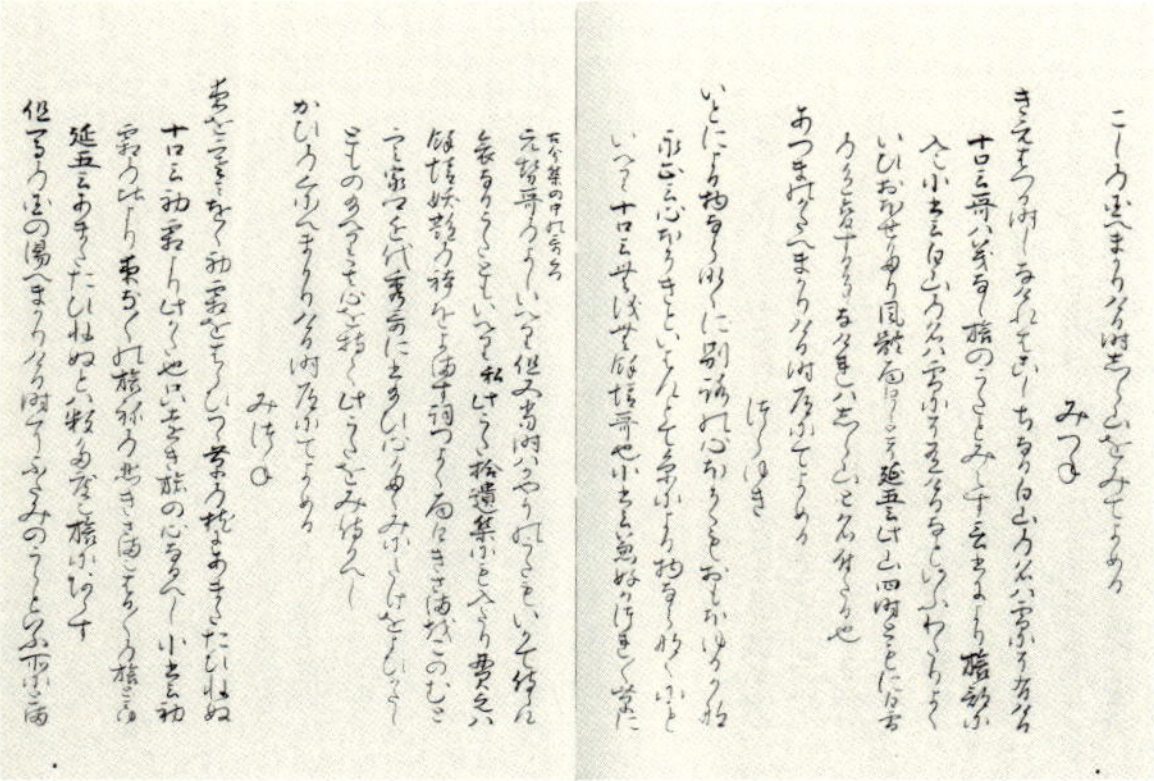

図4　『古今拾穂抄』(古今集注釈書影印叢刊6『古今拾穂抄』第四冊、勉誠出版、2008年より)

のうたもいかで侍らん。哀なるうたともいへり。私、此うた拾遺集にも入たり。貫之は餘情妖艶の躰をよまず、詞つよく面白きさまをこのむと、定家卿近代秀哥に書給ひ、心たくみに、たけをよびがたしともの給へり。其心を持て此うたをみ侍るべし。

『徒然草』にも引かれ、よく知られた『古今和歌集』巻九　羇旅部、貫之の「いとによる物ならなくにわかれぢの心ぼそくもおもほゆるかな」(四一五番)の注釈である。『永正記』『十口抄』『十口抄小書』などを引用しつつ、この歌の評価についての私見を展開している。『徒然草』で「歌くず」と言及されて以来、評価の低かったこの歌について、中世の注釈書を引用することでその点も踏まえつつ、定家の説いた貫之の歌風から考えれば、この歌が決して低く評価されるべき歌ではないことを述べている。諸注を集成しつつも、そのことによって自説を形成している点は、注意されてよい。

けれども、季吟の注釈も、前述した長孝ら地下一流と呼ばれた人たちの注釈も、その評価は総じて低い。先行する注釈書を集成するだけで、彼ら自身の考えがほとんど記されておらず、新見も見出せないと考えられてきたからである。しかし、この後に取り上げる実証的で現代の評価も高い契沖《けいちゅう》の注釈に比肩するところもあり、同等の達成が見られること、拙稿において論じたことがあるが、その点は拙稿を参観願うことにして、稿を進めることにしたい(16)。

いま述べたように、同じ地下の存在で、季吟と同時期に、同様に多くの古典に注釈を施していたのが、浪速の学僧・契沖であった。それまでの学問が基本的には、師弟や伝受の関係のなかで、秘伝や口伝というかたちで育まれてきたのに対し、契沖は刊行された注釈書を読みこみ、それらを巧みに組み合わせる諸注集成的な方法から、自らの説を打ち立てるものであった。それは既に述べたように、季吟にも見られたわけであって、それ自体、決して独創的なものではない。また契沖は、作品内部や同時代の作品のなかに用例を求め、そこから帰納的に解釈を導き出す。これらの方法は、実証的であるとされ、現代の研究においても寄与するところ少なくなく、すこぶる高い評価を得ている。しかし、実証ということだけでいえば、すでに院政期における六条家の学問にも見られる方法であった。彼らもまた多くの用例を博捜し、検討することで、解釈を深めようとしていた。

また、元禄十四年についていえば、閑寿の『徒然草集説』が刊行されている。そこに窺われる実証的態度は契沖の注釈に匹敵するものであった(17)。用例を探し出す範囲の広さや挙げられた用例の的確さを問題にしなければ、実証的であろうとする注釈はそれなりにあったわけで、その点だけでいえば、契沖の注釈もまた時代の埒外にあるわけではない。しかし、それでもなお契沖の注釈は従来の注釈とは一線を画するように思われる。それでは、いったい何が違っていたのか。

例えば、『古今和歌集』の「思へども身をしわけねば目にみえぬ心を君にたぐへてぞやる（離別・三七三）」について、契沖の『古今余材抄《こきんよざいしょう》』(18)は、

発句は深く心をこめたる詞なり。源氏にも此詞を発端とせる巻あり。（中略）伊勢物語に、

あかねども岩にぞかふるめに見えぬ心をみせんよしのなければ

思へども身をしわけねばめかれせぬ雪のつもるぞわが心なる

後撰　身をわくることのかたさにます鏡影ばかりをぞ君にそへつる

と注釈する。「思へども」という初句に心が込められていることを指摘するとともに、源氏物語の例に言及する。以下、「目にみえぬ」の例を『伊勢物語』七十八段から、同じく類歌の例を『伊勢物語』八十五段から、さらに「身をわくる」の例を『後撰集』から挙げ、一首の理解に迫ろうとする、理解に適した歌の例を挙げる、実に契沖らしい注釈である。ただ冒頭に述べられた「発句は深く心をこめたる詞なり」というのは、『両度聞書』(19)に、

「おもへども」といふに、心おほくこもる也。（中略）されば此五文字、なをざりにはつかはぬ詞也。

とあるのに基づいている。特に引用を断るわけではないけれども、契沖の注釈にも先行する注釈を集成する姿勢が見受けられるのである。ここで注意しておきたいのは、『両度聞書』がこの「思へども」という初句について、「なをざりにはつかはぬ詞」（いい加減には使ってはいけない詞）であると、実作に絡めて言及しているのにもかかわらず、契沖はその部分を引用していない点である。一方で、契沖とほぼ同時代の望月長孝の古今集注釈書『古今仰恋』に目を向けてみると、(20)

宗祇、「思ヘドモ」ト云ニ、心オホクコモル也。（中略）サレバ此五文字、ナヲザリニハツカハヌ詞也。

師談、初五文字甚深也。遥ニ行人ヲトヾメタク思ヒ、又一向名残ヲ惜ク思ヒ、又ツレタチテモユカバヤト思、又ハイツカハカヘランナド思ヘドモト云詞也。（以下、業平歌の引用）

と、まず「宗祇（抄）」つまり『両度聞書』を引用している。この点は、『古今余材抄』と同様であるが、契沖が引用しなかった実作へに関わる注記については、そのまま残している。

長伯に代表される地下歌人たちの著した歌学書はあくまでも実作のためのものであり、彼らの著した注釈書も基本的に「歌を詠む」という視点を基盤に置いていたと考えられる。『古今仰恋』はその長伯の師である平間長雅の注釈書で、やはり歌詠むものの視点が見受けられる。先に引いた例は、『宗祇抄』の引用によってはいるけれども、実作への視点は保持されていた。もちろん長雅自身が注釈のなかで実作について言及することも多い。季吟の注釈にも、そのような姿勢は、随所に窺える。右の例でも『古今拾穂抄』は、『両度聞書』とほぼ同じ『十口抄』を引用することで、実作への視点を保っている。彼自身もまた実作について述べることがある。この歌についても、例えば、『伝心抄』にも、「思ヘドモ、此五文字、大カタニテハ置ヌ五文字ナリ」と見えており、実作に関わるかたちで注釈されている。歌作の際に気を付けねばならない語に言及するのは、歌人としては必然のことであったと思われる。しかし、契沖は敢えてその点には言及しない。「歌をよむ」視点から離れ、解釈そのものを究めようとする契沖の姿勢は、それまでには見られないすこぶる新しいものであったといえ

よう。歌をよむための学問（歌学）を純粋な学問へと昇華させたのである。(21)

この契沖が没したのが、元禄十四年正月二十五日である。前日には弟子たちを集め、死が近いので、疑いのあるところは、質問せよと訓示したという。翌年（元禄十五年）一月には、圓珠庵に安藤為章によって墓碑が建てられた。契沖の生涯とその学問の評価を、同時代の眼から記したものとして、すこぶる有益である。適宜省略しつつ、引用しておこう。(22)

（前略）水戸侯源義公、万薬纂註を撰するに方つて、これを府下に致かんと欲す。固辞して就かず。しかれども、公の志を感じ、『万薬代匠記』二十巻・『総釈』二巻を作りてこれを上る。第一に載する所の雄略帝の御製に神代巻を援ひて、無目籠を寵と訓ずる字のごとし。それ雄略は神代を去ることいまだ遠からず。すなはち師訓ずる所は前人のいまだ発せざる所、蓋しその旨を得たり。（中略）また、『古今余材妙』を著はす。人麻呂明石の浦の俵歌、旧説に以為く、眺望あるいは送行と為す、師以為く、人麻呂自ら旅懐を述ぶると。ゆゑに紀氏、これを羈旅の部に収む。いはゆる島陰れ行くは、なほ『万葉集』に防人、大理を得る歌に、島陰れ漕ぐ舟と曰ふがごとし。必ずしも島の有無を論ずべからず。（中略）母歿するに至って院を退き、難波東高津、円珠庵と号するに卜居す。俗客を屏謝し、清修自適す。義公菜資を施し、音問絶えず。元禄十四年正月、微恙あり。二十四日、徒に告げて曰く、永訣すること邇きに在り、疑ふ所有ればすなはも質正せよ。涌泉問ひて曰く、師、今阿字不正の域に住するや。答へて曰く、しかり、凡人平等に当たって差別す。泉が曰く、平等差別異無からんや。曰く、心平等と雖へども事差別有り、差別の中心平等に当たる、老僧の言これを記せと。二十五日、印を決定して跏趺して化す。年六十二、臘五十。庵を弟子智耀に附す。（中略）嗚乎、師の歌学卓絶、古今の人、得てこれを知らず。然れどもこれその余事のみ。歌学を以つて師を論ずるものや、また師を知る者に非ざるなり。為明謽に義公の命を欽し、師の庵に就きて、その説を受く。（以下略）

故人の事績を列挙しつつ、讃えるのがこのような文章の常なのであろうが、ここでも『万葉代匠記』『古今余材妙』という契沖の代表的な注釈書が、それまでの注釈と如何に違うのかを述べ、その意義を具体の例を挙げて確認している。加えて為章は、歌学の面からだけで契沖について論じるものは、契沖を理解しているとは言えないとしながら、しかし、その契沖の歌学が非常に優れていることが、世間の人にはあまり知られていなかったことを嘆いている。季吟や長伯たち地下歌人が、積極的に関わった出版とは、契沖は、基本的に無縁であった。生前に出版されたものは限られている。

新しいことが受け継がれたのだとすれば、契沖が純化させた学問は、次世代へと継承されたことになる。いわゆる「国学」の誕生である。方法は中世的なものに拠りながらも、その確立したところは、後の国学へと継承されてゆくすこぶる近世的な純粋な学問であって、契沖というひとりの古典学者のなかに中世と近世が併存していたのである。一方で、その如何にも新しい出版という制度を利用した季吟や長伯たちは、書写と口伝を中心とするきわめて中世的な伝受という方法によって、その系譜を保持していたと見受けられる。現存するおびただしい数の伝書群を見れば、それは明らかであろう。(23)出版と伝受と巧みに使い分けた彼らにも、契沖とはまったく対照的な意味での近世と中世の併存が窺えるのである。

俗文学

元禄十四年から見えてくる文学の様相を、従来の俗文学＝町人文化や時代に即して考えた時の雅文学＝堂上（公家）文化という図式にとらわれるのではなく、具体の状況を踏まえ、雅文学を担う地下人（町人）という視角から、稿を進めてきた。雅文学のところで、堂上の動向については触れたが、一方で俗文学はどのような状況であったのだろうか。すでに述べたように、同時代的には雅文学のまさる時代ではあっても、従来、西鶴・芭蕉・近松が取り上げられてきたように、俗文学が充実していた時代であったことは確かである。元禄十四年の時点から、俗文学についても簡単に見渡しておくことにしたい。

まず、小説（浮世草子）についてみておこう。元禄時代を代表する浮世草子作家といえば、言うまでもなく井原西鶴である。仮名草子とは一線を画する『好色一代男』の登場は、それまでの散文学の歴史を一変させることになった。上方での私家版的な出版から、江戸における書肆主導の出版への変遷は、まさに西鶴の浮世草子が売れる本であると評価されたからに相違ない。雅文学でみた出版と文学との関係は、俗文学においても同様の展開をみせている。が、西鶴は元禄六年に没してる。したがって、元禄十四年には、西鶴自身の活動は終わっていたことになる。西鶴没後の小説界に現れたのが、西沢一風である。彼自身、浄瑠璃の正本などを出版していた書肆（正本屋九左衛門）でもあった。

元禄十四年には、その一風と競っていた京都の八文字屋から、江島其磧による『けいせい色三味線』が刊行される。八文字屋もまた浄瑠璃の正本や歌舞伎の絵入り狂言本を出版していた。その八文字屋が「役者評判記」で好評を博していた其磧による浮世草子を計画し出版したのが、この『けいせい色三味線』である。其磧の浮世草子における処女作でもあった。其磧の作品については、

> 彼の作は、以後を通じて西鶴の模倣・剽窃が多く、西鶴のほとんどの作に及ぶ。彼の戯作生活は西鶴諸作を研究するところからはじめられ、その奇警な言いまわしや巧みな描写、珍奇な趣向などを、時・所に応じ引き出せる用意がなされていたと思われる。一風と同じく西鶴を出発点とするのであるが、一風に見られる、西鶴に対抗しようという気負いがなく、すんなりと西鶴を受け入れながら、彼の資質・嗜好や時代の流れから、それを組上げるのに芝居がかりになっているというのが『色三味線』であろう。

と評価されている。[24] また、

> 本書が大いに歓迎され、浮世草子界に新しい機運をひき起こしたことはことは、書型を横本にし、巻を地域別に分け、題名に「けいせい（傾城・契情）」また「三味線」の語を含ませた作が続出したことによって知られる。

と『けいせい色三味線』（図5）がそれ以降の浮世草子界に与えた影響も確認される。元禄十四年は、西鶴から新しい浮世草子へと移り変わる時代であったと位置づけられよう。

例えば、『けいせい色三味線』鄙之巻「木辻鳴川に深入する男」の冒頭部、

奈良の京春日の里に、諸分知るよしにて、仮初ながら心やすひ色狂ひとても、奢ばはかのゆく物ぞかし。

という一文は、「心やすひ」以降は『置土産』の剽窃であることが指摘されている。書き出しは『伊勢物語』初段を踏まえているけれども、同様に『好色一代男』世之介九歳の話にも拠っていることも確認される。以降も随所に西鶴作品の剽窃が窺われ、西鶴が踏まえた古典を其磧が改めて踏まえ直したとするよりは、西鶴作品を利用したとみるのが妥当であろう。古典を題材にしていた西鶴の時代から、その西鶴の作品自体を模倣、剽窃する時代へと時代が動き始めていた。西鶴の手法が御伽草子にも見られるような古典享受によるものであり、中世的な一面を残すものであったのに対し、一風や其磧の作品は、西鶴自身を出発点とする、すこぶる近世的なものだったといえよう。

図5　『けいせい色三味線』(早稲田大学図書館所蔵)

　続いて、俳諧の世界に目を向けてみよう。西鶴同様、芭蕉もまた元禄七年にこの世を去っている。したがって、元禄十四年は、蕉門の活躍が中心となる。こころみに新日本古典文学大系の『元禄俳諧集』の付録の「三都対照俳壇史年表」(25)を繙けば、いかにその活動が活発であったのかが知られよう。

なかでも前年の元禄十三年に膳所の義仲寺で芭蕉七回忌「一日千句」の追善を催した各務支考は、『支考年譜考証』(26)の元禄十四年の記事からも確認されるように、美濃派の祖として、旺盛な活動をみせていた。加越への俳諧行脚はこの年の四月からで、各地の俳席での「夜話」で表現や付合について、理論的なことを説いていたことが、この行脚をまとめた『東西夜話』の記事から確認される。『東西夜話』は、翌元禄十五年に、京の書肆・井筒屋庄兵衛から刊行された。先の『年譜考証』の元禄十四年の項には「支考はこの間得意の夜話で信望を集め、北枝、秋之坊、万子、浪化らを手中にして地盤を固めた」とある。中央から地方へと俳諧は、確実に拡がりつつあった。その背景には、俳書の出版が寄与していたと考えられよう。

先に述べた三人のなかで、元禄十四年に唯一生存していたのが、近松門左衛門である。元禄六年以降、近松は歌舞伎の狂言作者となって京の都万太夫座に出勤し、坂田藤十郎の出る芝居の台本を書いていた。元禄十六年、『曾根崎心中』の上演によって、世話物浄瑠璃という、それまでにはなかった新しい浄瑠璃の世界を切り拓くことになる。検証することは難しいが、一で述べた雅文学の町人への浸透が、雅語を駆使して構築された近松の描く浄瑠璃の詞章を、より身近なものにしたのかもしれない。

その他の文化事象

最後に文学以外の文化事象にも触れておくことにしよう。例えば、美術。辻惟雄氏は、この時代の

美術について、

美術をつくり出す主体が、支配階級から町人の側へ移るのもこの時期である。それと併行して、美術は桃山時代の豪放は表現を改め、個人の間尺に合った小市民的なものへと変質してゆく。

と述べられ、「町人美術の形成」と総括された。[27] さらに、

江戸時代の主だった画家の生没年を比較してみると、寛文から元禄、享保にかけての時期に活躍した著名画家の数が、その前後にくらべ目立って少ない事に気づく。これはおそらく、この時期が画壇の新旧交代期にあたっているためだろう。しかしそのわずかなうちの二人――菱川師宣と尾形光琳――の仕事は、元禄美術の担い手にふさわしい、大きな意味を持つものだった。

とされる。代表的な人物として挙げられたふたりがともに町人出身であるということは、まさにこの時代を象徴していよう。文学との関わりでいえば、師宣が西鶴の『好色一代男』の江戸版の挿絵を描いている。元禄十四年ということでいえば、光琳は、元禄十四年に法橋の位を得て社会的地位を確立している。すでに雅文学のところでも述べたように、堂上を中心に発展してきた文化的な営みが町人レベルにまで浸透してきたのが、この時代なのである。

また、この時代は能も盛んであった。この時期の能楽については、

あれこれ総合して、能楽は元禄前後に空前の盛況を呈し、それは全国的規模のものだったと解していいと信じる。

と言われている。[28]「あれこれ総合して」や「信じる」という物言いがなされているのは、具体の状況

を探る資料が少ないからだと思われるが、この見解は首肯されよう。「謡は俳諧の源氏」と言われたように、芭蕉以前から俳壇では謡が利用されきたが、それが俳諧をしないものにまで拡大していたと思われる。その拡がりを最も具体に裏づけるのは、謡本の刊行であろう。元和ころから多くの謡本が出版されたことは周知のことであるが、元禄十四年にもまた、京都誓願寺通・古藤七郎兵衛や洛陽誓願寺前・小河多左衛門から観世流謡本が刊行されている。小河版は、貞享二年の後刷本で、この点からも謡が盛んであったことが推量される。[29] 茶道や華道のいわゆる芸書の出版もまた、この時期に集中する。[30] 人口の増加を差し引いても、出版という方法によって、限られたものたちによる文化的な営みが、いわゆる町人にまで拡がっていた様相が見て取れよう。

＊　＊　＊　＊

元禄という時代は、新しいものが始まった時代であると、一般には捉えられきた。その認識自体は間違いではない。西鶴や芭蕉や近松がそれまでとは一線を画する新しい文芸を切り拓いたことは、十分に認められる。もちろん述べ来ったように、元禄という時代にそれらが主流であったということとは、また別問題である。しかし、それにしても、新しい面ばかりが強調されすぎてきたように、私には思われる。

堂上と地下、雅文学と俗文学という、相反するように思われるものが併存し、その一方で、近世を象徴するようになる新しい文芸や学問が現れたのが、この時期であった。雅文学と俗文学も、それを担うものたちも、それを支えるものたちも、従来の図式にはあてはまらず、混然一体となったのが、元禄十四年における文学史的環境なのであろう。

けれども、一方で確実に消滅しつつあったこともある。「中世的な知のあり方」である。それは師資相承であったり、秘伝や口伝であったりすると考えられるが、出版制度の確立は師をいただかなくても、学問することを可能にした。師を通して伝受されるという方法をとらなくてもよくなったのである。伝受に象徴されるような中世的な知のあり方は、結果的にはこの時代に雅文学を担った地下歌人たちが継承することになったが、出版という営みが普及したなかでの伝受は、中世とはまた違った色合いを見せることになる。[31]そういう意味では、古今伝受を保持していた堂上だけが取り残されることになったのかもしれない。

かつて時代が移り変わる時の年表の区切りを曲線で描くべきだと説かれたことがあったように、[32]特に文化の移り変わりは緩やかで、ひとつの時代が終わったからといって、すぐさま次の時代の文化へと移行するわけではない。また少し前から、後の文化の兆しも窺えるのであって、それをまっすぐな直線で切ってしまうことはできないのである。そういう意味では元禄十四年もまた、さまざまな文化事象が混在していたことは確かである。ただそのことは十分に承知しながらも、この元禄十四年をもって「中世」という時代が、いったんは終焉を迎えたように思われる。そのもっとも象徴的な出来事として、特にふたつのこと、秘伝書の出版と契沖の死とをあげておきたい。それぞれの文学史上における意味については、既に述べたので繰り返さないが、このふたつの出来事が中世的な知のあり方を終焉へと向かわせたのではないだろうか。
なお、元禄時代を論じたものは汗牛充棟で、基本的なものは極力取り上げ、言及するように努めてきたが、取り上げるべき著書や論考はもっとあるであろう。(33) 本稿では、あくまでも「輪切りの」という趣旨を踏まえ、元禄十四年の文学史的環境について考察を加えることを専らとした。

注

（1）高埜利彦氏『天下泰平の時代　シリーズ日本近世史③』（岩波書店、二〇一五年）。
（2）浅野晃・雲英末雄・谷脇理史・原道生・宗政五十緒の五氏の編集による。勉誠社刊。「第一巻　元禄文学の流れ」「第五巻　元禄文化の状況」と総論的な巻を置き、二～四巻を「元禄文学の開花」とし、それぞれ、「西鶴と元禄の小説」「芭蕉と元禄の俳諧」「近松と元禄の演劇」とする。
（3）例えば、木越治氏「蕪村の近代――近世文学の発見（一）」（鈴木健一氏監修『近世文学研究一十七世紀の文学』ぺりかん社、二〇一七年）にも、その点についての言及がみられる。
（4）井上敏幸氏「総論　元禄文学を学ぶ人のために」（井上敏幸・上野洋三・西田耕三編『元禄文学を学ぶ人のために』世界思想社、二〇〇一年）。および、中野三敏氏『十八世紀の江戸文芸――雅と俗の成熟』（岩波書店、一九九九年）。
（5）松澤克行氏「元禄文化と公家サロン」（高埜利彦篇『元禄の社会と文化』吉川弘文館、二〇〇三年）。
（6）上野洋三氏『近世宮廷の和歌訓練『万治御点』を読む』（臨川書店、一九九九年）。
（7）鈴木健一氏『近世堂上歌壇の研究　増訂版』（汲古書院、二〇〇九年）「第一部　第一章　第一節三、霊元院歌壇の成立と展開」。

（8）上野洋三氏『元禄和歌史の基礎構築』（岩波書店、二〇〇三年）「Ⅱ・第2章　有賀長伯の出版活動」。
（9）市古夏生氏『近世初期文学と出版文化』（若草書房、一九九八年）「第二部　第一章　第一節　物の本の世界――法語と歌書」。
（10）上野洋三氏『元禄和歌史の基礎構築』（岩波書店、二〇〇三年）「付・近世歌書刊行年表――寛文～元文」。
（11）拙稿「偽書の出版」（『文学』特集＝十七世紀の文学、岩波書店、二〇一〇年）。
（12）拙著『松永貞徳と門流の学芸の研究』（汲古書院、二〇〇六年）「第三章　第三節　貞徳流歌学とテニハ説」参照。
（13）神作研一氏『近世和歌史の研究』（角川学芸出版、二〇一三年）の特に第一部の論考。
（14）上野洋三氏『元禄和歌史の基礎構築』（岩波書店、二〇〇三年）「Ⅲ・第1章　元禄堂上歌論の到達点――聞書の世界」。
（15）引用は、古今集注釈書影印叢刊『古今拾穂抄』（勉誠出版、二〇〇八年）による。句読点、濁点は私意。
（16）拙著『松永貞徳と門流の学芸の研究』（汲古書院、二〇〇六年）参照。
（17）川平敏文氏『徒然草の十七世紀』（岩波書店、二〇一五年）「Ⅱ・3　閑寿『徒然草集説』論――実証的学風の成立」。
（18）引用は、『契沖全集』（岩波書店）による。
（19）引用は、『中世古今集注釈書解題三』（赤尾照文堂）による。
（20）引用は、国会図書館本による。句読点、濁点は私意。なお『古今仰恋』の古今集注釈史上における意義については、前掲拙著において論じた。
（21）以上については、拙稿「添削の批語と注釈のことば――契沖の注釈の学芸史的意義」（隔月刊『文学』二〇一六年、一・二月号、岩波書店）で論じたことがある。また「近世前期の万葉学――研究と実作と」(『日本文学研究ジャーナル』第五号　特集「万葉集はどう読まれてきたか」古典ライブラリー、二〇一八年)では、季吟と契沖の注釈の姿勢の違いについて、万葉集の注釈を例に、実作との関わりから論じた。

(22) 引用は、『摂津名所図会』収載のものに拠る。

(23) 日下幸男氏『近世古今伝授史の研究　地下篇』(新典社、一九九八年)。

(24) 長谷川強氏「江島其磧――浮世草子に起こす新風」(新日本古典文学大系『けいせい色三味線他』(長谷川強校注)の解説、岩波書店、一九八九年)。以下、其磧についての言及はすべてこの解説による。また『けいせい色三味線』の引用、脚注もこれに拠る。

(25) 大内初夫・櫻井武次郎・雲英末雄校注『元禄俳諧集』(岩波書店、一九九四年)の「付録」。この年表の作成は、櫻井武次郎氏(大坂・備考の項)と佐藤勝明氏(江戸・京都の項)による。

(26) 堀切実氏『支考年譜考証』(笠間書院、一九六九年)。

(27) 辻惟雄氏『日本美術の歴史』「2　町人美術の形成〈元禄美術〉」(東京大学出版会、二〇〇五年)。

(28) 岩波講座『能・狂言』(岩波書店、一九八七年)「I　能楽の歴史」(表章氏の執筆)。

(29) 表章氏『鴻山文庫本の研究　謡本の部』(わんや書店、一九六五年)。

(30) 芸能史研究会編『日本芸能史　5　近世』(法政大学出版会、一九八六年)。

(31) 拙稿「近世歌学書のなかの「古今伝受」」(鶴崎裕雄・小高道子編著『歌神と古今伝受』和泉書院、二〇一八年)。

(32) 宮崎市定氏『中国史』(岩波全書、一九九三年)。

(33) 例えば、AERA MOOK『元禄時代がわかる。』(毎日新聞社、一九九八年)など。なお『元禄時代がわかる。』には「元禄を読みとくブックガイド五十冊」も付されており、有益である。

復古と革新　江戸時代の折り返し地点

享保十六年……一七三一

深沢了子

享保期は江戸時代のちょうど真ん中にあたる。天下泰平を実現し、幕府主体の封建制度を確立させ、経済も順調に発達してきた江戸時代の、大きなほころびが最初に明らかになった時期でもある。そうした事態に対処すべく八代将軍吉宗（一六八四〜一七五一）の行った享保の改革は、政治・経済・文化のあらゆる方面に影響を及ぼした。この時代の特徴を一言で言えば「復古と改革」となるだろう。まずは吉宗の改革のあらましを述べた上で、享保十六年の特徴をみてみたい。

享保の改革――宗春の反抗

享保元年（一七一六）、紀州藩主であった徳川吉宗が八代将軍となった。江戸時代初期から続いてきた経済成長はこの時期、かげりをみせる。江戸に幕府が開かれてから一〇〇年が過ぎ、世の中に平和が訪れて経済が発展し、さまざまな製品がお金で買えるようになった。こうした社会において、年貢米を収入の柱とする武士、そしてそれを保証する藩や幕府の財政が行き詰まるのは当然のことであった。米の生産量は増加したものの、人々の生活水準も向上したため、米以外の生産が追いつかず、米価の下落と物価高という事態を招く。幕府や諸藩の財政は悪化した。

そこで吉宗が行ったのが享保の改革である。この改革は行政機能の整備と経済政策を中心としたものだった。前者の代表例は『公事方御定書《くじかたおさだめがき》』という基本法典の編纂、後者は通貨の改鋳《かいちゅう》である。さらに収入を増やすため、新田開発に力を入れ、増税に取り組んだ。その結果、確かに幕府の財政は改善された。

吉宗の目的は、基本的には年貢中心の体制を維持することにあった。いわば幕府にとって自由に広がりすぎた社会を引き戻し、旧来の幕府と社会のあり方に戻そうとしたといえよう。しかし、株仲間の結成や通貨政策に心を砕いて消費社会の現状に対応しようとしたり、町火消や小石川養成所の設立を図るなど、社会の成熟にあわせたさまざまな新しい改革が行われたことも事実である。対外的には、貿易そのものは縮小に努めたが、キリスト教以外の洋書の輸入を許し、洋学・実学を奨励した。過去を振り返りつつ、新しい情勢にも対応しようとしていたのである。

このように一定の成果を上げた享保の改革だが、一方では社会の風俗を厳しく取り締まり、規制を強化したため、反発の声も強かった。中でも御三家の一員による反抗という意味で世間に大きなインパクトを与えたのが、尾張藩主徳川宗春（一六九六～一七六四）の行動である。

享保十六年は、吉宗の改革が強力に推し進められ、幕府の財政も上向きになっていた時である。その前年に三十四歳で尾張藩主となった宗春は、自らの施政方針である『温知政要《おんちせいよう》』を著し、家臣に配った。「古《いにしえ》より国を治め民を安《やす》んずるの道は、仁に止《とどま》る事也とぞ」という一文から始まるこの書の一部を挙げよう。

●万《よろず》の法度《はっと》・号令年々に多くなるに随ひ、おのづから背く者も又多く出来《でき》て、弥《いよいよ》法令繁煩《しげくわずら》はしき事に成《なり》たり。かくの様子にて数十年を経るならば、後には高声にて咄しする事も遠慮あるやうに成《なる》まじきものにてなし。(1)

法令を整え、法令によって社会を運用しようとした吉宗の政治に対し、何でも取り締まられてその

うち大声で話すこともできなくなるだろうと、皮肉交じりの痛烈な批判をしている。また、

●省略倹約の儀は、家を治《おさむ》るの根本なれば、尤《もつとも》相つとむべき事也。（中略）さりながら、正理《しようり》にたがひてめつたに省略するばかりにては、慈悲のこゝろうすく成《な》りて、覚えずしらずむごく不仁《ふじん》なる仕方出来《しかたしゆつたい》して、諸人甚《はなはだ》痛みくるしみ、省略かへつて無益費《むやくのついえ》と成事《なること》あり。

とあるのは、倹約を奨励した吉宗の政策の基本を批判したものととらえられるだろう。ここにも「省略かへつて無益費」（倹約が却ってむだな費えとなる）という辛辣な言葉が使われている。

実際の政策として、質素倹約・緊縮財政を元とした吉宗とは対照的に、宗春は遊廓を設置し、武士の芝居見物を公認するなど、消費活動を奨励した。この結果、名古屋の町は繁栄する。時の将軍の政治改革に異を唱えたばかりか、反対の政策を行ったという、まさに特筆すべき事例であろう。

しかし、宗春の政治は財政面で行き詰まる。自らの理想とする政治に現実が追いつかず、尾張藩の財政赤字は膨大なものとなって、宗春は藩内で孤立する。京都で版行予定であった『温知政要』は出版差し止めとなり、元文四年（一七三九）、ついに吉宗は宗春に退隠を命じた。将軍の改革に向けた公然たる反抗は、ここに潰《つい》えたのである。

享保十七年には、西日本を大飢饉《ききん》が襲っている（享保の飢饉）。この時期は吉宗にとっても試練の時期であった。この飢饉を乗り切ったのち吉宗は通貨の改鋳を行い、以後、物価はようやく安定した。傷を負いつつもひとまずの成功を得たと言えるだろう。

学問と漢詩——徂徠学派の台頭

学問の世界では、享保期、荻生徂徠《おぎゅうそらい》(一六六六～一七二八)の唱えた徂徠学(蘐園《けんえん》学・古文辞学《こぶんじがく》とも)が一世を風靡《ふうび》した。朱子学が道徳を規範とするのに対し、徂徠は、道徳を政治や社会制度に拡張させることを否定、人間の生来の気質は変えることができず(気質不変化)、天下泰平を実現するには個々の人間の気質を活かすことが大切だと考えた。この考え方は、先述した徳川宗春の『温知政要』にもみることができる。

徂徠の思想は文学にも大きな影響を与えた。徂徠は古代中国の聖王が作った政治の在り方(先王の道)を理解するために、後世の注釈にとらわれず、中国の古典を直接学ぶことを主張した。そしてそのための手段として、古典に倣った詩文の作成を奨励した。とりわけ盛唐詩の模倣を勧め、中国で編まれた唐詩のアンソロジーである『唐詩選《とうしせん》』を高く評価した。享保九年に徂徠門人の服部南郭《はっとりなんかく》(一六八三～一七五九)が校訂した『唐詩選』が出版されると、たちまち爆発的に売れ、以後、何度も版を重ねてることになる。

享保十六年、徂徠一門四十九名の漢詩を集めた『蘐園録稿《けんえんろくこう》』が出版された。徂徠が門人の宇佐美灊水《うさみしんすい》に詩の輯集を命じたものだが、残念ながら徂徠はその刊行を待たず、享保十三年に死去している。『蘐園録稿』の中から、徂徠一派の詩の特徴をよく捉えたものを一つ挙げてみよう。

夜下墨水　　夜、墨水《ぼくすい》を下る

金龍山畔江月浮　　金龍山畔《きんりゅうさんはん》　江月《こうげつ》浮かぶ

江揺月湧金龍流　江揺らぎ、月湧いて金龍流る
扁舟不住天如水　扁舟住《とど》まらず、天水の如し
両岸秋風下二州　両岸の秋風、二州《じしゅう》を下る(2)

【現代語訳】金龍山のほとり、月が昇り、川面に浮かんでいる。川波が揺らぎ、水面に月が湧き出るよう、そしてそれは金の龍が流れるようだ。私の乗る小舟は、滑るように走る。川と空とはひとつに繋がったようだ。両岸を吹く秋風の中、武蔵と下総の二国の境を下ってゆく。

「墨水」は隅田川を中国風に言ったもの。「金龍山」は隅田川べりの待乳山《まつちやま》のことをいい、ともに江戸の名所であった。秋の夜の川下りを詠んだ美しい詩である。「金龍山」の地名を巧みに用い、川に映じた山影と、月の光に金色にきらめく川の流れとを重ねて表現した技巧が光る。

作者の服部南郭（一六八三～一七五九）は徂徠門随一の詩人として名を馳せた。『唐詩選』の校訂を行った人物でもあるが、この詩にも『唐詩選』の詩がいくつも使われている。まず「月湧金龍流」という表現は杜甫の詩「旅夜書懐」の「月湧大江流」（月湧いて大江流る）に拠っている。また、「天如水」は趙嘏《ちょうか》の詩「江楼書感」の「月光如水水連天」（月光水の如く、水天に連なる）に拠り、さらに「扁舟不住天如水　両岸秋風下二州」のまとまりは、李白の詩「早発白帝城」の「両岸猿声啼不住　軽舟已過万重山」（両岸の猿声　啼いて住《とど》まらず　軽舟已に過ぐ　万重《ばんちょう》の山）と、同じく李白の詩「峨嵋山月歌」の「思君不見下渝州」（君を思へども見ず、渝州に下る）に拠っている。

朱子学においては学問に比べ貶められてきた漢詩の制作が、徂徠学によって肯定された意味は大き

い。本来、徂徠にとって詩の詠作は古典を学ぶ手段に過ぎなかったが、南郭を始め多くの門人は詩を作ることの楽しさに目覚め、詩作自体が目的化していった。「夜下墨水」に見られるように、盛唐詩の表現を模倣しながら、身近な日本の景物を詠う詩が目指されたのである。こうして近世の漢詩は道徳から切り離され、人の自然な情を豊かに表現できるようになっていった。古い中国詩の表現を応用した日本の景情の詠出という新しい漢詩の詠み方。ここにも「復古と改革」の動きをみることができるだろう。

博物学——物への関心

吉宗は輸入を抑えるために、国内の物産について徹底的な調査を行った。各地に薬物など有用品の探索と採取のため採薬使を派遣し、諸藩には領内の動植物についての調査報告を求めた。吉宗の狙いは、例えば高額の朝鮮人参の国内生産にあったが、こうした動きを通じて、全国に動植物や物産への関心が芽生えたのである。享保十三年に雌雄のインドゾウが日本に輸入され、長崎から江戸まで下ったことは、人々の興味を大いに引き付けた(3)。

あらゆる天然の物について、性質・分布・生態などを研究する学問のことを博物学というが、享保期は博物学が広まってゆく時代といえる。

享保四年(一七八九)には、日本初の魚介類の図譜『日東魚譜《にっとうぎょふ》』が作られた(4)(図1)。三〇〇を越える日本の魚介類について、淡水産と海産に分けて図を掲げ、形態・生態・産地などを記す。ただ、現在の魚

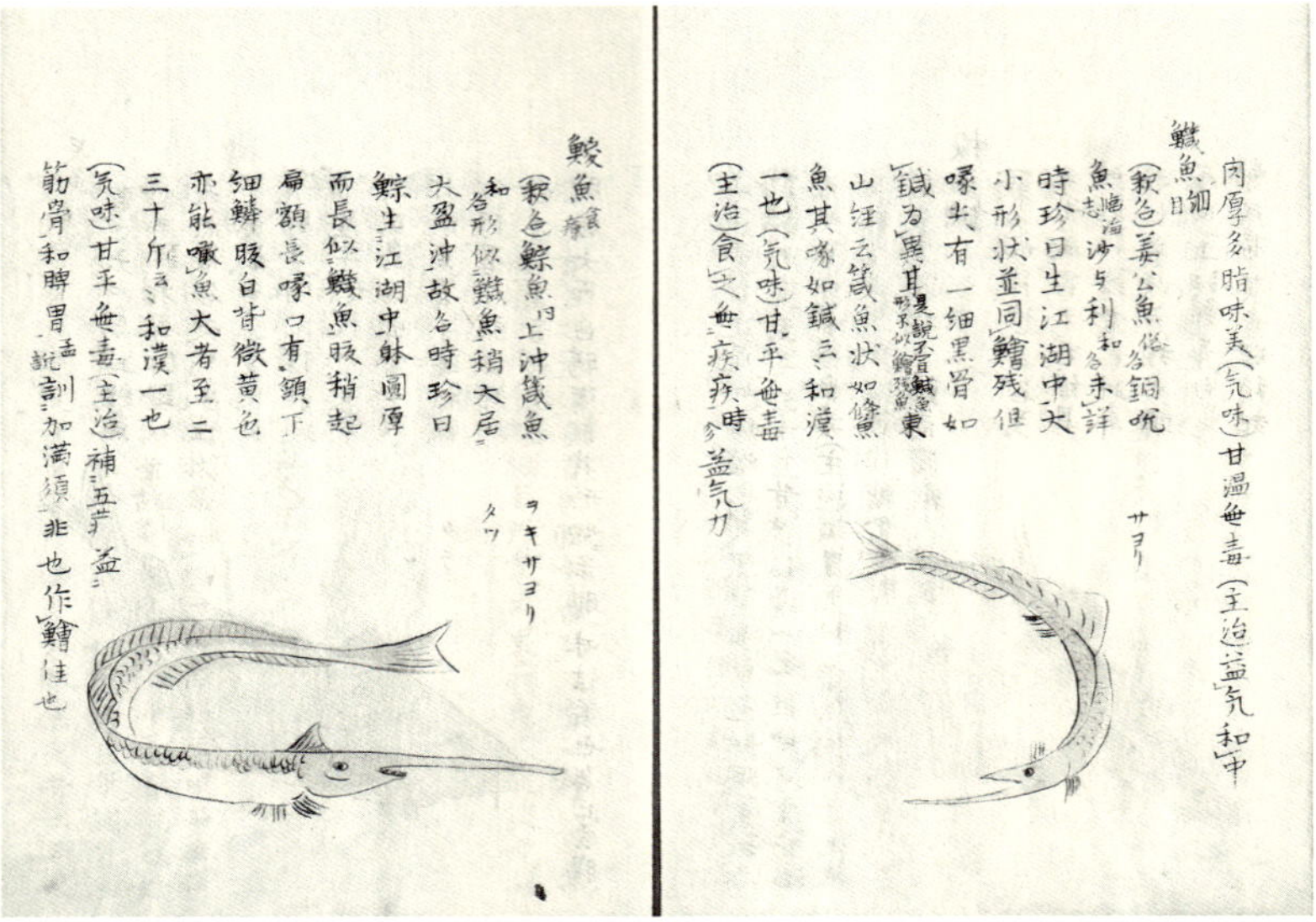

図1　『日東魚譜』（国立国会図書館蔵）
「サヨリ」と「ヲキサヨリ」。「サヨリ」は食せば病気にならず、「ヲキサヨリ」は鱠にすると美味しいとある。

の図鑑とは異なり、薬になるかどうか、なるとしたら何に効くか、また、料理法や加工製品などのさまざまな情報が記されている。これは、この当時の日本の博物学が、中国の本草学（中国古来の薬物学）に由来し、科学的な分類以上に、どのような役に立つのかという点を重要視していたからである。とりわけ明《みん》の李時珍《りじちん》がさまざまな本草書を集成した『本草綱目《ほんぞうこうもく》』は、江戸時代の初めに日本にもたらされ、何度も出版されて、大きな影響を与えてきた。宝永六年（一七〇九）に刊行された貝《かい》原益軒《ばらえきけん》の『大和本草《やまとほんぞう》』は、『本草綱目』に倣いつつ、独自の分類法によって日本の動植物を記述している。『日東魚譜』もまた魚介類の形態や生態の記述に詳しく、分類の整合性にも注意が払われ、本草学的な要素と博物学的な要素が入り交じったものとなっている。享保期には他に『諸禽万益集』という日本の鳥一二五品を集めた本も作られたが、こちらは飼育法、猟法などに重点が置かれている。

享保十六年、『日東魚譜』は改訂された。享保四年本には三四四品の魚介類が収められていたが、三一二品に改められ、図にも異同がある。さらに享保二十一年（三〇二品）、元文六年（一七四一年・三三八品）と改訂を重ねた。このうち享保二十一年のみ著者自筆本が伝わるが、これは将軍吉宗が一覧したいわば特別な本であった。

『日東魚譜』の著者は神田玄泉。江戸の町医者と考えられているが、詳しいことはまったくわかっていない。むしろそうした人物がこのような図譜を作成し、何度も改訂したことに、博物学への関心の浸透を見るべきだろう。中国の物と比べる、という意識から抜け出して、日本の自然界のあらゆる産物を、日本人の視点で記述する、そうした新しい学問の芽が生まれてきたのである。

和歌――霊元院歌壇

後水尾院没後の堂上歌壇は、その皇子霊元院（第百十二代天皇、一六五四～一七三二）に継承される。霊元院歌壇では、後水尾院歌壇で活躍した中院通茂《なかのいんみちしげ》が補佐役となり、武者小路実陰《むしゃのこうじさねかげ》、烏丸光栄《からすまるみつひで》、三《さん》条西公福《じょうにしきんとみ》ら、若い世代が成長して、順調に世代交代が進んだ。

享保十六年という年は霊元院の最晩年にあたる。この年、霊元院の命によって編まれた『新類題和歌集』がようやく編集を終えた。

『新類題和歌集』とは、名前の通り同じ題の歌を集めた類題集と呼ばれる和歌集である。中世以降の和歌は、題から歌を詠む題詠が主流となった。そこで、どのような題があって、そしてその題ではどのような歌を詠むのかを知るため、また、等類（似たような歌）を詠むのを避けるために、類題集という手引書が必要になったのである。霊元院に先立って後水尾院もまた類題集を編んでいる。後水尾院の『類題和歌集』は、『二八明題集』や『題林愚抄《だいりんぐしょう》』など、中世の類題集を参考に、二万九三〇〇余首（版本）の和歌を分類した膨大な集であった。ただし、題だけで例歌が収集できなかったところもみられる。霊元院は父の編んだ『類題和歌集』の補訂を試みたようだが、それでは済まなくなり、新しく『新類題和歌集』を編纂するに至ったと推測されている。霊元院自身がまず夏部の歌三〇〇首程度を集め、三条西公福・烏丸光栄・武者小路公野らに、編集作業を命じた。最終的に収録歌は三万首を超え、享保十七年に清書が始まったものの、院は八月に亡くなり、その完成を見ることはできなかった。

後水尾院は歌道の再興を目指し、『古今和歌集』を始めとする勅撰集を手本としながら、近世という新しい時代に応じた和歌を志した。そして霊元院はその後継者であることを強く意識していた。『類題和歌集』の続編とも言える『新類題和歌集』の編纂は、そうした霊元院の意識の表れのひとつであった。

ちりぬとももみぢふみわけさを鹿の跡つけそへん秋のやまみち

後水尾院によって造営された修学院離宮に御幸した際、霊元院が詠んだ歌である。『古今和歌集』の「奥山にもみぢふみわけ鳴く鹿の声きくときぞ秋はかなしき」(秋上・よみ人知らず)を踏まえ、散った紅葉を亡き父に、鹿を自身にたとえ、父のつけた道に「跡つけそへん」という決意を歌っている。(5)後水尾院の目指した道を継承する霊元院の活動もまた「復古と改革」という時代の特徴の中に位置付けられるだろう。

美術——沈南蘋の来日

享保十六年、日本の美術界を揺るがす大きな出来事があった。中国清の画家、沈南蘋《しんなんぴん》(一六八二〜?)が長崎へやってきたのである。

長崎は江戸時代海外へ開かれた最大の窓口だが、金銀流出を防ぐため、吉宗は新井白石のとった長崎貿易を制限する政策を踏襲した。一方で、キリスト教関連以外の漢訳洋書の輸入を許可するなど、海外の知識を積極的に取り入れようとした。また、中国の絵画を好み、明代以前の絵画の収集に努めている。沈南蘋の来日も、そうした吉宗の嗜好と関係があったと考えられる。

南蘋は当時中国で好まれた南宗画ではなく、伝統的な北宗画の流れを汲む画家であったが、日本人にとっては斬新で刺激的な画風であった。南蘋が伝えた緻密で写実的、色彩豊かな花鳥画様式(図2)は、たちまち大ブームを引き起こした。当時、外国人は居留地から自由に外出できなかったが、そこに出入りした唐通事《とうつうじ》(中国語の通訳)の神代《くましろ》甚左衛門が、南蘋から直接絵画を学んだ。画名を熊斐《ゆうひ》と

図2　沈南蘋『鹿鶴図屏風』（東京国立博物館蔵）
（井戸美里「「東洋画」としての花鳥図」『東洋文化研究所紀要』173、2018年より）

いう。南蘋は享保十八年に帰国する。一年十ヶ月という短い滞在であったが、弟子の熊斐の画塾から宋紫石、鶴亭、森蘭斎らの日本人画家が誕生し、南蘋派は全国へと広がってゆく。また、南蘋の来日とほぼ同時期、費漢《ひかん》源《げん》という画家も来日し、南宗画の技術を伝えた。

こうして狩野派や土佐派などが中心であった日本絵画界に新しい風が吹き込まれたのである。若冲《じゃくちゅう》や蕪村《ぶそん》といった次の時代に活躍する有名画家たちも、中国の新しい作風を自身のスタイルに取り込んでいる。美術界においては、復古というより中国の画法の摂取へと大きく舵を切った時代であった。

なお、中国風の絵画に限らず、当時絵を学ぶ上で大きな役割を果たしたのは、版本であった。享保

図3 『絵本常盤草』(国立国会図書館蔵)
『絵本常盤草』京都島原の遊女。

期には中国から『八種画譜《はっしゅがふ》』などの画譜(絵の手本)が日本へも伝わって、刊行されていた。中国絵画に関心のあった吉宗も清の画家王概が編集した画譜『芥子園《かいしえん》画伝《がでん》』を閲覧している。また狩野派の絵師橘守国《たちばなもりくに》は狩野派や土佐派といった日本の伝統的な絵画を絵本として多数刊行している。

享保十六年、上方浮世絵の代表的な画家西川祐信《にしかわすけのぶ》(一六七一~一七五〇)も、『絵本常盤草《ときわぐさ》』(図3)『絵本喩草《たとえぐさ》』の二種の絵本を刊行した。祐信は画を狩野永納に学び、浮世草子などの挿絵画家としてスタートとし、やがて絵を主体とした絵本を次々に製作して人気を呼んだ。

『絵本常盤草』は大坂の本屋藤村善右衛門・村上源右衛門から刊行された。上巻は『源氏物語』の女君たちからはじまり和泉式部ら宮女や武家の女性の姿絵、中巻は江戸時代の町女、下巻は遊女の日常を描く女性風俗絵本である。祐信得意の柔らかみのある、上品な美人絵が収載される。

『絵本喩草』は京都の菊屋喜兵衛が版元となった。享保十四年の『絵本答話鑑《とうわかがみ》』以来、菊屋は祐信の絵本を最も多く刊行した本屋である。『絵本答話鑑』は、浮世草子作家江島其磧《きせき》の通俗的教訓と祐信の風俗画を取り合わせたものだったが、『絵本喩草』はその後篇にあたり、やはり其磧と祐信のコンビで作られている。なお、菊屋は寛政末頃、祐信作品を中心にとりまとめた絵本三十点十六冊を、『絵本倭文庫《やまと》』として叢書化している。ここには、『絵本答話鑑』『絵本喩草』も含まれる。それだけ祐信絵本の人気が高かったということであろう。

絵本自体は早く菱川師宣《ひしかわもろのぶ》の『大和絵づくし』（延宝八年・一六八〇）を皮切りに、江戸で人気を集めていたが、享保期には絵本というジャンルが確立し、タイトルに「絵本」を付けるものが現れる。もともと江戸初期の版本は、『伊勢物語』などの古典も、通俗的な仮名草子・浮世草子も、その多くが絵入り本として刊行されていた。享保期にはそれが散文だけでなく、韻文の世界にも広まり、絵入俳書などが数多く出版されている。例えば、弘前藩主津軽信寿《のぶひさ》は、享保十六年に『独楽徒然集』を刊行した。これは藩主退隠の記念集で、信寿を初め嫡子信興や家臣の俳諧を中心に、漢詩、和歌を載せている。絵は、芭蕉の門人で後に細工師として名声を博した小川破笠《はりつ》や、英一蝶《はなぶさいっちょう》の門人一蜂らが描いている。こうした絵入俳書の場合、単なる挿絵よりも絵のウエイトは大きいが、さらに絵が主役となった版本が一般化したのがこの時代であるといえるだろう。

挿絵という脇役から絵が独立し、文学的テキストから離れて、正統的な絵から通俗的な浮世絵まで、人々が本で絵を楽しむ時代がやってきたのである。

浄瑠璃の隆盛——歌舞伎・浮世草子への影響

享保九年（一七二四）に近松門左衛門が没し、人形浄瑠璃は大きく変わった。

享保期には、単独の作者から複数作者が各段を分担執筆する合作へ、また、浄瑠璃を語る太夫も一人語りから分担制へと移り変わってゆく。一人遣いであった人形の操りも三人遣いが取り入れられ、複雑な動きを表現できるようになった。大阪の道頓堀に作られた劇場、竹本座・豊竹座を中心に、享保以降、浄瑠璃は最盛期を迎える。

享保十六年には、文耕堂・長谷川千四合作『鬼一法眼三略巻《きいちほうげんさんりやくのまき》』（九月、大阪竹本座初演）や、並木宗《なみきそう》輔《すけ》・安田蛙文《やすだあぶん》合作『和泉国浮名溜池《いずみのくにうきなのためいけ》』（四月、大阪豊竹座初演）が上演されている。

文耕堂（生没年未詳）は近松門左衛門から直接指導を受けた作者で、一時歌舞伎に移ったが、享保十五年に再び浄瑠璃に戻り、近松亡き跡の竹本座を支えた。文耕堂が立作者《たてさくしゃ》（首席作者、全体の構想をまとめ、主要場面を執筆）となった『鬼一法眼三略巻』は、源義経を描いた軍記『義経記』を題材にした時代物である。[6] 弁慶の生い立ちが語られる「菊畑」、鬼一法眼が娘婿義経に兵法の虎の巻を伝授して切腹する「奥庭」の場面が特に優れており、人気を博した。

並木宗輔（一六九五～一七五一）は、享保十一年、西沢一風・安田蛙文との合作『北条時頼記《ほうじょうじらいき》』でデビューし、翌年から豊竹座の立作者となった。『和泉国浮名溜池』はお夏・清十郎の悲恋をテーマにした世話物で、前半は近松の『五十年忌歌念仏《ごじゅうねんきうたねんぶつ》』に拠っているものの、後半は米相場の暴落や、新田開発をめぐる不正事件とそれに対する村人の国主への直訴などが描かれる。恋愛がらみの義理人情を扱う世話物でありながら、享保の改革の中心的な政策である新田開発を物語の主要な背景とし、現実の社会問題を扱っている点が極めて特徴的である。近松の作品を下敷きにしながらも、当代の問題を新たに組み込んだ点、「復古と改革」というこの時代の特徴をよく表している。(8)

このような特色ある作品とともに、竹本政太夫《たけもとまさたゆう》、豊竹越前小掾《とよたけえちぜんのしょうじょう》など優れた太夫の活躍により、浄瑠璃人気は歌舞伎を圧倒した。一方、歌舞伎の側では緻密な構成の浄瑠璃の脚本を取り入れて舞台に掛けることが行われた。『鬼一法眼三略巻』も、享保十七年には歌舞伎化されている。

浄瑠璃の影響は歌舞伎だけではなく、小説界にも及んだ。

西鶴というビックネームが没して以降、浮世草子の中心的作者は江島其磧（一六六六～一七三五）である。浄瑠璃人気にあやかって、其磧の浮世草子はその当たり作を作品に利用する例が多い。享保十六年に刊行された『風流東大全《ふうりゅうあずまだいぜん》』・『奥州軍記』は、前九年の役・後三年の役という平安時代の戦乱を題材に、源頼義・義家親子の活躍を描いた前後作だが、両作品とも出版の二年前に大坂豊竹座で上演された『後三年奥州軍記』等の浄瑠璃を参考に作られた。『風流東大全』の序には浄瑠璃によった旨が明記されている。西鶴から離れ、浄瑠璃を利用して、新しい作品世界を展開しようという試みの表れといえる。

俳諧――江戸座俳諧と田舎蕉門

享保十六年、芭蕉の門人であった支考《しこう》（一六六五～一七三一）が没した。

芭蕉没後の俳諧は、大きく二つの流れに分かれる。一つは其角《きかく》や沾徳《せんとく》が中心となった都会風の俳諧で、作意や技巧を凝らす点に特徴があり、三都に流行した。特に江戸が中心となり、流派によって洒落風《しゃれふう》、譬喩《ひゆ》俳諧などと呼ばれたが、享保期には宗匠の組合である江戸座が結成されるので、ここではひとまとめに江戸座俳諧と呼ぶことにする。もう一つは、支考や涼菟《りょうと》・乙由《おつゆう》などに主導された平明な俳諧で、地方で大流行した。美濃を中心とした支考の流派を美濃派、伊勢に栄えた涼菟の神風館と乙由の麦林派を併せて伊勢派といい、都会派からは、支麦、また田舎蕉門などと軽んじられた。

支考の俳諧活動は、元禄七年（一六九四）に芭蕉が亡くなってから本格化したと言ってもよい。『俳諧十論』や『二十五条』などに俳論を体系化したこと、『本朝文鑑《ほんちょうぶんかん》』などで俳文の規範を作ったことなど、支考が後世に与えた影響は大きい。文芸という面から言えば、江戸初期から様々に変化し、芸術としても成熟した俳諧が、ここにきて新しく理論面も確立させた、とみることができるだろう。

しかし、美濃派が栄えた理由はそうした俳諧史上の功績故だけではない。技巧を排した支考の俳諧は、特別な知識を必要とせず、人々の生活感を素直に表現できた。さらに、支考は、

俳諧はなくてもありぬべし。たゞ世情に和せず、人情に達せざる人は、是を無風雅第一の人とい

ふべし
（『葛の松原』）

という芭蕉の言葉を用い、俳諧を道徳的な人の生き方と結び付けた。そして、自身の俳風を広めるため地方へ足を運び、その土地の人々と直接俳諧を語り合い、連句を巻き、組織化してゆくことを繰り返し、また門人達にもそれを求めた。支考の俳諧はこうした指導や俳壇経営の方法とあいまって、地方の人々に広く受け入れられたのである。「芭蕉」はその旗印となった。支考は芭蕉の追善集の刊行を始め、追悼事業を大々的に行っている。「芭蕉」の継承者であることが彼のアピールポイントであった。

支考が亡くなると、全国から四千余りの追悼句が寄せられたという。追善集『文星観』は、享保十七年、美濃派後継者の盧元坊《ろげんぼう》によって刊行された。美濃派発展の基礎をしっかり築いた上で、支考は没した。それは「蕉風復興」という次の俳諧史上の一大運動へとつながってゆく。

一方の江戸座俳諧はどうであったろうか。享保期の江戸では、連句を宗匠に採点してもらい、点の高低を競う遊戯的な点取《てんとり》俳諧が流行する。人々は高点を得るために一句の趣向に凝《こ》り、結果として、前の句の意味や句の世界を吟味してふさわしい句を付ける、という連句本来の在り方が崩壊してゆく。その代表例が譬喩俳諧とも呼ばれた沾徳門沾洲《せんしゅう》の俳諧であった。そうした事態に対する批判の嚆矢《こうし》と位置付けられているのが、享保十六年の『五色墨《ごしきずみ》』刊行である。

『五色墨』は、素人俳人である長水（柳居）・宗瑞・蓮之（珪琳）・咫尺《しせき》（蓼和）・素丸（馬光）の五人が順番に点者となり、他の四人で制作した歌仙に点を付けた作品集である。その冒頭に、作意中心となって「付け」を疎かにすることを戒めた其角の文章を掲げ、勝敗にこだわるのではなく、批評し合って楽しむことを目的とすることを宣言している。

素人俳人集団のこの小冊を、プロの俳人沾涼《せんりょう》が取り上げ、「一体やすらか」で「蕉門流に沾徳風を少し加へたるおもしろき俳風」（『鳥山彦』）と絶賛し、譬喩俳諧を滅却するものと評価した。以後、『五色墨』は、安永・天明期の蕉風中興運動――芭蕉の俳風やその精神に帰ろうという動き――の先駆けと位置付けられることとなった。

実際には『五色墨』の作品は特に優れていたわけではなく、当時の彼らの目標が「蕉風復興」にあったともいいがたい。例えば、

紅梅に青く横たふ筧《かけひ》かな　長水

の長水の句は、梅が咲き竹の筧が水を引く初春の庭先を、鮮やかな色彩と梅の香で言い留め、まだ寒気の残る清新な気分を感じさせる。わかりにくい技巧も用いられていない。しかし、一方では、

名月や顔は節句の人通り　咫尺

のような句もある。咫尺の句の「節句」は、九月九日の重陽の節句、「名月」は九月十三夜の後の月を指す。十三夜になって名月を鑑賞しながら道をゆく人々には、まだ重陽の節句で菊の宴を楽しんだ気分が抜けていない、という意味だろう。「顔は節句」という表現は、読者に謎解きをさせる作りになっており、作意が強く感じられる。これは長水と咫尺という作者の差ではなく、長水にもこうした技巧的な句が多数みられる。『五色墨』の連句は確かに「付ける」ことを意識して作られているが、目指すべき俳風があるわけではなかった。「蕉門流（平明）に沾徳風（技巧的）を少し加へたるおもし

ろき俳風」という沾涼の評価は、どっちつかずという意味で当たっている。自序に言うように『五色墨』は純粋に俳諧を楽しんだ試みであったといえるだろう。

また、彼等が積極的な俳壇批判を意図していたかどうかも疑問である。沾涼が『五色墨』を評価したのは、俳壇における沾洲との勢力争いに利用した面が大きい。実際、『五色墨』以後の江戸俳壇が点取を脱却したかというとそのようなことはなかった。しかし、この騒動を通じて反技巧的な俳風への関心も広がり、地方系の平明な作風も、江戸という都市に浸透してゆくことになった。

同じ頃、京都でも其角系の淡々による技巧的な点取俳諧が大流行したが、やはり「付け」をめぐって門人の一部とに対立が生じた。『五色墨』刊行の翌年、淡々は京都を離れ、より遊戯的な俳諧の好まれた大阪に居を移している。これらの動きは、芭蕉没後、先鋭化を進めた遊戯的な俳諧、具体的には付句を無視する極端な俳風からの揺り戻しと見ることができるだろう。その中で「芭蕉」が特別な存在としてクローズアップされ、芭蕉に帰ろうという声があがってくるのだが、享保期の俳諧が「復古」の対象としたのは、芭蕉だけではなかった。江戸座の俳人、また上方の都市俳人たちは、其角や貞徳といった一昔前の俳人たちに範を求め、彼らに倣った俳書を作り、門下として彼等と繋がることを誇示するようになる。

現実的な面としては、俳諧人口が増え、宗匠も増えた中、権威という差別化が必要になったことも「復古」の理由の一つである。また徂徠学による社会全体の「復古」の風調も影響していたのであろう。

以上をまとめると、この時代、俳諧は付けることより一句の趣向を重視する一句立の流れが加速した。付けることの面白さが大切にされてきた連句文芸にとって、これはまさに革新的な変化だった。一方で、その変化の激しさから復古の動きもおこる。また、俳諧人口の増加に伴い、宗匠の競争も激化し、宗匠の権威付けが過去とつながるという形で強調される。まさに、俳諧にとって享保期は、「復古と革新」がせめぎ合った時期であった。

注

（1）『温知政要』の本文は、日本思想大系三十八『近世政道論』（岩波書店、一九七六年）による。
（2）新日本古典文学大系六十四『蘐園録稿・梅墩詩鈔・如亭山人遺稿藁』（岩波書店、一九九七年）による。ただし、読み下しについては一部表記を改めた。
（3）雌は長崎で死亡。雄のみ陸路で江戸に下り、寛保二年（一七四二）まで生存した。
（4）国立国会図書館の電子展示会で画像を見ることができる。「描かれた動物・植物　江戸時代の博物誌」(http://www.ndl.go.jp/nature/index.html)
（5）「ちりぬとも」の歌についての引用と解説は、鈴木健一『近世堂上歌壇の研究　増訂版』（汲古書院、二〇〇九年）所収「霊元院歌壇主要事項年表」による。
（6）「時代物」とは、江戸よりも前の時代を題材にして、貴族や武士、僧侶の社会を扱うもの。
（7）「世話物」とは、江戸時代の町人社会の出来事や人物を扱うもの。
（8）『和泉国浮名溜池』については、内山美樹子「並木宗輔の世話浄瑠璃――「和泉国浮名溜池」と「茜染野中の隠井」」（『近世文藝』四〇、一九八四年）が詳しい。

参考文献

日野龍夫『江戸人とユートピア』（岩波現代文庫、二〇〇四年、なお朝日新聞社から一九七七年に朝日選書として刊行されているが現在絶版）
松平進『師宣祐信絵本書誌』（青裳堂書店、一九八八年）
鈴木淳・浅野秀剛編『江戸の絵本　画像とテキストの綾なせる世界』（八木書店、二〇一〇年）
大橋正叔「合作浄瑠璃の時代」（岩波講座『日本文学史 第9巻 一八世紀の文学』岩波書店、一九九六年）

大嘗会の再興と上方中心文化の終焉

元文三年……一七三八

田代一葉

元文は、享保二十一年（一七三六）四月二十八日に桜町天皇（享保五年誕生、寛延三年〈一七五〇〉崩御）の代始に伴って改元され、元文六年（一七四一）二月二十七日に寛保に改元されるまでの五年弱続いた。元号名の典拠は『文選』収載の何平叔「景福殿賦《けいふくでんのふ》」の一節「武創元基、文集大命（武は元基を創め、文は大命を集む）」で、武と文が共に豊かな国をつくるとの思想に基づくものである。

江戸幕府の将軍は八代徳川吉宗（貞享元年〈一六八四〉生、宝暦元年〈一七五一〉没）であり、緊縮財政をとる一方で朝儀に対しては積極的な姿勢を見せるなど、「強い政府」を目指す改革のリーダーのもと、新たな試みが続けられた時代であったといえる。

元文期の位置を、幕藩体制の推移の中で確認してみると、元禄から享保期（一六八八～一七三六）にかけての発展と変質の時期と、宝暦から天明期（一七五一～八九）の解体過程へと移行する時期との狭間にあたる。国家の機能を拡大・再編することをめざし二十九年におよんだ享保の改革の終盤にあたり、さまざまな国家政策・公共政策が展開され成果を上げていく一方で、相次ぐ飢饉や疫病の流行に加え、新たな規制や負担などにより民衆の不満も高まりを見せ、大規模な強訴も行われた。

文化や文芸、学問の面については、上層の人々のみならず庶民の活動も活発化していく時代ということができよう。

本章では、元文三年に焦点を当て、この年の諸相を見ていくこととする。

政治や社会の動き

まずはこの年に起こった政治や社会の動きに関して、享保の改革に関わるものを中心に主要な出来事をまとめてみよう。(1)

戸籍調査

二月、幕府は諸国に戸籍調査を命じる。これは改革の一環として享保六年から続くもので、同十一年以降六年ごとに行われていた。調査方法が不統一であることや、人別改《にんべつあらため》によって把握された人口を反映しているため、公卿や武士など調査対象外となる人口が多いことなども指摘されているが、大まかではあるものの、継続して全国の人口を把握することをめざし、統治しようとする政治姿勢がうかがえよう。

ちなみに、元文三年の総人口の記録は残っていないが、享保期の総人口は約三一〇〇万人といわれている。

金融政策

金融に関する施策もこの年に目立つ。四月、輸出用の銅である長崎廻銅の量が減少したため、大坂の銀座に加役で銅座が設けられ、諸国の産銅の支配がなされていく。ここでは、輸出分の銅確保のため、各地の銅山から産出される荒銅を問屋を通じて買い上げ、精錬させ、輸出用の棹銅を長崎に送り、残りを国内用に払い下げることを主な業務とした。価格統制や強制買い上げを行った今回の措置により、皮肉にも銅の生産はさらに減少することとなり、結果的には密売の横行にも繋がっていった。

十一月、元文金銀の引換所が廃止された。元文金銀とは、元文元年から発行された金銀貨幣で、それまで流通していた正徳金銀や享保金銀と比べて、四割以上純分の含有量を減らして質を引き下げる悪鋳を行うことで、米価を引き上げることや、貨幣の供給量増加による金銀不足を緩和する目的があったとされる。元禄・享保期は近世貨幣経済の発展期であるとともに制度の混乱期で、正徳の良貨鋳造に伴い元禄・宝永期には悪貨整理の方針を打ち出していたが、元文期に入り悪鋳へと貨幣政策の方針転換が図られたのである。(2) 幕府は良質の慶長・正徳金銀と元文金銀を同等の価値で通用することを規定としたが、新金銀が出回るまでの暫定的な措置として、引き換えに際して金は六割半、銀は五割の増歩をつけるという割合遣が期間限定で実施されることとなった。良質の古金銀への信用と愛着は深く、なかなか古金銀の回収と新金銀の出回りは良くならなかったが、幕府が通用のための種々の対策を採用した結果、元文二年に入って新金銀の流通が順調に向かってきたため、翌年より割合遣を廃止することとし、今回の引換所の廃止に至ったのである。同四年六月には古金銀が通貨としての役目を終えて回収され、同五年には相場も落ち着きを見せ、幕府が望んでいた公定相場となり、元文金銀は約八十年間流通する貨幣になっていった。

薬草政策

特にこの年の出来事に関係深い吉宗の政策として、薬草政策が挙げられる。(3) 享保の改革の薬草政策は、有能な本草学者を登用し、全国の薬草を見分調査させるとともに、地方の人材を育て、薬園の整備を行い、朝鮮人参や薬草の栽培を奨励し、薬種流通ルートの掌握や流通量の増大をめざすなど、多岐にわたる。背景には、度々起こる疱瘡などの流行病対策や、朝鮮人参などの薬草の輸入増加による海外への金銀の流出を防ぐこと、さらに国内物産開発を奨励する殖産興行政策という面もあった。

この政策の一つの達成として、下野国日光で栽培に成功した朝鮮人参の実を全国に栽培を普及させる目的で、五月十七日、江戸日本橋本石町十軒店の御用薬店岡肥後より広く販売することになった。朝鮮人参の栽培は、吉宗の命により享保の初め頃から企図された、長期におよぶプロジェクトであった。最初は根の移植栽培が試されたが成功せず、享保十三年に、対馬藩より取り寄せられた六十粒の種子が下野国日光山下今市の人参試作地に蒔かれ、同十八年には生育した人参が実を結び種子をつけた。それをさらに蒔いて生育させることができるようになり、人工栽培が確立したのである。

朝鮮人参の栽培は、当時、朝鮮でも中国でも確立していない技術であり、天明期には清への輸出も行われるほど全国に栽培技術が広まっていった。

『庶物類纂』一千巻完成

薬草政策に関する学問的な達成としては、『庶物類纂《しょぶつるいさん》』一千巻の完成が挙げられる。

『庶物類纂』は、元禄九年に加賀藩主前田綱紀の命を受けた本草学者稲生若水《いのうじゃくすい》(明暦元年〈一六五五〉生、正徳五年没)が、明の李時珍編『本草綱目』の遺漏を補うため、中国典籍一七〇余種中の動植鉱物の記事を広く渉猟・抄録・整理し、三六二巻一一八〇種におよぶ項目を書き上げた書である。若水は完成を見ずに没したため、吉宗はそれを幕府の官撰事業化し、若水門下の官医丹羽正伯《にわしょうはく》（元禄四年生、宝暦六年没）を総裁として続修させる。この事業に関して、正伯が必要と認めた諸国から物産調査報告書である『産物帳』『産物絵図帳』を提出させる法令を出したほか[(4)]、紅葉山文庫所蔵の漢籍の利用を許可するなど支援を行った。

元文三年には後編六三八巻が完成し、若水が編集した分と合わせて当初予定した一千巻達成となり、褒賞として銀一〇〇〇枚が下賜された。

その内容は、前後編合わせて二十六属三五九〇種の動植鉱物を取り上げ、中国古典籍類から記事を集成・分類し検証したもので、前編は薬物・自然物の漢名と和名の照合・同定作業を主とする名物学的な記述が色濃いものであるのに対して、後編は前述の全国物産調査を踏まえるなど、物産学的な面が強いものという違いがある[(5)]。のちに五十四巻の増補が加わり、延享四年に最終的な完成をみることとなる。

本書は大部なものであることから未刊となり、それに対する批判も少なくなかったが、本書に関わって全国で物産調査が行われたことにより、本草に関する人材が各地で育成されていったほか、人々の動植物に関する関心が高まったという効果もあったという。

各地での強訴

ところで、改革が進められ成果が上がり人々が恩恵を蒙るものがある一方で、さまざまな要因で民衆の不満が募り、強訴が多発してもいる。

九月には陸奥国磐城平藩の農民たちが、新税の中止や年貢減免などを要求して城下で強訴を行っている。平藩は二代藩主内藤忠興の時に総検地を行い、大規模な新田開発をするなど藩政の確立に努めてきたが、天災や普請の負担により財政が圧迫され、領民からの課税強化政策をとるようになり、厳しい年貢の取り立てなどに耐えかねた農民約二万人による全藩一揆が発生した。「磐城平元文一揆」とも称され、この一件により藩主は日向国延岡に転封となった。

また、但馬国生野銀山では、十二月に鉱夫ら七、八〇〇人が加わった一揆が起こっている。天文十一年(一五四二)に発見された生野銀山では十七世紀の初めから銅や鉛も多く生産されていて、今回の一揆は銅の買い上げ額の値上げと扶持米の増額を要求するものであった。背景には、前述の幕府の銅に関する政策が絡んでいて、四月に行った大坂の銅座設置の影響で銅の価格が急激に下落したことが引き金になっている。この一揆は、救済として銀一〇〇貫匁、米一六〇石が与えられることとなり、鉱夫側の勝利となったのであるが、同月、このことに触発された朝来郡の農民一万人あまりが生野代官所に年貢減免を訴える新たな強訴へと波及していった。

以上、この年の政治や社会の出来事の一端を見てきたが、この例だけでも享保の改革とその影響により世の中がめまぐるしく移り変わっていくさまが浮き彫りになっているといえよう。

以降は、この年を代表する文化的事業である大嘗会について詳しく述べ、さらにそれ以外の文化、文学へと記述を進めていくこととしたい。

大嘗会の再興

大嘗会の歴史

大嘗会《だいじょうえ》とは、天皇の即位後に行われる最初の新嘗会《しんじょうえ》のことで、即位儀礼の一つである。天皇が神に悠紀《ゆき》・主基《すき》両国の斎田から収穫した米などの食物を供え、自らも食す神饌親供の儀を中心として、四日間にわたって行われる儀式である。

『日本書紀』には天武天皇二年（六七三）に斎行されたとの記載があり、脈々と続く儀式であったが、文正元年（一四六六）の後土御門天皇即位の際の大嘗会を最後に、応仁の乱から戦国時代を通じて二二一年の間、途絶えることとなる。

その後、貞享四年の東山天皇の時に一度再興される。これは、朝廷儀式の復興に熱心であった霊元《れいげん》院《いん》（承応三年〈一六五四〉誕生、享保十七年崩御）の悲願であったが、その再興は簡略化されたものであり、公家からの不満の声も多かった。次の中御門天皇の際には行われず、この度の桜町天皇の元文度の大嘗会に至って、大嘗会和歌も含めたより本格的な再興がなされることとなる。

元文度大嘗会再興の経緯

この大嘗会についても、当初は朝廷の側に実施の計画はなく、桜町天皇即位の前年、享保十九年に幕府より朝廷に対して打診があったが、一度は挙行しないという判断を下している。その後、元文二年閏十一月に朝廷側から大嘗会ではなく神今食《じんごんじき》と新嘗会の再興を申し出、最終的には、幕府の勧めにより元文三年十一月の大嘗会の再々興が決定するのである。(6)『有徳院殿御実紀』には、大嘗会再興における吉宗の功績が述べられていて、有職故実(朝廷や武家の儀礼・官職などの先例・典拠)や古儀に関心を寄せる吉宗自らが心を砕き、有職の専門家に儀制を問い尽力したことなどが記されている。倹約を旨とした吉宗が膨大な経費のかかる朝儀の再興を後押しした背景には、綱吉・家宣以来続く朝廷への協調・厚遇路線や天皇の威光による将軍権力の権威付けを重視する姿勢を引き継いだことに加え、吉宗の興味関心、さらには享保の改革の成果により幕府の財政が好転していたことなどがあった。(7)

ところで、紆余曲折を経て、斎行が決定した元文度の大嘗会であるが、今回も大嘗会和歌の復活には至らない可能性もあったようである。大嘗会和歌は、楽所にて曲がつけられ歌われる風俗歌十首と、悠紀・主基両国の一年の風景を描いたやまと絵屛風に記した和歌である屛風歌十八首の総称である。本稿では、以降、大嘗会和歌に絞って話を進めていくこととする。

『大嘗会新嘗会等御再興之儀ニ付武辺往来留』(8)には、京都所司代より、あらかじめ朝廷側が提出した下行帳案(財政帳簿案)に悠紀主基風俗屛風が見当たらないことに対しての問い合わせと、万一、屛風がないのでこれに関わる儀礼をやめるというのであれば、これを調進すべきではないかとの申し入れが武家伝奏に対してあったことが記されている。

武部敏夫氏は「元文度大嘗会の再興について」(9)において、右の事例を挙げ、「これらの一、二の事例もまた幕府の熱意の程を窺わせるものである」とされ、今回の大嘗会再興に関して幕府が細部にわたって配慮し、再興に漕ぎ着けたことを説いている。

大嘗会和歌の詠進過程

さて、今回の和歌詠進の過程については、詠進者の烏丸光栄《からすまるみつひで》（元禄二年生、延享五年没）と日野資時《ひのすけとき》（元禄三年生、寛保二年〈一七四二〉没）がそれぞれ記した『大嘗会和歌詠進日記』（以下、『詠進日記』と略す）[10]が存在する。これによると、七月二十一日に光栄・資時の二人に対して大嘗会和歌詠進の下命があり、八月に関白一条兼香《いちじょうかねか》より、名所は永享度風土記と同名にすべしとの命が下っている。本来、国郡が卜定《ぼくじょう》され、その後、和歌に詠まれるべき地名のリストである風土記が注進され、詠進者による名所の決定となる（『袋草紙』などによる）のであるが、長い断絶を経て再興されるにあたり、先例をそのまま踏襲することがあらかじめ決められていた。九月半ばに光栄・資時の詠吟が終了し、光栄は時を同じくして絵所預の土佐光芳《とさみつよし》（元禄十三年生、明和九年〈一七七二〉没）と屏風絵の相談を行っている。土佐光芳は光栄の和歌の門弟でもあり、その後、内々に協議を重ねつつ屏風絵の完成を見ることとなる。屏風への和歌の揮毫は持明院基雄《じみょういんもとお》が担当し、認め方（和歌の文字遣いや字配りの方法）に関して光栄と意見が対立するも光栄の言い分が通り完成となった。

今回の詠進を任された光栄・資時は、累代の大嘗会和歌作者を輩出した日野家の一門出身であり、特に光栄は中院通躬《なかのいんみちみ》や武者小路実陰《むしゃのこうじさねかげ》を師とし、霊元院歌壇で研鑽を積んだ歌人である。長く絶えていた大嘗会和歌再興の詠進者として、名実ともに兼備した人物であり、日野家一門の持つ大嘗会和歌の古記録類を手がかりに徹底的に故実を研究した上で、今回の任務にあたったことが『詠進日記』からうかがえる。屏風絵を担当した土佐光芳の土佐家も、代々大嘗会に関わる絵師の家であった。

幕府の寄せる関心

今回の大嘗会に際しては、幕府の側も大きな関心を寄せ、記録の作成を複数に命じている。一つは、享保十九年に幕府の御用絵師となった住吉広守《すみよしひろもり》（宝永二年〈一七〇五〉生、安永六年〈一七七七〉没）を京都に派遣し、その儀式を絵に描かせたことが『有徳院殿御実紀』などに見られることである。朝廷側の記録にもあり、『兼香公記』には、広守が内々に大嘗会屏風の絵を手伝うという名目で土佐光芳のもとに上京したが、実際は吉宗が大嘗会に関する絵図作成のために派遣したということが記されている。公開の度合いについては議論がなされたようであるが、結局、十一月二十六日に秘事を除き調度類を見せることになったことが平田職甫《ひらたもとすけ》の『大嘗会日記』に見られる。(11)朝廷として幕府側からの正式な派遣とみて対応していたようである。

また、『好古類纂《こうこるいさん》』（明治三十三年〈一九〇〇〉～四十一年刊）の広守の項には「元久（引用者注・元文の誤りか）三年大嘗会の時、上京し勅を奉じて六所玉川の図一巻を書きて奉納す」とあり、記録を残すことのみならず朝廷と幕府御用絵師の絵画を通じた交流も行われたようである。

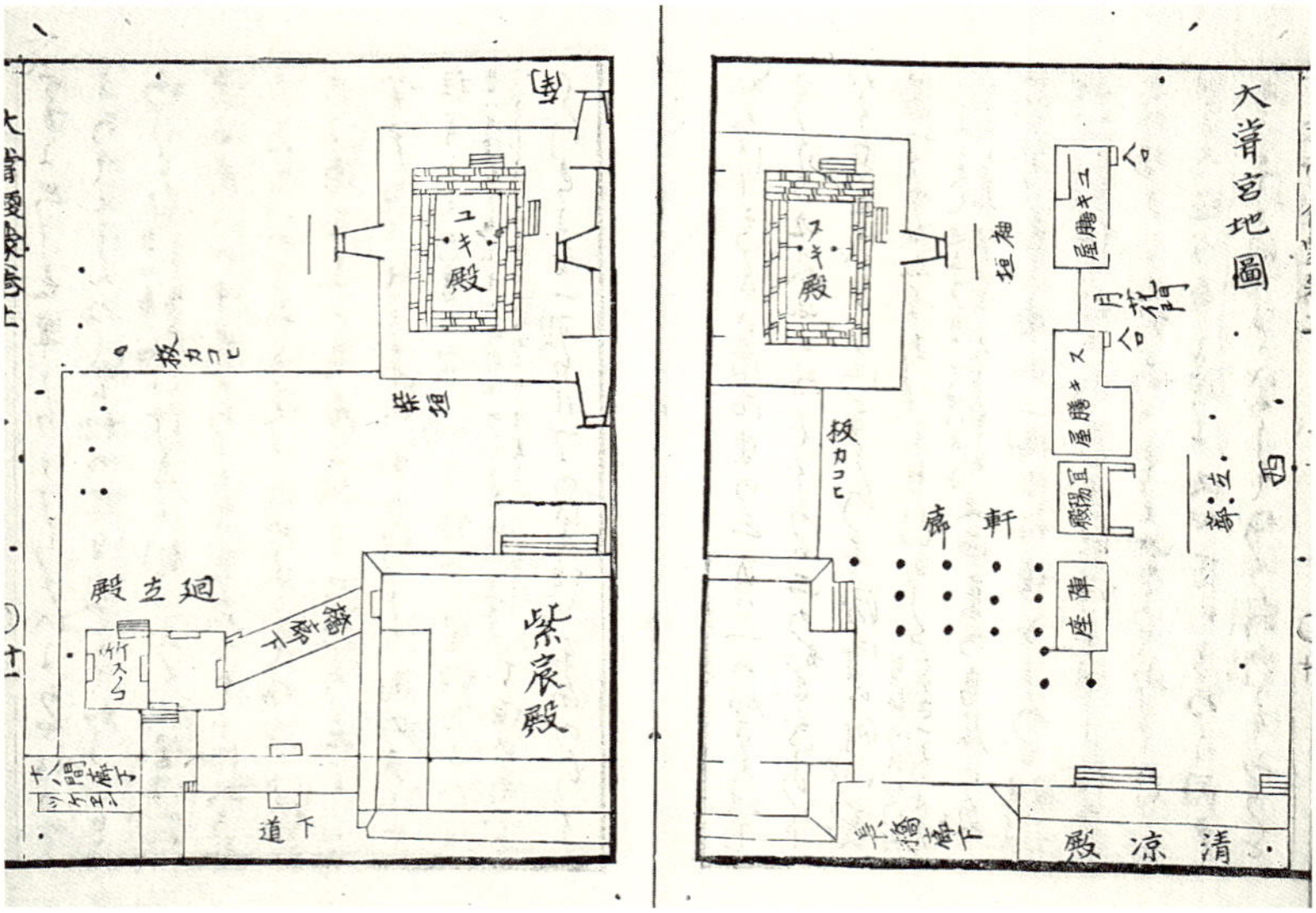

図1　荷田在満撰『大嘗会便蒙』（早稲田大学図書館所蔵）

荷田在満『大嘗会便蒙』

もう一つは、荷田春満《かだのあずままろ》の養子で田安宗《たやすむね》武《たけ》（吉宗の二男）に仕え、有職故実の研究を行っていた荷田在満《かだのありまろ》（宝永三年生、宝暦元年没）が、宗武に推挙され幕府より命を受けて上京し、大嘗会の儀式を調査した点である。在満は、この時実父の服喪中であったため、儀式を直接拝観することは叶わなかったが、儀式後も一ヶ月あまり京都に滞在し調査を終えた後、詳細な考証を付した上で、元文五年の春か夏頃に完成した『大嘗会儀式具釈』全九巻を幕府へ撰進したとみられる。(12) ところで、幕府への報告書である『大嘗会儀式具釈』の提出に先行して、同四年十一月、在満は門人たちの求めに応じて『大嘗会便蒙《だいじょうえべんもう》』（図1）と題する全二巻の書を刊行する。内容は、一般向けに記した大嘗会諸儀の解説と当日の次第の注解で、一〇〇部作成し、門人に配布した残り三十部を日本橋の書肆より市販した。このことについて、同五年七月に朝廷より「禁中御隠密の事共を板行致候儀」につき武家伝奏を通じて問い合わせがあったため、在満は田安家に何度も口上書を提出し、取り調べを受けた後、幕府は九月に版木および版本を没収し、在満に閉門を言い渡すという騒動に発展してしまう。事の次第は、在満の手記『大嘗会便蒙御咎顛末』に記され、古相正美氏「荷田在満『大嘗会便蒙』御咎め一件」[13]に詳細な分析がある。これによると朝廷の側が強く抗議した訳ではなく、在満としても出版に際して各所に報告や確認をしており、内容もすでに流布しているものであったため、在満も幕府担当者も当初これほど大事になるとは考えていなかった模様である。実際、閉門の措置を京都に伝えるとそれにはおよばないとの回答が来ているが、古相氏は、この厳罰の背景を吉宗の朝廷に対する憚りの気持ちからではないかと推察し、鈴木淳氏は「大嘗会という朝廷にとって最も重要な秘儀の公開ということもさることながら、その運用について、いくつか非議を唱えたことが朝儀の面目を傷つけることになったため」とする。[14]有職故実研究の立場から、今回の大嘗会の先例とは異なる点を指摘する書が、幕府の命を受けたと称する者から公刊されたということは、良好な関係となってきた朝幕関係に水を差しかねないとの判断があったのであろうか。

なお、この一件により、朝儀に関する新たな出版を禁ずる御触書が出される一方で、『大嘗会便蒙』は写本で流布していったことが原存本の数からもうかがえる。朝廷の儀式の中でも特に秘されてきた大嘗会に関する人々の関心の一端を物語っているといえよう。

文化

次に、大嘗会を除く文化的出来事についても見てみよう。

永谷宗円の煎茶発明

日本人の喫茶文化を大きく変える出来事であり、産業にも関わることとして、永谷宗円《ながたにそうえん》（延宝九年〈一六八一〉生、安永七年没）が青製煎茶製法を発明したのがこの年とされる。(15) 永谷宗円は山城国宇治田原湯屋谷の茶業を営む篤農家で、長年の試行錯誤の末、煎茶に抹茶の製法を取り入れた青製煎茶製法（宇治製煎茶）を考案した。その製法は、新芽の茶葉を収穫後すぐに蒸して生葉の酸化酵素を殺す「殺青」の後、焙炉の上で揉みながら乾燥させるもので、これにより香りの良い薄緑色の煎茶を作ることに成功した。宗円はこの製法を湯屋谷の村民数人に授け、それが広がっていくことで、十年後には近隣の村々で宇治製法のお茶が製造されるようになった。

宇治製煎茶が作られる以前は、富裕層は抹茶を喫し、庶民は煎じ茶と呼ばれる乾燥した茶葉を煮出したお茶を主に飲んでいた。宗円は宇治製煎茶を日本橋の茶商山本嘉兵衛を通じて販売し、江戸で好評を得た煎茶は全国に広まっていった。禅僧で煎茶人の売茶翁《ばいさおう》（延宝三年生、宝暦十三年没）も宗円の煎茶に出会って売茶を始めたという。

お茶の製法はさまざまあり、同じ製法が行われている地域もあったとされるが、宗円の功績は、宇治製煎茶の製法を地域的に広め、生産量を確保した上で大消費地である江戸での販路を確立し、一大ブランドとして売り出したことにあろう。これにより、文人たちの間で流行していた煎茶趣味の風潮とも相俟って、お茶を飲む習慣が幅広い層へと行き渡るきっかけとなり、現代にも根付く文化となったのである。

石田梅岩の心学

続いて、思想史に関することを見てみよう。

石田梅岩《いしだばいがん》の心学書『都鄙問答《とひもんどう》』はこの年から執筆されている（刊行は翌年）。石門心学の始祖とされる石田梅岩（貞享二年生、延享元年没）は、丹波国の農家に生まれた。[16] 商家に奉公をしながら、決まった師匠について学ぶのではなく、あちこちの講義を聞き回るなどして、独学で種々の思想を学んだ。梅岩の心学は、「神・儒・仏・老荘とはなはだ雑学的であり習合的な性格」であるものの、決して無批判に取り入れた雑多なものではなく、原典を批判的に研究した上で、それらを自己の理論の中に取り入れているという。梅岩は、四十二、三歳の頃に勤めを辞し、学問の道に専念したようであるが、学問一辺倒ではなく町人として市井で多くの経験を積んできたことが、心学という具体的で俗耳に入りやすい、町人生活に密着した新しい実践倫理思想の確立を支えたのはいうまでもないだろう。[17] 享保十四年に初めて講義を行い、徐々に聴衆や門弟を増やしていき、月に三回の月例会や出張講義も開かれるなど、その思想は受け入れられていく。月例会は、毎回あらかじめ出題された題にしたがって、各人が答案を作成し討論するものであったが、元文三年に、その形式をもとにした書物『都鄙問答』の編集が企画され、翌年七月に刊行をみる。当初、私家版として頒布されたものであったが好評を博し、

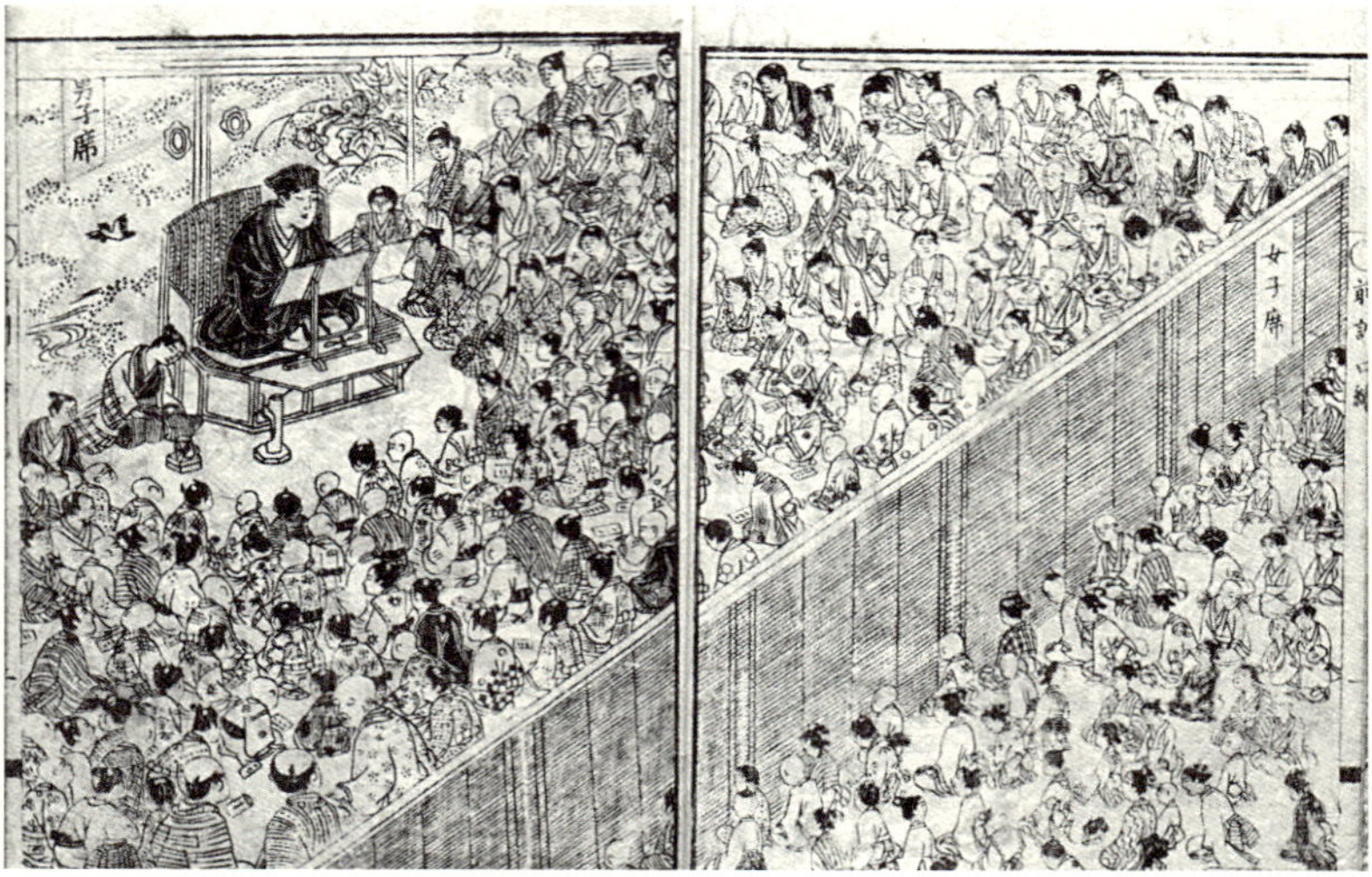

図2　手島堵庵《てじまとあん》『前訓』（安永2年刊）（辻本雅史『NHKこころをよむ　教育を「江戸」から考える　学び・身体・メディア』（NHK出版、2009年より））
手島堵庵（享保3年生、天明6年没）は石田梅岩に学び、心学の普及努めた。挿図は堵庵が行った子ども向け心学講座の盛況ぶりを示した図。

石門心学の教典のように位置づけられ、最初から版を起こす形で第三版まで版を重ねたことからも、その浸透振りがうかがえよう。

梅岩心学の特徴

梅岩心学の特徴的なところとしては、読者層を考慮して、難しい言葉や理論などは出来るだけ排除し、平易な文章で卑近な例を用いて説明するなど、自らの思想を世に浸透させるための工夫を行っていることが挙げられる。

また、士農工商の最後に位置する商人について、次のように社会的意義を力説する。

　商人皆農工トナラバ財宝ヲ通《カヨハ》ス者ナクシテ、万民ノ難儀トナラン。

士農工商ハ天下ノ治ル相《タスケ》トナル。四民カケテハ助ケ無カルベシ。（中略）君ヲ相ルハ四民ノ職分ナリ。商人がいなければ万民が難儀するため、商人は天下に必須の存在であるとし、士農工商の四民を一括りに「君」に仕える「臣」ととらえ、社会的な身分の差は単なる職分に過ぎず、人間は本来平等であるとの考えを示す。(18)その上で、倹約の奨励など商人としてあるべき具体的な姿を挙げており、町人のための道徳・思想として広く受け入れられる内容であった。梅岩の思想は、のちに全国に広がり、農民教化の活動や心学運動などへと派生する大きな動きを生み出していった（図2）。

文学

最後に、文学に関わる出来事について述べていく。まずは詩歌を中心に見ていこう。

桜町天皇の古今伝受

和歌では、五月二十四日、桜町天皇が武者小路実陰から和歌天仁遠波《わかてにおは》の伝受を受けている。古今伝受とは、『古今和歌集』の中の難解な語の解釈や読み方を、秘伝として師から弟子に相伝したことに始まり、江戸時代には、宗祇から続く古今伝受が後水尾院（文禄五年〈一五九六〉誕生、延宝八年崩御）を経て、天皇や公家に引き継がれる「御所伝受」が行われるようになった。(19)和歌天仁遠波は、歌の末尾の「かな」「つつ」など留まりに関する伝受で、後水尾院の時に御所伝受の一つに位置づけられたものである。伝受を受けた桜町天皇は、幼年期から和歌の稽古に励み、御会の際には勅題を出すなど歌道に熱心な天皇であった。天皇へ和歌天仁遠波を授けた実陰は、寛文元年（一六六一）に西郊実信の子として生まれ、のちに武者小路公種の嗣子となり、霊元院歌壇で活躍した歌人である。霊元院より和歌の勅点を受けるとともに、元禄二年に天仁遠波伝を授けられたのを皮切りに、三部抄伝、伊勢・源氏三ヶ大事等伝、古今伝受と、二十六年にわたり院から和歌伝受を受け続けてきた。霊元院から伝受を授かった歌人はほかに中院通躬と烏丸光栄がいたが、四種すべてを受けたのは実陰一人であったという。その伝受保持者として、中御門天皇に天仁遠波伝と三部抄伝を授けるも、古今伝受の直前に帝は崩御してしまうという過去もあり、霊元院から受けた伝受を朝廷に返奉することは、実陰にとって大きな使命と自認していたらしい。(20)

今回の伝受について、『光栄卿記』には、密かに霊元院より授けられたことにすべきであると光栄が天皇に言上したことが記されているが、鈴木淳氏はそれも実陰の深慮を門人の光栄が汲み取った結果のことではないかと推察する。光栄は実陰の歌道の高弟であった。

ところで、伝受から四ヶ月ほどたった九月三十日に、実陰が七十八歳で没する。和歌をもって朝廷に大きな貢献をしたことにより、死の直前には従一位准大臣の位を与えられるという異例の厚遇に浴しており、その死は桜町天皇にとっても歌壇にとっても大きな損失であったと考えられる。

俳諧での動き

俳諧では、才麿《さいまろ》、鬼貫《おにつら》の死去がこの年である。

才麿は、明暦二年に大和国宇陀郡に生まれ、宇陀藩家老佐々木氏の養子となるも浪人し、一時は仏門に帰依した経験を持つ。俳諧は、初め西武《さいむ》に学び、のちに西鶴の門人となった。延宝期には江戸へ下り、芭蕉（正保元年〈一六四四〉生、元禄七年没）や蕉門の人々とも親しく交わった。特に其角《きかく》（寛文元年生、宝永四年没）や言水《ごんすい》（慶安三年〈一六五〇〉生、享保七年没）との交流はよく知られている。大坂に拠点を移した後も何度か東下し門人の指導にあたったほか、西国行脚を果たすなど活動の範囲が広く、晩年は大坂俳壇で大きな勢力を持つ一派を率いることとなり、江戸・大坂俳壇を結ぶ役目も果たしている。

才麿は儒学や漢詩文にすぐれ、漢詩文調流行期の蕉門の集『虚栗《みなしぐり》』に多く入集するほか、和歌や狂歌にもなじみ、教養溢れる人物であったとされる。和歌秘伝や『万葉集』に材を得た難解な句もある。

一方の鬼貫は、万治四年（一六六一）に摂津国伊丹の酒造業の家に生まれる。酒造りの盛んな伊丹では諸芸が流行し、幼い頃からその環境に身を置いていた彼は、八歳から俳諧に手を染め、初めは貞門の重頼《しげより》に、次いで談林の宗因に入門、宗旦が伊丹で開いた也雲軒にも出入りして研鑽を積むものの独自の道を模索するようになり、「まことの外に俳諧なし」の悟りを得て自己の俳諧に邁進するようになる。その俳論は享保三年に成った『独ごと』にまとめられた。例えば、

> 句を作るに、姿・詞をのみ工《たく》みにすればまこと少なし。只心を深く入れて姿ことばにかゝはらぬこそ好ましけれ。

の一文に表れているように、「姿」や「詞」の句風ではなく「心」を重視した句作りを重視することを説き、「まこと」について多く筆を割いて縷説している。芭蕉にも「まこと」の論はあるが、それ

図3　『卯月庭訓』
（『蕪村全集』巻8、講談社、1993年より）

と比較すると和歌の美意識の枠内にあるような保守的な傾向が見られるといった特徴がある。[21]

宗因や西鶴、芭蕉など、俳諧草創期の活気に溢れた時代の宗匠たちの指導を貪欲に吸収し、新たな俳諧を模索していった才麿・鬼貫らの世代が鬼籍に入るとともに、いわゆる天明俳諧の胎動も見られる。

蕪村（享保元年生、天明三年没）の俳諧活動が確認されるのがこの年で、『夜半亭歳旦帖《やはんていさいたんちょう》』に蕪村の初号・宰町の名で入集するほか、同年に刊行された『卯月《うづき》庭訓《ていきん》』（図3）には、文を読む女の絵と「尼寺や十夜に届く鬢葛《びんかづら》」（訳　十夜の念仏法要の日、尼寺に還俗を待つ男から髪を整えるための鬢葛が届いたのは、皮肉なことであった。）の句を配した自画賛が収録されている。蕪村はのちに俳諧と画業の両面で活躍し、高度な俳諧画賛を多数手がけることになるのでそれを予祝する作品ともいえようか。

随筆・小説

散文もいくつか見ていこう。

伊藤梅宇《いとうばいう》（天和三年〈一六八三〉生、延享二年没）が記した随筆『見聞談叢《けんもんだんそう》』はこの年の序文を持つ。梅宇は、朱子学を批判し、『論語』や『孟子』などの原義に立ち返ることを主張して古義学派を開いた伊藤仁斎《いとうじんさい》（寛永四年〈一六二七〉生、宝永二年没）の次男で、異母兄に東涯《とうがい》（寛文十年生、元文元年没）がいる。周防徳山藩、備後福山藩の藩儒を勤めた人物である。

本書は全六巻四四二条からなる著者の見聞をまとめた随筆で、兄の東涯から享保十五年頃に聞いた話として、

貞享元禄ノ比《ころ》、摂ノ大坂津ニ、平山藤五ト云フ町人アリ。

から始まる一文は、井原西鶴の俗姓や出身を伝える現存唯一の伝記資料として殊に有名である。

小説では、江島其磧《えじまきせき》（寛文六、七年生、享保二十、元文元年没）の浮世草子『其磧置土産《きせきおきみやげ》』『御伽名題紙衣《おとぎなだいかみこ》』が刊行され、松室松峡《まつむろしょうこう》の洒落本『平安花柳録《へいあんかりゅうろく》』が成立したのもこの年を下限とする。

虚実皮膜論

演劇関連で特筆すべき事柄としては、穂積以貫《ほづみいかん》『難波土産』が刊行されたことである。穂積以貫（元禄五年生、明和六年没）は、伊藤東涯に古義学を学んだ儒者で、大坂で塾を開き、一時は竹本座の文芸顧問的な役目を果たすなどし、浄瑠璃・歌舞伎作者の近松門左衛門（承応二年生、享保九年没）と親交があった人物で、近松半二の父でもある。

本書の「発端」に見られる近松門左衛門の言説は「虚実皮膜論《きょじつひにくのろん》」と称され、のちの演劇作者たちに深い影響を与えた。

虚にして虚にあらず、実にして実にあらず、この間に慰みが有たもの也。

と説き、実事にはない虚（うそ）が芸には不可欠で、実と虚のあわいにこそ、人を感動せしめるものがあるとする。ここにも古義学派の思想が関係していて、この時代のさまざまな分野に与えた影響力がうかがえる。そして、「虚」を含む近松の考え方は、後の浄瑠璃作者たちにも着実に引き継がれ、人形浄瑠璃の全盛期への流れに続いていくのである。(22)

＊　＊　＊　＊

以上、この年の出来事を追ってきた。冒頭で、元号の意味するところが「文と武が共に豊かな国をつくる」だと述べたが、この年は、各地で強訴は起きたものの、甚大な天災もなく比較的平和な年であり、国家機能の拡大と再編をめざす吉宗が後押しした大嘗会が復活されるといった、公武融和の象徴ともいえる大きな儀式の再興もあった。

文学の面では、上方を主導に展開してきた文学が徐々に終焉を迎えるとともに、江戸へと舞台が移っていく文運東漸《ぶんうんとうぜん》の前夜にあたり、上方俳壇の重鎮らの死や、浮世草子の花形作者の遺稿集の刊行にその兆候が見られた。享保の改革の庶民教化政策とも呼応するかたちで、庶民層における道徳や学ぶことへの意欲の芽生えなども感じられた。

元文三年は、二六〇年間続くことになる江戸時代のほぼ中間地点に位置し、大嘗会（近代以降「大嘗祭」が名称として定着する）や喫茶文化、庶民思想など、現代にも引き継がれていく文化の始点となる、豊かな実りのあった年ではないかと考えられるのである。

注

(1) 以降、本稿中の享保の改革と徳川吉宗については、大石学氏『吉宗と享保の改革』(改訂新版、東京堂出版、二〇〇一年)、同氏編『享保改革と社会変容』(『日本の時代史』一六、吉川弘文館、二〇〇三年)、『国史大辞典』(吉川弘文館、一九七九～一九九七年)などを参考にまとめた。

(2) 伊東多三郎氏「江戸幕府元文の貨幣改鋳」(『近世史の研究』五、吉川弘文館、一九八四年)。

(3) 矢部一郎氏『江戸の本草　薬物学と博物学』(『ライブラリ科学史』六、サイエンス社、一九八四年)、前掲注1大石氏書『吉宗と享保の改革』などによる。

(4) 幕府に提出された原本は現在所在不明で、各地の控えやその写本の形で現存するものは、全体数の約三分の一という(磯野直秀氏編『日本博物誌年表』平凡社、二〇〇二年)。

(5) 前掲注3矢部氏書。

(6) 大嘗会和歌については、以下の論考などを参照した。八木意知男氏『大嘗会和歌の世界』(皇學館大学出版部、一九八六年)、武部敏夫氏「元文度大嘗会の再興について」(『天皇代替り儀式の歴史的展開——即位儀と大嘗祭』柏書房、一九八九年)、中澤伸弘氏「大嘗会和歌の中絶と再興継承と(上)・(下)」(『國學院雑誌』第九一巻一二号・第九二巻二号、一九九〇年十二月・一九九一年二月)。また、拙稿「近世期の儀礼和歌——元文三年度大嘗会和歌の再興について」(『日本文学研究ジャーナル』第四号、二〇一七年十二月)中で述べたことと本稿で重複する部分もある。

(7) 藤田覚氏『江戸時代の天皇』(『天皇の歴史』六、講談社、二〇一一年)。

(8) 『神道大系』(朝儀祭祀編五)「践祚大嘗祭」(神道大系編纂会、一九八五年)収載。

(9) 前掲注6武部氏論文。

(10) 『神道大系』(文学編三)「神道和歌」(神道大系編纂会、一九八九年)収載。

(11) 前掲注6武部氏論文。

(12) 古相正美氏「荷田在満『大嘗会便蒙』御咎め一件」(『神道宗教』通号第一四〇・一四一号、一九九〇年十月)。

(13)前掲注12に同じ。
(14)鈴木淳氏「『荷田全集』第七巻解題」(名著普及会、一九九〇年)。
(15)中村羊一郎氏『茶の民俗学』(名著出版、一九九二年)、橋本素子氏『日本茶の歴史』(『茶道教養講座』一四、淡交社、二〇一六年)などによった。
(16)以下、石田梅岩については、柴田実氏『石田梅岩』(『人物叢書』新装版、吉川弘文館、一九八八年)、『近世思想家文集』(『日本古典文学大系』九七、岩波書店、一九六六年)の小高敏郎氏「都鄙問答(解説)」などを参考にまとめた。
(17)前掲注16小高氏解説。
(18)山本眞功氏「万事物の法に随ふのみ――石田梅岩試論」(『石門心学の思想』ぺりかん社、二〇〇六年)。
(19)江戸期の古今伝受については、高梨素子氏『古今伝受の周辺』(おうふう、二〇一六年)に詳しい。
(20)鈴木淳氏「武者小路家の人々――実陰を中心に」(『近世堂上和歌論集』明治書院、一九八九年)。
(21)櫻井武次郎氏『伊丹の俳人　上嶋鬼貫』(『日本の作家』二九、新典社、一九八三年)。
(22)黒石陽子氏「「趣向」と「虚(うそ)」――近世文学に人形浄瑠璃全盛時代がもたらしたもの」(『国文学　解釈と教材の研究』十月臨時増刊号、第五三巻第一五号、二〇〇八年十月)。

附記　貴重な資料の画像掲載を御許可下さいました関係機関に御礼申し上げます。
本研究はＪＳＰＳ科研費(16K16768)の助成を受けたものです。

繋ぎ転換していく節目の年

宝暦十三年……一七六三

杉田昌彦

宝暦十三年（一七六三）はどのような年であったのか。一七六三年という年を世界規模で見ると、東アジアの中国では清朝高宗乾隆帝《けんりゅうてい》の六十年の治世のうち二十八年目に当たり、度々の外征によりその版図が最大規模になりつつあるのと同時に、内政も安定して文化も栄え、清朝がまさに絶頂期を迎えようとしていた。遠くヨーロッパに目を向けると、イギリス・プロイセンとフランス・オーストリア・ロシア・スウェーデン・スペイン等の間で争われた七年戦争が終わった年である。この戦争は、ヨーロッパ本土のみならず、北アメリカ大陸やインドなどでの植民地における争闘に波及し、北アメリカでのフレンチインディアン戦争やインドのカーナティック戦争などを含めた講和条約が二月十日（パリ条約）と同月十五日（フベルトゥスブルク条約）に締結された。これらの戦争の結果、ブルボン朝のフランスやハプスブルグ朝のオーストリアなどが退潮傾向に陥るのと同時に、北アメリカやインドの植民地化において、イギリスが覇権を確立していく歴史的な潮流が形成されることとなった。

こうした一七六三年という年の歴史の世界的な潮目ともいうべきダイナミズムと、我が国の宝暦十三年には、取り立てて直接的な因果関係がある訳ではない。強国化していく清朝中国も、植民地を求めて世界規模で抗争する欧米列強の動きも、本格的にこの東アジアの島国に影響を及ぼすのは、まだ少し先の時期になりそうである。国内の政治や経済などに目を向けても、それほど激動の年であった訳でもない。そのような年を敢えて取り上げたのは、一見どうということのなさそうな一年でも、後世から振り返れば結構色々な事が起きているのだということを、記してみたいと考えたからである。という訳で、江戸中期のこのいささか平凡な一年について、文学者・文化人の動向を中心にすえて書き記す酔狂に、少しだけお付き合いいただければ幸いである。

宝暦という時代

先に、本稿の考察対象である宝暦十三年（一七六三）に対して「いささか平凡な」という言い方をしたが、少し幅広く時代背景を考えると、宝暦年間（一七五一～六四）は、必ずしも平穏で安定した時代ではなかった。金沢城の大半が焼けた金沢での大火（宝暦九年）や明石屋火事と呼ばれる宝暦十年の江戸での大火をはじめとして、日本各地で大規模な火災が起こり、不順な天候の年も多く、宝暦五年から七年頃には、東北地方などで飢饉となった（宝暦の飢饉）こともよく知られている通りである。農民たちの一揆もしばしば起こり、中でも宝暦四年頃から長期にわたった美濃郡上での一揆は、越訴などにより藩の苛政を明るみに出し、宝暦八年十二月に美濃郡上藩主金森頼錦が改易になるとともに、幕府でも老中本多正珍（一七一〇～八六）をはじめとする重職にある人たちが失脚する事態となった。幕府は米価の調節に腐心し、門訴を厳重に禁止するなど（宝暦十二年）一揆についても頭を悩ませていた。また、海外への金銀の流出を防ぐため、輸入品に頼っていた朝鮮人参などの国産化を進めた。そして、本草家田村元雄（藍水）（一七一八～七六）が朝鮮人参の専門家として幕府に登用され、国内に自生する人参の調査にあたった他、神田紺屋町に朝鮮人参座が設置され、国産人参の流通拡大が図られた。

こうした中、重用していた側用人大岡忠光（一七〇九?～六〇）が宝暦十年四月に死去した五ヶ月後、同年九月第九代将軍徳川家重（一七一一～六一）が隠居し、第十代将軍家治（一七三七～八六）が将軍職につく。先述した郡上一揆の裁判などで頭角を表していた側用人取次の田沼意次《たぬまおきつぐ》（一七一九～八八）は、家治の元でも引き続き重用され、明和四年（一七六七）には側用人、同六年には老中格となり、後続の安永・天明期（一七七二～八九）の所謂田沼時代への礎を着々と築きつつあった。また、朝廷においても、宝暦十二年七月、桃園《ももぞの》天皇（一七四一～六二）の崩御を受けて、後桜町《ごさくらまち》天皇（一七四〇～一八一三）が践祚した。宝暦年間は、天皇と将軍の両者が交代したという点において、一つの過渡期であったと言うことができよう。

とりわけ、朝廷とそこに属する公卿たちにとっては、かなり激動の時代だったと言っても過言ではないだろう。徳大寺家に仕える越後生まれの儒者・神道家竹内式部《たけのうちしきぶ》（敬持）（一七一二～六八）を震源とする所謂宝暦事件が起こったからである。山崎闇斎《やまざきあんさい》の系譜に連なり垂加神道を奉じる式部は、大義名分論の立場に立つ尊皇思想を講じ、桃園天皇の近習であった主家の徳大寺公城をはじめ久我敏通・正親町三条公積等、主に摂関家を中心とする当時の朝廷政治とその背後に控える江戸幕府に不満を持つ青年公卿たちに多大な影響を与えた。そして、宝暦六年には、彼ら青年公卿たちの働きにより、当時まだ十代半ばであった桃園天皇への直接進講が行われるに至った。反幕府的な考えを持ち、天皇中心の政治を夢見る式部とその門下の公卿たちの影響が、あろうことか、多感な少年期にあった桃園天皇にまで及びはじめたことに危機感を抱いた関白一条道香らにより、徳大寺公城・正親町三条公積ら公卿たちは、罷免・蟄居・謹慎などの処分を課せられた。また式部は宝暦八年七月京都所司代に拘束された後、翌宝暦九年五月に重追放処分となった。

事件後、側近を処分された桃園天皇と摂関家の対立は決定的となり、それは宝暦十二年の天皇の崩御まで続いたようで、帝の崩御に際して当時五歳の皇子英仁親王（後の後桃園天皇）ではなく、帝の異母姉である女性の後桜町天皇が践祚したしたのも、その辺りの事情を反映したもののようである。ともあれ、この事件は、山県大弐《やまがただいに》（一七二五～六七）・藤井右門《ふじいうもん》（直明）（一七二〇～六七）らによる所謂明和事件（明和四年）を誘発する契機ともなり、尊皇思想が反幕府的言動に結びついた最初期の史的出来事と言え、処刑者こそ出さなかったものの、後の幕末の尊皇倒幕運動の先駆となった事件として記憶されてしかるべきであろう。[1]

亡くなった人、生まれた人

さて、改めて宝暦十三年の文学者・文化人の動向に焦点をすえて、話を進めて行こう。まずは、この年に亡くなった人・生まれた人を幾人かずつ人取り上げておきたい。

まず、この年に没した人を数名。六月十九日、大坂で活躍した狩野派の絵師で、大岡派の祖となった大岡春卜《おおおかしゅんぼく》（一六八〇～一七六三）が没した。享年八十四歳。七月十六日には、売茶翁《ばいさおう》（高遊外）（一六七五～一七六三）が八十九歳で没した。肥前の人で、俗名は柴山元昭。宇治の万福寺などで修行した黄檗宗の僧侶（法名、月海）であったが、七十歳で還俗し、高遊外《こうゆうがい》と称した。六十代から京都東山に通仙亭を開いて売茶業を営み、煎茶道を広め、煎茶の普及に貢献した。九月二十二日には我が国の音韻学の発展に寄与した学僧文雄《もんのう》（一七〇〇～六三）が六十四歳で没している。丹波の人で太宰春台に音韻学を学び、韻書『磨光韻鏡』の他、『和字大観抄』『韻鏡律正』等を著した。十一月二日には、役者絵や美人画の他草双紙の挿絵も多数手がけた二世鳥居清倍《とりいきよます》（一七〇六～六三）が五十八歳で没した。十二月十二日には、熊本藩の藩儒として藩校時習館の設立に尽力した漢学者秋山玉山《あきやまぎょくざん》（一七〇二～六三）が没した。古文辞（格調）派に影響を受けつつも次第に独自の詩風に至り、『玉山詩集』『玉山遺稿』等を遺し、新井白石、祇園南海《ぎおんなんかい》、梁田蛻巌《やなだぜいがん》とともに正徳四家と称せられた、当時を代表する漢詩人の一人である。六十二歳であった。[2]

次に、この年に生まれた人たちである。その中で現代において最も名前が知られている人物は、五月五日に生まれた俳人[3]小林一茶《こばやしいっさ》（一七六三～一八二七）であろう。一茶は北信濃の北国街道の宿場町柏原（現在の長野県信濃町柏原）に自作農の子として生まれた。わずか三歳の時に実母をなくした後は、主に祖母によって養育されていたが、八歳の年にやって来た継母との折り合いが悪く、一茶が十四歳の時に祖母が亡くなると、その関係はますます悪化した。祖母の死の衝撃と継母との関係の極度の悪化から一茶は重い病気にかかり、見かねた父によって江戸へ奉公に出されることとなった。江戸での奉公の傍ら、二十代半ばから葛飾派の溝口素丸や二六庵竹阿・森田元夢らに師事して俳諧師の道に進み、東北地方や西国を巡って俳諧修行を行った。三十九歳の時に一茶は父を失い、その後十数年にわたり、継母および弟との間で父の遺産を巡って骨肉の争いを繰り広げることになる。『父の終焉日記』（享和元年成）には、その父の死に際しての継母や異母弟との確執が生々しく描かれ、さながら私小説の様相を呈している。その後、江戸で夏目成美《なつめせいび》や鈴木道彦らと交流しつつ房総半島に行脚し、俳諧師としての地保を固めるとともに、継母や弟との間で粘り強く遺産相続の交渉を行い、五十歳を過ぎてようやく帰郷を果たし、若い妻を迎え子を次々にもうけたが、子は相次いで夭折し妻も三十代の若さで亡くなるなど、家庭的な幸せに恵まれることはなかった（後に再婚・再々婚）。「名月を取ってくれろとなく子哉」や「雀の子そこのけそこのけ御馬が通る」などの有名な俳句が入集している俳諧俳文集『おらが春』（文政二年成、嘉永五年刊）は、前年（文政元年）この最初の妻きくとの間に生まれた長女さとの誕生と死というドラマを見つめる中から生まれた代表作である。中でも、

　我と来て遊べや親のない雀

は、「家族」というものにまったく恵まれることのなかった一茶の人生を集約したような句であると言えよう。文政十年（一八二七）十一月没、享年六十五歳。苦難が多く、家庭的に恵まれず、晩年は病（中風）との戦いの日々でもあったが、生涯に二万句以上の句を遺し、精力的な俳諧師人生であった。[4]

九月九日には、文人画家として知られる谷文晁《たにぶんちょう》（一七六三〜一八四〇）が生まれている。江戸下谷根岸の生まれ。通称は文五郎または直右衛門。号ははじめ文朝・師陵、のち文晁。祖父の代より田安家に仕え、父麓谷も漢詩人として名を知られる文化的な家庭環境にあった。自身もまた田安家に仕え、三十代以降は田安宗武の子で白河藩主となった松平定信の近習として長く仕えた。幼少より絵を描くことを好み、十二歳で狩野派の加藤文麗《かとうぶんれい》に学んで以降、狩野派・土佐派などの大和絵や中国の宋・元・明・清画。南画・文人画等を幅広く学び、それらを折衷した新画風により、江戸文人画壇の重鎮となった。画塾写山楼で多くの弟子を養成し、門下に渡辺崋山・立原杏所らを輩出する。天保十一年

（一八四〇）、七十八歳で没した。

その他、生誕月日までは定かではない本年生まれの人物として、柏木《かしわぎ》如亭《じょてい》と只野《ただの》真葛《まくず》がいる。柏木如亭（一八七三～一九）は、漢詩人。名謙後に昶。字益夫後に永日。通称、門作。幕府の小普請方大工棟梁を代々務める家に生まれ、自身も大工の棟梁として活躍する傍ら、漢詩を市河寛斎《いちかわかんさい》に学び、江湖詩社の中心人物となり、二十一歳の寛政五年（一七九三）には詩集『木工集』を著して性霊派の新進詩人として江戸詩壇に新風を送り込んだ。三十二歳で家職を辞し、以降は専業詩人として信濃・越後から京都・大坂・備中・讃岐などの各地を巡り、潤筆料を稼ぐ遊歴の詩人として過ごした。『如亭山人稿初集』（文化七年刊）、『如亭山人遺稿』（文政五年刊）などの他、『聯珠詩格訳注』（享和元年刊）、漢文体随筆『詩本草』（文政五年刊）などの著作がある。文政二年京都にて没、五十七歳。(5)

只野真葛（一七六三～一八二五）は、女性文学者、思想家。名はあや子（綾子・文子）。仙台藩医で、ロシアの南下を受け蝦夷地開発の重要性と北方の海防を説く『赤蝦夷風説考』（天明三年序）を著し、老中田沼意次に献上したことで知られる工藤平助（一七三四～一八〇一）の長女として、江戸築地に生まれた。工藤家には、同じ仙台藩士で『海国兵談』（寛政三年刊）の著者林子平《はやししへい》や、前野良沢《まえのりょうたく》・大槻玄沢《おおつきげんたく》をはじめとする著名な蘭学者、また和学者の村田春海なども出入りしており、春海には十六歳の時、和文を閲して「才女」と評されたそうである。その年（安永七年）から仙台藩などで奥女中として奉公した後、二十七歳での初婚と離婚を経て、三十五歳で仙台藩士只野伊賀と再婚し仙台に下った。四十九歳から翌年にかけ、父平助をはじめとする工藤家の往事などを回想して記した『むかしばなし』

を執筆した。五十五歳の時に著した経世論書『独考』（文化十四年成）は、その出版を企図して、妹萩尼により曲亭馬琴《きょくていばきん》に添削と助力を依頼したが、馬琴からは批判書『独考論』を送られて猛烈にその内容を批判されることとなった。他に和文作品集『真葛がはら』など。文政八年没。享年六十三歳。[6]

　こうして、この年に没した人と生誕した人を通観すると、宝暦という時期は、正徳・享保期（一七一一～三六）あたりから活躍していた人が亡くなり、天明・寛政期（一七八一～一八〇一）から文化文政期（一八〇四～三〇）にかけて活躍する人が生まれた時期であったとまとめることができよう。漢詩文のジャンルにおいて、古文辞（格調）派とも親交のあった秋山玉山が亡くなり、後に性霊派の代表的詩人となった柏木如亭が同じこの宝暦十三年に生まれたというのは、偶然とは言え、象徴的である。また、只野真葛の実父工藤平助やその友人として林子平や前野良沢らの名前を記すと、本稿の冒頭に記したヨーロッパ列強の帝国主義的な動きが、日本にとってもロシアという潜在的な脅威となりはじめていることに改めて気付かされるとともに、蘭学という形でオランダが日本の文化的土壌に大いに影響を与えはじめる時代の胎動をも感じずにはいられないのである。

平賀源内（風来山人）の活躍

　さて、宝暦十三年という年に、最も活躍した文学者・文化人は誰かということになると、筆者としては、やはり平賀源内《ひらがげんない》（一七二八～七九）の名前を挙げるのが一番妥当であるように思われる。

　源内は、讃岐国（香川県）志度浦の生まれの本草学者・博物学者・戯作者・浄瑠璃作者であるが、

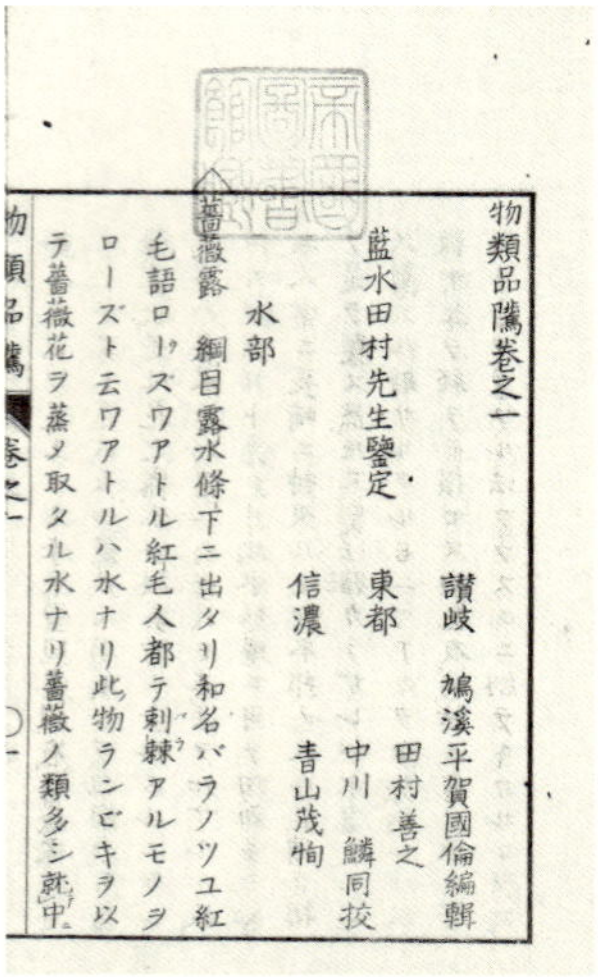
物類品隲巻之一
讃岐 鳩溪平賀國倫編輯
藍水田村先生鑒定 東都 田村善之
中川麟同挍
信濃 青山茂恂
水部
薔薇露 綱目露水條下ニ出タリ和名バラノツユ紅
毛語ローズワアトル紅毛人都テ刺棘アルモノヲ
ローズト云ワアトルハ水ナリ此物ランビキヲ以
テ薔薇花ヲ蒸メ取タル水ナリ薔薇ノ類多シ就中

図1 『物類品隲』巻一（本文1丁オ）
（宝暦13年刊、柏原屋清右衛門他、
国立国会図書館蔵）

それらの呼称の枠組みから大きくはみ出すような活躍をした多才な人である。源内は通称であり、本名は国倫。号は画家としては鳩渓、俳人としては李山、戯作者としては風来山人・天竺浪人等、浄瑠璃では福内鬼外を名乗った。高松藩の足軽で志度浦の御蔵番であった白石家に生まれ、寛延二年（一七四九）父の死により家督を相続し、先祖にちなみ平賀に改姓した。宝暦二年の長崎留学の後、同四年、蔵番を退役するとともに、家督を妹婿に譲った。同六年には、大坂を経て江戸に出府し、本草学者田村元雄（藍水）の門に入り、傍ら林家《りんけ》に儒学を賀茂真淵《かものまぶち》に国学を学んだ。田村元雄の門には小浜藩医だった中川淳庵《なかがわじゅんあん》がおり、その紹介で杉田玄白《すぎたげんぱく》と知り合い生涯の親交を結んだ(7)。

宝暦十三年、三十六歳という壮年期にあった源内は、実に精力的であった。まず七月には彼の物産学・本草学の集大成の書ということができる『物類品隲《ぶつるいひんしつ》』六巻を刊行している（図1）。先述の通り、宝暦六年江戸に移った源内は、本草家田村元雄（藍水）に入門したが、翌七年には、自ら発案した薬品会（物産会）を湯島で師の元雄に開催させている。その後、宝暦十二年までの間に都合五回の薬品会が開かれたが、第五回の東都薬品会には実に一三〇〇種もの動植鉱物が陳列されたそうである。それら都合五回の薬品会に出品された物品の中から三六〇種を選りすぐり、分類し解説を加えるともに上・中・下の三品の評価を加えたのが本書である。六巻の内訳は、本編四巻・図絵一巻の他に「朝鮮人参試効説」「甘蔗栽培法竝砂糖製造法」を収める付録一巻からなる。当時人参や砂糖は輸入に頼らざる得ない状況にあったため、幕府はそれらの国産と自給体制の確立に腐心していた。とりわけ、前者については、同じくこの年、師である元雄が朝鮮人参栽培の専門家として幕府に登用されており、朝鮮人参の栽培法や砂糖の製造法が詳しく記されたこの巻が本書に付されたのも、そうした流れの中でのことだったのであろう。加えて、同書の凡例において、彼らの物産会が「和漢蛮種」を問わなかったことが記されているように、オランダの博物学や博物書に対する源内の飽くなき興味を窺い知ることができる。本編第一巻は「水部　薔薇露」から始まるのであるが、その解説に「紅毛語、ローズワアトル、紅毛人都《スベ》テ刺棘《バラ》アルモノヲローズト云、ワアトルハ水ナリ」と記されていることが、彼のそうした傾向を如実に物語っているであろう。その他にも「蛮産」の物品は少なからず取り上げられており、和・漢・蛮を問わず、「博物」を知り尽くしたいという彼の知的欲求が横溢している書であると言うことができよう。

すでに宝暦十一年に正式に高松藩を辞し、神田白壁町に住む一介の浪人の身となっていた源内であったが、この宝暦十三年の十一月には、同じ町内に住む貸本屋岡本利兵衛の勧めを受けて、談義本『根南志具佐《ねなしぐさ》』(前編)と『風流志道軒伝《ふうりゅうしどうけんでん》』を刊行し、戯作者風来山人・天竺浪人としての活躍を本格的に開始した。

『根南志具佐』(前編)は五巻五冊。前節では記さなかったが、同年に没した人物の一人に女形の俳優であった荻野《おぎの》八重桐《やえぎり》（二代目）（一七二六～六三）がいる。八重桐は、六月に隅田川での舟遊び中に溺死したのだが、この溺死事件を題材として書かれたのが本書であった。以下に、簡単な梗概を記す。同じく女形であり絶世の美貌を誇った瀬川《せがわ》菊之丞《きくのじょう》（二代目、通称「王子路考」）（一七四一～七三）の絵姿を見て一目惚れした地獄の閻魔《えんま》大王は、菊之丞が近く隅田川で舟遊びをするという情報を得て、地獄に連れてくることを竜王に命令する。菊之丞をさらう役目について竜王の臣下の者がみな尻込みをする中、その役目をかってでたのは河童（水虎）であった。河童は若侍の姿となり舟遊び中の菊之丞に近づき、両者は急速に親しくなっていく。心苦しくなった河童が自らの役目を告白すると、菊之丞はそれに同情して川に飛び込もうとするのだが、話を立ち聞きしていた八重桐が、今こそ菊之丞への義理を果たそうと、身代わりに水に飛び込んでしまった。越後新発田藩主溝口直範が菊之丞を溺愛したことをモチーフとし、硬直した封建的武士社会や新地開発をはじめとする産業振興策の副産物として「山師」が暗躍する世相などに対する風刺、両国橋界隈の雑踏をはじめとする風景描写表現の秀逸さなど、後に朋誠堂《ほうせいどう》喜三二《きさんじ》が滑稽本『古朽木』（安永九年）の序文で、『当世下手談義』（宝暦二年）と並び「宝暦終始の華也」と絶賛するように、画期的な作品として世に迎えられた。

『風流志道軒伝』（図2）は、五巻五冊。浅草の境内で滑稽・猥雑な身ぶり手振りで世相を風刺した実在の講釈師深井《ふかい》志道軒《しどうけん》（一六八〇～一七六五）に心酔した源内が、その若かりし頃の経歴を仮構して、架空伝記小説に仕立て上げたのが本書である。若年の頃、出家を志した主人公浅之進（志道軒）の前に現れた風来仙人は、人情を知り滑稽を以て俗人を導けと諭し、浅之進に飛行自在の羽扇を授ける。

その力によって日本全国の色里を巡った後、大人国・小人国・長脚国・穿胸国、さらには愚医国・いかさま国等々、何とも奇想天外な国々遍歴した後、朝鮮半島経由で中国に辿り着く。時あたかも、清朝乾隆帝の全盛時代。その都北京で羽扇を隠れ蓑的に使い官女の閨に忍び込もうとした浅之進は、失敗し捕らえられるものの、弁舌巧みに諸国遍歴の有様を語って乾隆帝に取り入り、富士山が見たいという乾隆帝の望みをかなえるため、その張り抜きをこしらえるために船で日本を目指すが、途中難破して女人だけの女護島に漂着してしまう。そこで遊女ならぬ遊男となった浅之進の前に、再び風来仙人が現れて叱りつけ、八十歳の翁の姿に変えられて浅草に帰った浅之進は談義僧となった。以上、何ともいい加減極まりない架空伝記ではあるが、源内の底知れない学識と好奇心、風刺精神と毒舌、描写や文体に内包された豊かな表現力等々、その面目躍如たる小説に仕上がっていることは間違いないであろう。架空の国々を遍歴する中で、当世に対する鋭い風刺を効かせている点では、ジョナサン・スウィフト（一六六七～一七四五）

図2　『風流志道軒伝』巻一（11丁ウ～12丁オ）
（刊年不明、国立国会図書館蔵）

の『ガリバー旅行記』（一七二六年初版成）に匹敵する小説であり、談義本『和荘兵衛』（前編、安永三年刊）等以降の我が国における架空国遍歴小説の嚆矢であると言える。また、当時版図を広げ膨張を続ける清朝の首都北京と乾隆帝が登場してくるあたり、まさに「世界」というものを視野に入れ意識し続けた、彼らしい執筆活動だったことが窺い知れるのである。

源内の戯作文章の中に内包される文体としての「平賀ぶり」（平賀ばり）が、山東京伝や式亭三馬をはじめとする後世の多くの戯作者に多大な影響を与えたことはよく知られているが、その始原地点が『根南志具佐』ならびに『風流志道軒伝』の二書であるとすると、宝暦十三年という年は、学者平賀源内のみならず、戯作者風来山人（天竺浪人）としても、非常に重要な意味を持つ一年だったと言うことができよう。(8)

その後の源内に少しだけ触れておこう。明和年間には秩父山中の中津川で発見した石綿で不燃織物である「火浣布《かかんふ》」を作成、秩父での鉱山経営に携わった。一方で、オランダ語の博物書などを次々に入手、明和七年（一七七〇）には田沼意次の命により二回目の長崎に遊学。しかし、オランダ語をほとんど理解できなかったようで、彼の西洋博物学がその後著しい進展を見ることはなかった。また同年一月の『神霊矢口渡《しんれいやぐちのわたし》』以降自作の浄瑠璃を次々に上演、西洋画を描いたりもした。安永二年（一七七三）には秋田藩に招かれて領内鉱山の指導を行うとともに、同藩の小田野直武らに西洋画の技法を伝授した。同五年には長崎で入手したエレキテル（摩擦による静電気発生機）の修理・復原に成功、しかし安永八年十一月勘違いから大工の棟梁らを殺傷し、十二月十八日伝馬町の獄中で病死した。享年五十二歳であった。底なしの好奇心と多方面にわたる飛び抜けた才気、更には世界的な視野を持ち合わせた類い希な人物であっただけに、惜しまれる最期だったと言えよう。

「松坂の一夜」と本居宣長

この宝暦十三年に、人生の重要な節目を迎えた人物として、『古事記伝』を著したことで有名な伊勢国松坂在住の国学者本居宣長《もとおりのりなが》(一七三〇〜一八〇一)に触れておきたい。

この年の五月二十五日、宣長は、伊勢参宮に際して松坂の宿屋新上屋に宿泊していた『万葉考』等などで知られる国学者賀茂真淵《かものまぶち》(一六九七〜一七六九)と、生涯一度かぎりの対面をする。本人の『日記』には、ただ一行「廿五日　曇天　○嶺松院会也　○岡部衛士当所一宿【新上屋】、始メテ対面ス」(9)とだけ記されているこの出会いは、後に大正時代、佐佐木信綱《ささきのぶつな》博士(一八七二〜一九六三)が「松坂の一夜」と題する一文を記し、それが平易な文章にリライトされ「尋常小学国語読本」巻十一に収録されるに及んで、広く人口に膾炙することとなった(図3)。佐佐木博士の原文は、『賀茂真淵と本居宣長』(広文堂書店、大正六年、一九一七年)、ならびに『増訂賀茂真淵と本居宣長』(湯川弘文社、昭和十年、一九三五年)に載るが、その執筆時期については定かではない。(10)また、教科書用のリライトの経緯も未詳である。(11)

あらすじは、以下の通り。夏の半ばに行きつけの古本屋に宣長が行くと、亭主が、山城・大和方面の旅行を終え、これから伊勢参宮をする賀茂真淵が今しがた立ち寄ったと言う。慌てて後を追った宣長

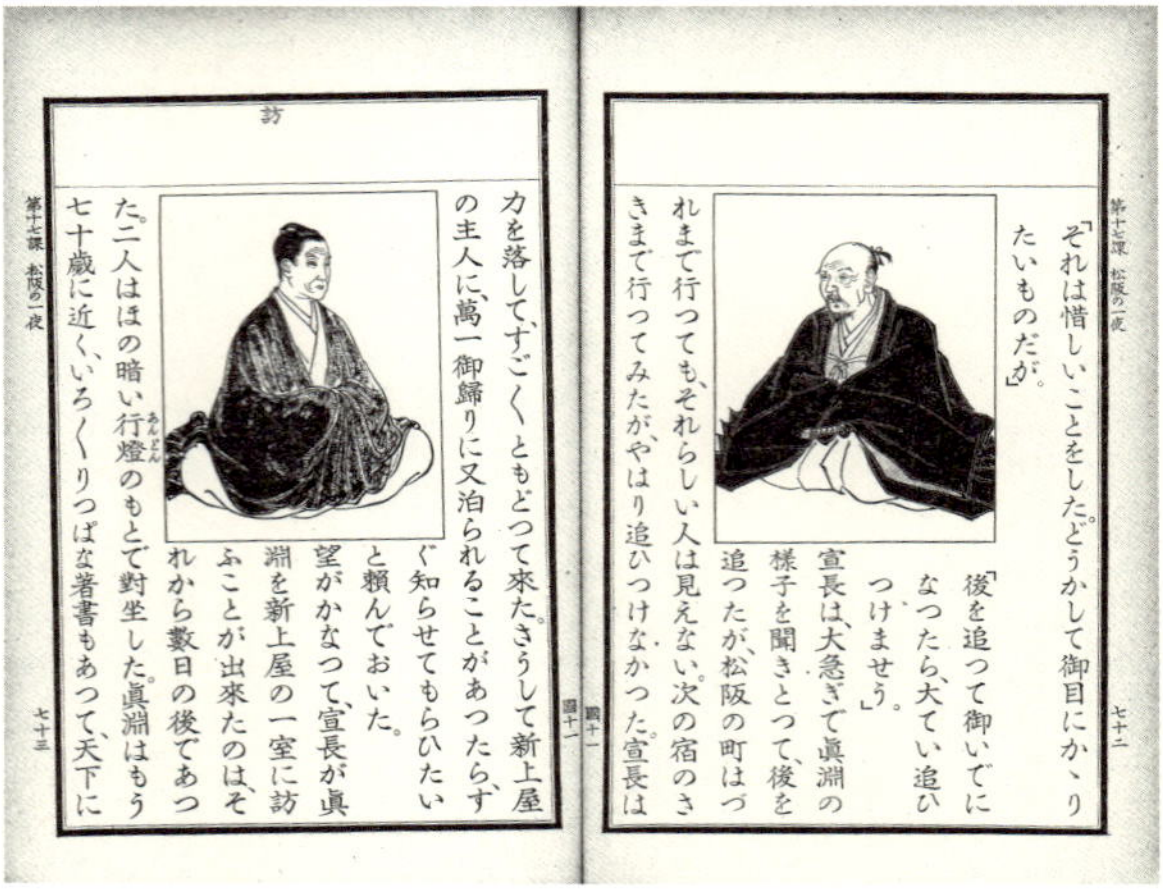

第十七課　松阪の一夜　七十二

「それは惜しいことをした。どうかして御目にかゝりたいものだが。」

「後を追つて御いでになつたら、大てい追ひつけませう。」

宣長は、大急ぎで眞淵の樣子を聞きとつて、後を追つたが、松阪の町はづれまで行つても、それらしい人は見えない。次の宿のさきまで行つてみたが、やはり追ひつけなかつた。宣長は

圖十一

力を落して、すごく／＼ともどつて來た。さうして新上屋の主人に、萬一御歸りに又泊られることがあつたら、すぐ知らせてもらひたいと頼んでおいた。

望がかなつて、宣長が眞淵を新上屋の一室に訪ふことが出來たのは、それから數日の後であつた。二人はほの暗い行燈《あんどん》のもとで對坐した。眞淵はもう七十歳に近く、いろ／＼りつぱな著書もあつて、天下に

第十七課　松阪の一夜　七十三

図3　『尋常小学国語読本』巻十一（第十七課「松坂の一夜」）
（文部省、日本書籍、1929年、国立国会図書館蔵）

だが、真淵の姿はすでにどこにもなかった。参宮からの帰途また真淵が宿泊するようなら知らせてほしいと宿屋新上屋の主人に頼んであった宣長の元に、数日後吉報が届いた。暗い行灯の下で、老大家真淵（六十七歳）と壮年の宣長（三十四歳）が対面する。『古事記』研究の希望を語る宣長。それに対し真淵は、自身は上代研究の基礎を築こうと『万葉集』により古語を究明することで老年に至ってしまったが、あなたが努力を怠らなければ『古事記』研究を大成できるだろうということと、そのためには順序正しく学問を進め土台を固めることが大切だということを語った。以降、手紙のやりとりにより真淵の教授を受け、研鑽を続けた宣長は、三十五年をかけて『古事記伝』を完成させるが、師と直接会ったのはこの一回きりであった。

まさに、故事成語でいう「一期一会」ということ、すなわち人と人との「出会い」の大切さをわかりやすく伝える話となっていると言うことができよう。昭和に入ってからも、この話はさらに『新制新撰女子国語読本四年制用』巻四や国民学校の『初等科修身』四にも収載され、より幅広く世に知ら

れることになった。宝暦十三年の翌年（宝暦十四年＝明和元年）には、宣長は正式に真淵に入門しており、この逸話の通り、真淵と書簡のやりとりを重ねて『万葉集』を学び、和歌の添削を受けた。宣長問真淵答『万葉集問目』（『本居宣長全集』第六巻所収）など、その成果も現存する。

また、佐佐木博士が原文末尾に付した「附言」（『増訂賀茂真淵と本居宣長』による）によると、この話が、元々は「柏屋の老主人」こと書肆文海堂五代目山口寅七から聞いたものであることや、[12]本当は尾張屋太右衛門という同行者があったことなどが判明する。[13]そのことからしても、「松坂の一夜」はあくまでも逸話であり、宝暦十三年五月二十五日の夜に起こった史実そのままを伝えるものではない。

一方、現存する宝暦十三年十二月十六日付の宣長宛真淵書簡（天理図書館所蔵、『本居宣長全集』別巻一所収）などからすると、この夜二人の間で話されたことは、①宣長が真淵に入門したい旨を伝え内諾されたこと、②『古事記』研究のためにはまず『万葉集』を学ぶことが大事であることを述べ、『万葉集』についての質疑に応答することを真淵が約したこと、③万葉研究のために「万葉風」の和歌の実作が必須であることを述べ、その添削を真淵が引き受けたことなどであったようである。[14]それらのことを考え合わせると、もちろん脚色されている部分はあるものの、『古事記』研究の志を宣長が述べ、その研究の土台作りのために『万葉集』の学習を真淵が勧めるという対談内容の基本的な骨子を、この「松坂の一夜」の逸話はよく踏まえていると言ってよいように思うのである。

真淵との対面を果たした、わずか十数日後の六月七日、宣長は『源氏物語』論書である『紫文要領』上下二巻を完成させ、その跋文を記している。同書中の主に「大意の事」と題された章段において、宣長は、源氏の主題と本質について論じ、「物のあはれを知る」説を縦横に駆使して、人は何故物語を書き、そして書かれた物語を読むのかという、物語の創作と享受についての自説を展開した。同じく和歌の創作と享受について、「物のあはれを知る」説を用いて論じた『石上私淑言《いそのかみのささめごと》』も、同じ宝暦十三年前後の成立と見なされてきたことと併せて考えると、平安時代以前の和歌や物語の本質を考える中から、「物のあはれを知る」説という独自の文学理論を提唱し、また同説によって、人はどうして文学の創作と享受を必須の営為とするのかという命題を解き明かそうとする彼の前半生の研究活動は、この宝暦十三年という年に、大きな成果として結実したと言ってよい。(15) この他、『源氏物語』の年立ての改訂を試みた『源氏物語年紀考』や、『源氏物語』中に描かれなかった光源氏と六条御息所の馴れ初めを記した擬古物語『手枕』など、彼の源氏学の中核をなす書籍のいくつかが、『石上私淑言』同様明確な成立年次自体は未詳であるものの、やはり宝暦十三年頃までの成立と考えられている。すなわち、『源氏物語』研究を中核とする中古学が一段落すると同時に、賀茂真淵と出会えたことを大きな契機として、自身の研究の主眼を『古事記』を中心とする上代学にシフトしていく、いわば転換の年となったのが、この宝暦十三年だった。

その後、和歌の添削の場においてもなかなか万葉調を詠むことができず叱責されることもあったようだが、(16) 自身の上代学の歩むべき階梯を示し、背中を押してくれた真淵は、かけがいのない師であった。この年の三月には、盲目の国語学者として知られる長男の本居春庭《もとおりはるにわ》（一七六三〜一八二八）も誕生しており、宝暦十三年は宣長の人生にとって大変重要な一年だったと言えそうである。

建部綾足などの動静

もちろん、宝暦十三年に活躍した文学者・文人は、源内や宣長だけではない。賀茂真淵の門下でいうと、俳人・国学者・画家として多方面で活躍した建部綾足《たけべのあやたり》（一七一九～七四）が、宣長より一年早く入門したのがこの年であった。宝暦十三年、四十五歳の綾足は、それまでの俳号涼袋を綾足等に改め、『片歌道のはじめ』、『片歌二夜問答』、『古今俳諧明題集』等を次々と刊行、俳諧に代わるものとして片歌を提唱した。片歌は元々『古事記』『日本書紀』に収載される古代歌謡であるが、綾足の説によると、五七五言および七七言の「短歌片歌」と五七七言の「旋頭歌短歌」からなり、季語に囚われる必要はなく、二句までの「続句（つぎく）」は許されるが連句は否定された。[17] 後に『西山物語』や『本朝水滸伝』を著して読本作家としても知られる綾足であるが、俳諧師から国学者へと、大きな転換の年となったのが、宝暦十三年だったと言えよう。

その他、「春の海ひねもすのたりのたりかな」等の句で、俳人としてもよく知られている与謝蕪村《よさぶそん》（一七一六～八三）が、画家として六曲一双の大作『山水図屏風』（出光美術館蔵）を完成させたのもこの年である。当年四十八歳、宝暦元年以来京に定住、結婚して娘も出来、画業に油が乗った時期であった。小説の世界では、気質物の浮世草子である『風俗誹人気質』（永井堂亀友作）が出版される一方で、後世より読本の鼻祖とされ、『英草紙《はなぶさぞうし》』（寛延二年、一七四九年刊）で有名な都賀庭鐘《つがていしょう》（一七一八～九四）が、『通俗医王耆婆伝《つうぞくいおうぎばでん》』を書いている。最盛期を過ぎた浮世草子の残照と、これから隆盛していく前期読本の曙光が交差する時期でもあったことを象徴していると言えよう。また、暦学（天文学）に目を移すと、当時使用されていた宝暦暦に記載されていない日食がこの年の九月一日に起こることを、豊後国杵築藩の麻田剛立《あさだごうりゅう》（一七三四～九九）が予言し、見事的中させていた。宝暦十三年という年を語る上で、この他にも触れなければならない人物や事績はまだまだ多そうであるが、ここでひと区切りとし、まとめに入ることにしたい。

＊　＊　＊　＊

宝暦十三年を一言でまとめるとすると、「繋ぎ転換していく節目の年」ということになるだろうか。政治に目を向けると、宝暦十年に将軍職が家重から家治に交代、宝暦十二年には桃園天皇から後桜町天皇への交代があった直後であり、とりわけ幕政では、後に老中となる田沼意次が、所謂「田沼時代」を迎えるべく、着実にその地保を固めていた。生没者を通覧しても、正徳・享保期（一七一一～三六）あたりから活躍していた人が亡くなり、小林一茶をはじめ、天明・寛政期（一七八一～一八〇一）から化政期（一八〇四～三〇）わたって活躍する人たちが生まれている。漢詩文では、古文辞・格調を旨とする擬古的な詩風が少しずつ過去のものとなり、次世代の担い手である性霊説と清新な詩風を奉じる柏木如亭が生誕し、小説世界でも最末期の浮世草子に代わり、前期読本が勃興する気配を見せ始めた。また、平賀源内や本居宣長あるいは建部綾足など、個々の文学者それぞれの事績に焦点を当てても、各人の活動の方向性が大きく転換した年であったことが明らかとなった。

さらには、竹内式部などの尊皇思想の影響を受ける人々がいる一方で、海外に目を向け国防を意識する人々が出はじめることや、平賀源内の華々しい活躍などからして、蘭学・洋学の揺籃期でもあり、日本人が「世界」というものを意識せずにはいられなくなる時代の幕が、そろそろ開こうとしている時期だったと言えるようにも思われる。それは、本章の冒頭で記したように、植民地を求め国土を広げようとする、欧州列強をはじめ各国の帝国主義的な活動が、七年戦争の終結という大きな世界史の節目を迎えたまさにその年でもあった。以上、過渡期であり次代を見据えつつ大きく転換して行くターニングポイントにあった年ということで、「繋ぎ転換していく節目の年」と宝暦十三年(一七六三)をまとめて、稿を閉じたい。

注

(1) 本章の執筆に際し、主に講座日本近世史5『宝暦・天明期の政治と社会』(有斐閣、一九八八年)、岩波講座『日本の歴史』一三・近世四(岩波書店、二〇一五年)等を参照した。

(2) 秋山玉山については、江戸詩人選集二『梁田蛻巌・秋山玉山』(徳田武注、岩波書店、一九九二年)、徳田武『江戸詩人伝』(ぺりかん社、一九八六年)等参照。

(3) 矢羽勝幸・湯本五郎治『湯薫亭一茶新資料集』(ほおずき書籍、二〇〇五年)参照。

(4) 小林計一郎『小林一茶』(吉川弘文館、一九六一年)、矢羽勝幸・日本の作家一〇〇人『小林一茶――人と文学』(勉誠出版、二〇〇四年)等参照。

(5) 揖斐高『遊人の抒情　柏木如亭』(岩波書店、二〇〇〇年)、揖斐高訳注『柏木如亭詩集』一(平凡社東洋文庫、二〇一七年)等参照。

(6) 鈴木よね子校訂『只野真葛集』(国書刊行会、一九九四年)、門玲子『わが真葛物語 江戸の女性思

索者探訪』（藤原書店、二〇〇六年）、関民子『只野真葛』（吉川弘文館、二〇〇八年）等参照。

（7）平賀源内については、中村幸彦校注・日本古典文学大系五五『風来山人集』（岩波書店、一九六一年）、城福勇『平賀源内』（吉川弘文館、一九七一年）、芳賀徹『平賀源内』（朝日新聞社、一九八一年）等参照。

（8）『根南志具佐』『風流志道軒伝』については、前掲注7の諸書に加え、野田寿雄『近世小説史論考』（塙書房、一九六一年）、石上敏『平賀源内の文芸史的位置――戯作者としての評価・評判』（北溟社、二〇〇〇年）等参照。

（9）『本居宣長全集』第十六巻（筑摩書房、一九七四年）参照。

（10）岩田隆「「松阪の一夜」私見」（『鈴屋学会報』第一一号、一九九四年）参照。

（11）田中康二氏は、『宣長と真淵――「松坂の一夜」の史実と真実』（中央公論新社、二〇一七年）において、リライトの主を国文学者高木市之助と推定する。

（12）前掲注10岩田氏論文、前掲注11田中氏著書参照。

（13）尾張屋太右衛門の存在によって「松坂の一夜」の「美談」に負の側面が付与されたことについては、前掲注11田中氏著書に詳しい。

（14）前掲注10岩田氏論文、前掲注11田中氏著書参照。

（15）拙著『宣長の源氏学』（新典社、二〇一一年）参照。

（16）『本居宣長全集』第十八巻所収の、「賀茂真淵添削詠草」一など。

（17）玉城司『彩の人　建部綾足』（新典社、一九九八年）等参照。

附記　本稿の執筆に際しては、注でふれた書籍や論文以外に、『日本古典文学大辞典』（岩波書店）、『国史大辞典』（吉川弘文館）、『日本近世人名辞典』（同）などの辞典類や、『年表　日本歴史』五（筑摩書房）、『日本文化総合年表』（岩波書店）などの歴史年表なども適宜参照した。なお、没年等が西暦（太陽暦）にすると正確には翌年となる場合があるが（秋山玉山・小林一茶・谷文晁・平賀源内・与謝蕪村等）、わかりやすさに配慮し、元号（太陰暦）に相応する年を記した。

明和五年……一七六八

上方の成熟、江戸の胎動

高野奈未

明和五年（一七六八）は、明治元年（一八六八）まであとちょうど一〇〇年、江戸幕府が開かれてからは一五〇年強、人々はおそらくこの体制が終わる兆しを感じてはおらず、前の体制の記憶は失われたころあいであっただろう。文化面でいえば、近世前期に上方で成立した浮世草子や俳諧が十分に成熟して新たな展開を迎えた。そして江戸ではいわゆる文運東漸のさなか、新たな文芸が興ったり、既存の文芸が融合したりと、さまざまな模索が見られる。そうした近世中期の象徴的一年として、明和五年を見てみたい。

政治・社会の情勢――経済の成熟と更なる模索

元禄時代（一六八八～一七〇四）に商品生産が発展し、貨幣経済が拡大したことにより、庶民の生活水準は向上し、物価も上昇していった。ところが幕府、諸藩、武士の収入を左右する米の価格は低い状態で、幕府や武士は困窮していた。それに加え幕府の財政は、火災後の都市整備、寺社造営、物価上昇等による支出増もあり、悪化していった。その財政を改善するため、宝暦から天明期（一七五一～八八）の幕府は倹約を続けつつ、商業を保護し、活発化させ、そこから利益を得ようとした。この政策をすすめる中心的役割を果たしたのが、田沼意次《たぬまおきつぐ》である。田沼は宝暦末年には幕府の実質上の最高実力者となり、それは天明六年（一七八六）に老中を辞職するまで続いた。田沼が明和四年（一七六七）に側用人となった直後の明和五年は、まさに田沼時代の真っ直中と言ってよい。

田沼は殖産興業のために新たな技術をしばしば採用したが、本草学《ほんぞうがく》もそのひとつである。本草学を学んだ平賀源内《ひらがげんない》は、さまざまな海外の物品や技術を紹介した。源内と田沼には関わりがあったと見られており、田沼の庇護のもと、源内が知見を提供するといった関係が想定される。

当時宮廷歌壇で圧倒的な力を持っていた冷泉為村《れいぜいためむら》には江戸にも多くの門人がいたが、その江戸冷泉門の取りまとめ役として知られる池上幸豊《いけがみゆきとよ》もまた、田沼に関わっていた。幸豊は白砂糖の国産化を田沼に働きかけ、田沼は関係部署に口利きをしたという。これらはごく一例だが、文事に関わる人々が文事とは直接関係のない政治や商業などでつながりを持ち、さらにそれがいろいろなところで関係していくのもこの時期の特徴であろう。(1)

明和五年に幕府が利益をもとめて行った国策として、真鍮《しんちゅう》四文銭の鋳造がある。それまでの銅・鉄を主とした銭が一枚一文で使われていたのに対し、新たに真鍮で一枚四文の銭を鋳造し、流通させることにした。この少し前まで銭は請負によって作られてきたが、真鍮四文銭は幕府への上納滞銀が累積していた銀座で鋳造させた。銀座の上納滞銀を解消したうえ、銭鋳造も幕府の統制を強めようとしたものである。(2)その後の統制まで見越した施策であり、知恵をしぼって利益を得ようとするこの頃を象徴するできごとといえる。

幕末には国家的危機と捉えられる外国の接近も、この時期には商機としての側面が注目された。田沼は天明期に、鉱山を開発しその金銀銅および産品をロシアと貿易することをもくろみ、蝦夷地《えぞち》調査を行うが、この計画も、それまでロシアが南下し、たびたび蝦夷に来ていたために立てられたものである。明和五年はこのロシア人がよく来訪した時期に属し、ロシア人が得撫島《うるっぷとう》で越年したとの記録も

ある。(3)

元禄末～幕末（一七〇〇～一八六八）には継続して一揆が起こり、天保期（一八三〇～四四）に最も多くなるが、明和期はその間に何度かある一揆ピーク時の一つであった。(4)特に明和元～二年（一七六四～五）にかけて、上野・武蔵国など中山道筋の幕領・諸藩領・旗本領にまたがって起こった伝馬《てんま》騒動は、江戸市中への影響は防いだものの、広域かつ江戸近郊の一揆として幕府に衝撃をもたらし、明和期に繰り返し一揆弾圧令が出された。しかし明和五年の一年間、それも規模の大きいものに限っても、一月に大坂、三月に福井、九月に伊勢・新潟、十二月に松山など各地で一揆・打ちこわしといった騒乱が起きており、(5)こうした現象と対策からは、幕府の権威の衰えの一方、発言力・実行力を高める農民の様子が見て取られ、幕府がそうした農民を軽視できなくなったためにそのつど強制的に押さえ込もうとしたことがわかる。

公的な幕府の立場そのものも問題となった。明和四年の明和事件では、儒学者の山県大弐《やまがただいに》と藤井右門《ふじいうもん》が処罰された。これは小幡《おばた》藩の勢力争いのもと、大弐門人で家老の吉田玄蕃が、藩に大弐を推薦し、それが問題視されたところ、門弟らが処罰を恐れて大弐を倒幕の疑いがあるとして訴えたものである。大弐はその思想そのものが問題とされたわけではなかったが、言動に「不敬」があったとして死罪となった。大弐は著書『柳子新論《りゅうししんろん》』では幕府の現状を批判し、礼楽《れいがく》を重視する立場からかつての朝廷政治の復古を主張しており、思想に裏付けられた幕府批判が早くも出現していたと言える。(6)

ここまで政治・社会の状況として、元禄以来の経済発展を幕府がさらに策を講じて積極的に推し進め、社会が活発化し、それにともない庶民も力をつけてきた様子を概観してきた。以下、そうした政治・社会のもとでの文化の発展のさまを見ていくこととする。

学問・文芸の高度化と多様化

この時期は、学問や文芸が成熟し、その成果を広く世に知らせようとしたり、担い手の裾野が拡がったりしている。古代のことばの探究により、古来の日本のあり方をさぐる国学にもそうした動きは見られ、たとえば賀茂真淵《かものまぶち》の主著『万葉考』も、この明和五年の刊記を有している。また真淵の人生も、翌明和六年に没することを考えれば、終盤であった。この明和五年の真淵の動きには、当時の地下における学問・文芸の特色がよく表れており、以下それを確認していく。

晩年の真淵──『万葉考』・『万葉集』・宣長

明和五年の真淵の書簡を検討すると、目立った話題として、

1、『万葉考』の刊行　2、新しい『万葉集』本文の出版　3、宣長への怒りと期待

の三つがあげられる。

まず『万葉考』の刊行について述べる。(7) 真淵の枕詞研究の『冠辞考《かんじこう》』は早くに公刊されたものの、注釈で生前に公刊されたのは『万葉考』の巻一・二および『別記』一・二の三冊であり、それに限ってもかなりの困難を経て行われた。明和二年、真淵は巻三まで一応の清書を終え、翌三年に門人の長《なが》

野清良《のきよよし》に巻一・二と別記をまず出版したいとし、出版費用の支出計画を報告しつつ、応援を求めている。その翌四年三月には、巻一・二を年内に上梓する予定だとしていたが叶わなかった。明和五年に入っても、原稿を京書肆出雲寺《いづもじ》に送るも一枚もあがってこないとか、その後校正刷が出始めても、熟練の彫り師が伊勢暦（伊勢の暦師が作製する暦）の制作に掛かっているとかで延び延びになった。結局、実際に刊行されたのは明和六年になってからであった。時間が掛かっただけでなく、出版費用の捻出にも苦心しており、最終的には書肆出雲寺に立て替えてもらっている。

その『万葉考』の出版と並行して、新しい『万葉集』本文の出版の企画も持ち上がった。真淵自身は本文の出版にもともと意欲的で、明和二年には門人の間で本文改版の話があるとして、そのために荒木田久老《あらきだひさおゆ》が行った元暦校本『万葉集』の調査・校合成果を閲覧したいと述べている。本文出版企画が具体化したのがこの明和五年で、本居宣長《もとおりのりなが》に対し、『万葉考』を見た書肆出雲寺から『万葉集』本文の出版を持ちかけられたこと、全面的に本文を改訂したいので協力してほしいことを伝えている。同年十二月には、その出版の費用を具体的に計算した書簡も認めた。ただし翌六年に真淵が没したからか、出版は実現しなかった(8)。

真淵の万葉学の大きな特徴は、古万葉六巻説をとり巻順を入れ替えたり、誤写・混入として本文を改めたりなど、当代の本文や読解を大胆に改変することにある。これは、『万葉集』そのものを「正しい」あり方に戻すためのとりくみであった。本文を公刊すれば、その「正しい」本文をもった『万葉集』が出現し、定本となる可能性もある。注釈書『万葉考』出版と同時に本文改訂が実現されようとしていた明和五年は、その点で真淵がこのうえなく幸せな時期であった。

この真淵の古万葉六巻説を宣長はまっこうから批判し、明和三年に真淵から叱責されている。真淵は自説に対して信念めいた自信をもっており、それを否定されて怒ったのは勿論だろうが、『万葉考』出版との関わりも見逃せない。『万葉考』の出版経緯を確認してきた通り、注釈書の出版は、金銭面の負担が大きく、時間もかかった。既に出版にかかっている『万葉考』を、たとえ宣長の批判が的を射たものだとしても、それに従って変更するのは難しかったのではないだろうか。

明和四年、真淵は宣長の謝罪を受け入れつつも「惣ていまだしき御考多し、随分御考、或はつゝしみ候て御問は有べき事也」(9)として、その学問がまだ未熟だとして質問は熟慮や遠慮のうえになされるべきだと苦言した。しかしながら、翌五年以降の真淵の書簡からはその信念とともにゆらぎも見て取られる。同五年三月には、その後質問をしてこなかった宣長に対し、「貴兄万葉之御再考、爾来は御さた無レ之候、御退屈か又は御所労にても有レ之候哉」として質問を促した。宣長が教えを求めていた『古事記』に関連して「少々考もあらば御記し見せ給へ」と言い、これまた意見を求めている。翌年にも「又御案と相違の事も多との事、必さ有べき也、その相違の事を委しく御示可レ被レ成候、度々会読せしといへど誤る事も多く、今又見る度に改る事もあれば、其相違こそ好ましき事なれ、必書て見せ給へ、猶また思ふ事あらばいふべし」、「必御遠慮なく御示可レ被レ成候、相考候て改可レ申候」、「幸貴兄御了簡を御申越候はゞ大慶に候也」として、意見の違いがあれば必ず教えるように、遠慮しないようになど、あたかも真淵が自分の間違いを恐れているようなそぶりが見られる。明和五年以降のこうした書簡では宣長の学問に対する信頼が目立つ。これが真淵の老いの自覚によるものなのか、宣長を圧倒的な才能と見做したからなのか、それとも他の要因があるからなのかは定かでないが、一度は宣長を叱責したからといって宣長の説を無視できない真淵の心境があらわになっている。

また真淵と宣長の懸隔として、万葉集研究に対する意見の相違ばかりでなく、詠歌の問題も根深く、明和五年にもそれは露見していた。真淵は、詠歌・作文と古典解釈は一体のものであり、自ら作ってみてはじめて言葉やそれを用いた表現を理解できると考え、古風詠歌・作文を推奨していた。晩年にもその主張は繰り返され、明和四年にも宣長に「御歌いかゞ候哉、古文又いかゞ、此二つを得ざれば理にのみ落ちて皇朝の大意を知ることかたし」と述べて古風詠歌と作文を行うよう指示し、同五年に別の門人にも同様に「みづから文を作らではよくその書見えぬ事也、文を作るには古歌を詠ざれば出来ず、此二つを勤るぞ我朝之学の専一なりけり」と説くように、県居《あがたい》門の普遍的な教えであった。しかし宣長はそれには従わず、古風の歌も作りはしたが、後世風の歌を読み続けたことはよく知られている。宣長は明和五年に『草庵集《そうあんしゅう》』注釈を出版し、翌六年に、後世風の歌を手本としているから詠歌に害が出ているとして真淵から叱責されるが、その際にも真淵は「前に見せられし歌の低き」と言い、前に見せられた歌としており、宣長は真淵に作歌を批判されてから、真淵に従って作った古風の歌以外の通常の詠歌は見せていなかったのではないかと思われる。すなわち宣長にとって、真淵とは自分の一面を見せて、知りたいことを教えてもらう、その点ではいわば便利な存在であったのだろう。

これを真淵側からみれば、従わない弟子宣長に対して叱責はするものの、それを直させるまでの強制力を持ちえていないと言える。時代の潮流に位置付けるには、小さい個別のことがらではあるが、ここに圧倒的な権威が存在しない地下の学問らしさを垣間見られるように思う。

ちなみにそのように最後まで詠歌にこだわった真淵であるが、明和五年の詠と判明している和歌に以下の一首がある。

よそにさへ千よを一夜と天の川見つゝ更行空をしぞ思ふ

これは内山真龍宛書簡に載る七首連作のうちの一首で、「是はとりあへずよみ侍ればよからねど、こひ給ふにかきてまいる」との注記があり、求めに応じて送ったものの、自信作ではなかったようである。また『賀茂翁家集補遺』には「七月七日に人々と七くさの歌をよみ侍る」との詞書があり、江戸で真淵が七夕に複数人と詠んだ歌であるとわかる。[10] この歌には、次の歌の語の「千夜を一夜」が用いられている。

秋の夜の千夜を一夜になずらへて八千夜し寝ばやあく時のあらむ　（『伊勢物語』第二十二段）[11]

真淵の歌はこれを踏まえ、『伊勢物語』では恋仲にあって千夜を一夜に凝縮する思いというが、それとは違って恋の当事者ではない私ですら、今宵は千夜を一夜に感じるほどの思いで天の川を見ながら、更けゆく空に思いを馳せるのだというのである。晩年は『万葉集』およびそれ以前の歌謡への傾倒が見られるとされるが、この歌では七夕を題材にしたり連作で詠んだりすることに『万葉集』らしさを指摘できなくもないものの、『伊勢物語』を取って一首を仕立てている様子が目立っている。

歌壇の隆盛と多様化

ここまで真淵の活動に注目してきた。以下、その他歌壇の様子を概観する。京の宮廷歌壇においては、後桜町《ごさくらまち》天皇は和歌を好んだものの、後水尾院や霊元院のような歌壇を形成することはなく、冷泉為村が突出して多くの門人を持ち、高い評価を得ていた。小澤蘆庵《おざわろあん》も明和五年にはこの為村の門人であり、明和二年以来歌道に専念し、詠歌を重ねていた。ちなみに近世後期を代表する歌人である香川景樹《かがわかげき》はこの明和五年に生まれている。

江戸では明和五、六年頃流布したとされる「六歌仙」という歌人評があり、田安宗武《たやすむねたけ》・石野広通《いしのひろみち》・萩原宗固《はぎわらそうこ》・賀茂真淵・内山淳時《うちやまなおとき》・磯野正武《いそのまさたけ》の六名があげられている。当時宗武・真淵は万葉風和歌を好む歌人、広通・宗固・正武は冷泉門人、かつて淳時は烏丸門の坂光淳の門人であり、この六人は歌の内容、公家・武家など身分の別、師系など多岐にわたっていたと言える。(12) 幕臣を中心に冷泉門人は多数いたが、その内部でも勢力が拮抗していたようで、その状況について久保田啓一氏は「信遍が没した宝暦十年を境に、江戸の冷泉門は群雄割拠の時代に突入する」と指摘する。(13) 明和五年には、その冷泉門人の一人石野広通による江戸堂上派の撰集である『霞関集《かかんしゅう》』の初撰本が成立しており、江戸における和歌の隆盛と多様化が知られる。

俳諧

明和五年には俳諧にも新しい動きを予感させるできごとが見られた。

まず、この年には前句付の高点付句集『俳諧觿《はいかいけい》』初編が出版された。本書は流行の続く前句付に関し、点をつける宗匠や、宗匠それぞれが高点を与えた句を載せることで、高点を得る句作りの参考にできるものである。(14) 本書の出版は、本来付合の練習であった前句付が、それじたいを楽しむ文芸として独立したのち、さらに広まっていく過程での象徴的できごとであった。その一方で、俳諧の本質を問う動きである芭蕉復興運動において中心的役割を果たすことになる蕪村が讃岐から帰京したのも明和五年である。(15)

俳諧の遊戯化と本質化に結びついていくこの二つの事象は、芭蕉およびその後の蕉風俳諧が席巻したあとの俳壇が、新たな展開を求めて多様化していくさまを示していよう。

異なるジャンルの融合

読本における国学利用

明和五年には前期読本の二作品が成立している。上田秋成《うえだあきなり》の『雨月物語』と建部綾足《たけべあやたり》の『西山物語《にしやまものがたり》』である。この二作品は前期読本の代表作としてよく知られているが、本稿では真淵の『伊勢物語古意』の享受作という共通点に注目してみたい。

秋成は明和三年正月に『諸道聴耳世間狙《しょどうききみみせけんざる》』、明和四年正月に『世間妾形気《せけんてかけかたぎ》』を刊行していた。この二作は気質物の流れを汲む浮世草子であったが、本年三月の序を持つ『雨月物語』はそれとは異なり、中国白話小説と日本古典を融合させた読本となっている。なお、『雨月物語』は安永五年（一七七六）

に刊行されるまでに相当に書き直されていると思われる。

浮世草子二編から『雨月物語』への変化の契機のひとつは、国学を学び始めたことだと考えられている。山崎芙紗子氏は、『雨月物語』における国学の影響の一例として、『雨月物語』中の特徴的な語彙が『伊勢物語古意』を介してのものであることを指摘した。(16)『伊勢物語古意』の出版は寛政五年(一七九三)であり、その校訂を行ったのは、この秋成である。秋成は加藤宇万伎に入門し、その宇万伎を介して真淵の学問を早くから取り入れていた。そもそも読本に限らずとも古典に趣向を取るのは珍しいことではないが、山崎氏は「趣向の摂取という面ではなく、秋成にとってのそうした古語の源泉としてのあり方を推定」し、国学を利用する『雨月物語』の表現手法の一面を具体的に明らかにした。

建部綾足が真淵の門人となりその学問に触れたのは秋成より早く、宝暦十三年のことである。綾足は俳諧や絵画で活躍していたが、明和期には国学研究、特に『伊勢物語』研究に精を出している。綾足は真淵の真名本重視を継承しつつも、より信頼すべき古本に拠る本文として『旧本伊勢物語』を明和六年に出すに至った。しかしながらこの本は綾足の創作ではないかとの批判が宣長をはじめとして出されている。この『旧本伊勢物語』以前に、綾足の講義録で、真名本に書き入れを行った『綾足講真字伊勢物語』が成っており、そこには『伊勢物語古意』説の書き込みもあることから、綾足が、公刊される以前から『伊勢物語古意』を入手していたのは確実である。(17)

同時期に刊行された『西山物語』に、参照書目として『伊勢物語古意』の名は見えない。しかし、『伊勢物語古意』からしか知り得ない、ときに誤った解釈が『西山物語』には見られる。次に示すの

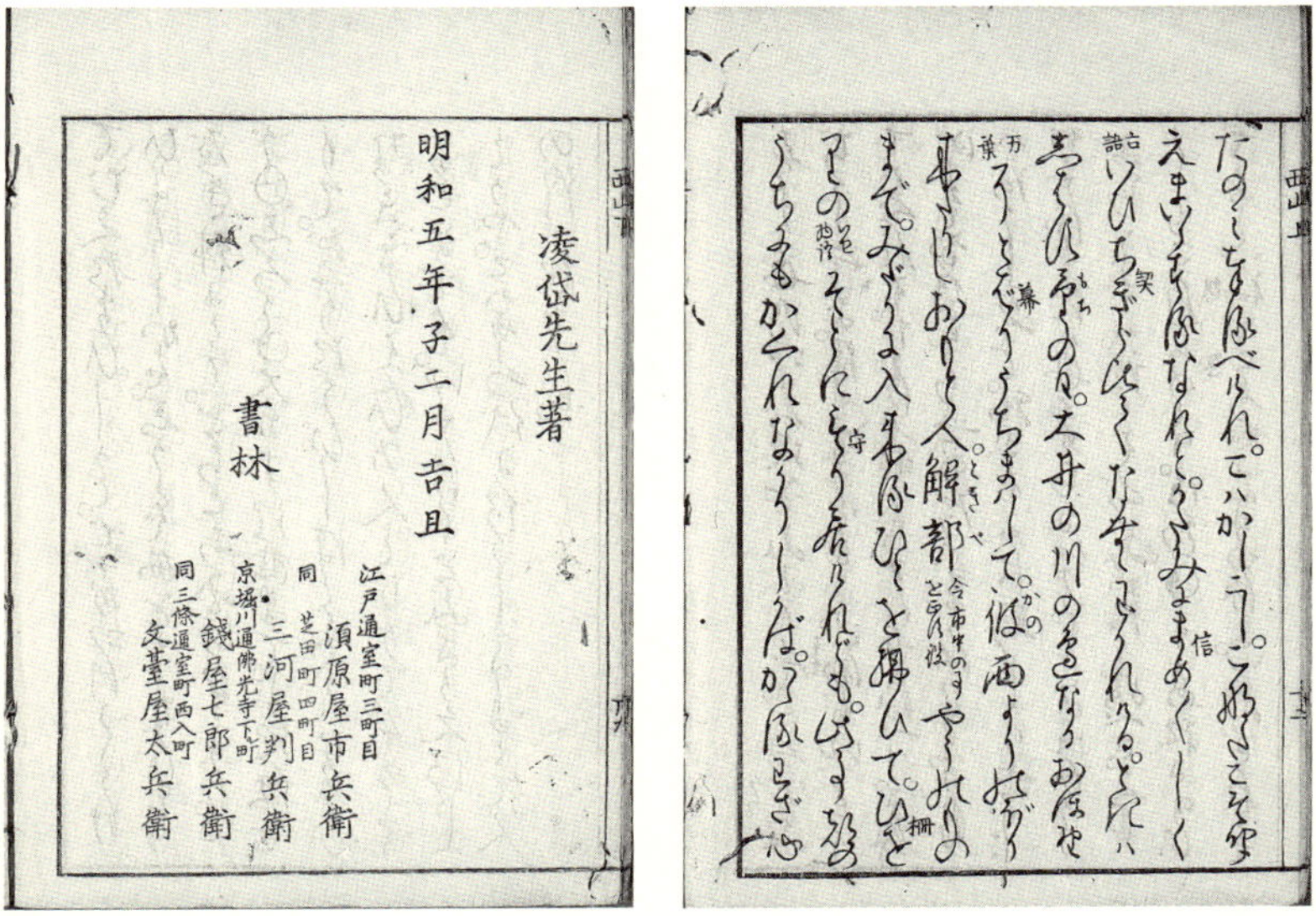
凌岱先生著
明和五年子二月吉旦
書林
江戸通室町三町目 須原屋市兵衛
同 芝田町四町目 三河屋判兵衛
京堀川通佛光寺下町 錢屋七郎兵衛
同三條通室町西入町 文臺屋太兵衛

図1　建部綾足『西山物語』上「太刀の巻」（十五丁裏）本文「ひをり」の語に「いせ物語」と割注が付されている。明和5年2月の刊記がある（下巻二十九丁裏）。（早稲田大学図書館所蔵）

は、『西山物語』「太刀の巻」のはじめ、恋仲にある二人の家人である七郎と八郎が、仕官を褒美とする剣の勝負を行う日の描写である（図1）。

ときはしはす望の日。大井の川の辺なるおほ野〈万葉〉にとばり《幕》うちまはして、彼《かの》西よりのぼり来たりしおもと人、解部《ときべ》〈今市中の事を正す役〉やうのものまで、みだりに入来る人を払ひて、ひをり《柵》〈いせ物語〉そとにもり《守》居たれども
（建部綾足『西山物語』上「太刀の巻」[18]）

見物が多く、「ひをり」の外まで人がいるという。綾足は「ひをり」に「柵」と傍記し、割注に「いせ物語」と示し、これが『伊勢物語』語彙で、「柵」という意味である旨を述べている。実際、

『新編日本古典文学全集』の注でも「「当日は長き柵を結ぶより、引柵又は標柵〈ひをり〉の義」（伊勢物語古意）。」として、『伊勢物語古意』の解釈が示されてはいる。

この「ひをり」とは、『伊勢物語』九十九段、騎射の日に女を見初める話の冒頭に「むかし、右近の馬場のひをりの日、むかひに立てたりける事に」としてとして出る言葉で、現在では「騎射」を指す語として理解されている。前近代においては、難解語として捉えられていたようで、本居宣長は『玉勝間』でこの語について項目を立てて考証している。宣長は、一説として顕昭の、当日の舎人の動きを根拠とした「騎射」説をあげたのち、それを否定する真淵の「柵」説を検証する。

師の考へには、ひをりを、引柵《ヒヲリ》または標柵《ヒヲリ》ならん、といはれつれど、馬場の埒を、ひをりといへること、物にも見えず、またしかいふべくもおもはれず、まして標をひといへることもなし、又標を立ればとて、其日を標柵の日とはいふべくもあらざれば、此説も二つともに取がたし、かにかくに此事は、まことに難義にぞ有ける。（本居宣長『玉勝間』五「右近馬場のひをりの日の事」[19]）

宣長は、真淵の「柵」説を、用例がないこと、そもそも説得力がないこと、類推の過程ひとつひとつに問題があることをあげ、ことごとく否定している。そのうえでこの語の意味は決めがたいと結論する。真淵の説が荒唐無稽であり、真淵独自の説であることは、この記事から容易に推定されよう。

「柵」説そのものは宣長の言うように『伊勢物語』の解とは信じがたいものであったが、綾足は『伊勢物語古意』の知見を用いることで、実際の事件を描く際物的内容を持つ『西山物語』を、一方で新しい学問成果に基づいて理解される古語によって成り立つ格調高い世界に仕上げた。

前期読本の成立と展開にあたっては、中国白話小説と同様、国学による古典理解が欠かせなかった。明和五年、その実践が見られはじめたのである。

咄本

さて、咄本の世界にも、近世後期には質的変化が見られた。その要因として、中国笑話本『笑府《しょうふ》』抄訳本の出版があったとされている。『笑府』は明末に編纂された笑話集だが、日本で明和五・六年に三種の抄訳本が立て続けに刊行された。京で明和五年九月に半紙本『笑府』が、江戸で同年十月の序を持つ小本『笑府　初編』が、明和六年には同年八月の序を持ち、訳者を風来山人《ふうらいさんじん》とする『刪《さん》笑府』がそれぞれ刊行された。(20) これだけの短期間にこの三編が出されたことには、先行する中国白話小説等への関心も背景に、漢籍とはまた異なる中国由来の作品が求められていた当時の様子が読み取れようか。

狂詩・狂歌

既存の文芸に新たな要素を取り入れて成り、近世に盛んであった文芸として、狂詩・狂歌がある。狂詩にあっては明和四年九月、『寝惚先生文集《ねぼけせんせいぶんしゅう》』が刊行された。「漢詩」というすこぶる正統な文芸の形式に、滑稽な内容を当てはめる狂詩は、その形式と内容の落差で面白みを打ち出していった。狂詩じたいはそれまでも作られているが、「狂詩集」として公刊されたことが特徴である。さらに本文集は、談義本をはじめさまざまな文事・学問に手を染めていることで評判の平賀源内が序文を書いていることも注目されたはずである。

言うまでもないことだが、南畝は狂詩に専念するのではなく、明和五年正月には「元旦詩」を賦すなど、漢詩も詠んでいる。同年九月には、平賀源内著『根無草』後編の序を「寐惚先生陳奮翰《チンプンカン》」の名で書いているが、これも漢文でもって、ふざけた内容の文章となっている。翌明和六年には、唐衣《からころも》橘洲《きっしゅう》の家で初めての狂歌会が開かれることになる。(21) 明和五年はいわゆる天明狂歌が始まらんとする、その新たな文芸への熱が高まっていく年だったといえる。

現実を題材にする虚構

『伊勢物語古意』の受容例として先にあげた『西山物語』は、実在する人物・ことがらを創作にもりこんだ、その内容にも明和五年らしさを見て取ることができる。現実に取材することは近世を通じた創作の特徴ではあるが、明和五年はそれが顕著に表れている。

『西山物語』は、明和四年十二月三日に京都の一乗寺村で起こった「源太騒動」と呼ばれる殺人事件をもとにしている。源太騒動は、兄である源太が、親類の男と恋仲になった妹を母の命により殺した事件で、兄妹間の殺人、親による子殺し、親類の諍いといった要素を持っており、そもそも人の興味を喚起しやすかった。綾足は、そこに妖刀の話をからませ、よりいっそうの娯楽作品につくりあげた。

綾足はこの事件が起こってすぐに本作を構想したと思われる。当時の新刊本の販売許可記録である

『割印帳《わりいんちょう》』には、明和五年正月刊行での記載がある。現存板本の刊記は図1にも掲げたように「明和五年子二月吉旦」となっており、実際には事件翌月の刊行はできなかったのかもしれないが、それでも事件発生からまもなくの創作であることは間違いない。なお明和五年にこの事件は、『けいせい節用集』として歌舞伎において上演もされている。(22)

ここまでは「源太騒動」という事件の内容に基づく、明和五年の創作である。それと内容は異なる明和五年の現実に基づく創作作品として、浄瑠璃『傾城阿波の鳴門《けいせいあわのなると》』がある。文化全体の大きな流れである文運東漸に飲み込まれるように、あるいはその現象を象徴するように、上方文芸の中心をなす文芸の一つであった浄瑠璃は明和・安永期には低迷するようになっていった。そうした危機的状況の浄瑠璃にあって、活躍を見せたのが本作の作者近松半二であった。

明和五年六月一日大坂竹本座初演の本作は、明和六年十月に蟄居の処分を受ける阿波徳島藩主蜂須《はちす》賀重喜《かしげよし》をモデルとした人物が登場する。歴史上の重喜は、藩政改革を強く進め、それゆえ藩内・幕府との軋轢を生じ、結果、乱行と苛政を理由に隠居させられた。『傾城阿波の鳴門』はその史実上の重喜そのものではなく、重喜を徹底して悪者として描く実録『阿淡夢物語《あたんゆめ》』等を踏まえて描かれている。(23)

以上は文字による表現の世界であったが、この年には絵画の世界にあっても実在する人物を描いた作品が大いに評判を得た。鈴木春信の描いた「笠森お仙」である(図2)。

お仙は、笠森稲荷の水茶屋鍵屋の娘で、明和六年の『江戸評判娘揃《えどひょうばんむすめぞろえ》』に、「去年の春信」によって評判になったとの記述があることから、春信は明和五年を中心としてお仙を錦絵に描いたと考えら

図2　鈴木春信画「鍵屋お仙と猫を抱く若衆」（ボストン美術館蔵、『鈴木春信　決定版』別冊太陽253、平凡社、2017年より）
春信にはお仙を描いた作品が複数あるが、そのうちの一つ。

れている。春信は明和二年の絵暦交換会の流行に乗り、明和四年頃まで高級な錦絵を作成しており、古典の見立絵も多い。この場合、古典の素養をもった鑑賞者が想定されているといえよう。明和五年からは、実在の女性を描くなど、わかりやすい主題が選ばれる傾向にあり、「笠森お仙」の錦絵はその好例といえる。こうした傾向は、錦絵が限られた趣味人に向けられたものではなく、広く一般に親しまれるようになったことも示していよう。(24)

『歌舞伎年表』明和五年条には、大田南畝『半日閑話』を引いて、

五月、堺町にて、中嶋三甫蔵がセリフに、「采女が原に若紫、笠森稲荷に水茶屋お仙と云々」。是よりしておせん益々評判あり。其秋七月、森田座にて中村松江おせん（鍵屋）の狂言大当り。

（『半日閑話』）

とあり、お仙の人気は芝居にも取り上げられていたことが示されている。(25)

春信は浮世絵師であるが、門跡寺院の祐常門主に抱えられ、宮廷や寺社でも活躍した円山応挙《まるやまおうきょ》の明和五年の作品にも、広い意味での現実重視は見て取られる。応挙は、それまで実物と写実絵の両方に

学び、写実の技術を高めていた。そうして応挙は明和五年の『平安人物志《へいあんじんぶつし》』には「画家の部」の二番目にあげられるまでになった。なお、「画家の部」全十六名中、五番目は蕪村、十二番目は綾足である。

さて、この応挙が明和二年から三年をかけて、明和五年に完成したとされるのが「七難七福図巻」である(図3)。『仁王経』に示される「七難七福」の絵画化という依頼に基づいて制作された本作は、六道絵や地獄絵など既存の図を用いているところもあれば、水の中の魚とそれを眺める船上の人を同時に描いてもいる。後者について内山淳一氏は「従来ほとんど顧みられることのなかった現実的な視覚を画面に導入している」と指摘する。[26] そのほか当代の調理や食事の場面を詳細に描く点も現実重視と言えるだろう。

図3　「七難七福図巻」(部分)(『特別展 円山応挙〈写生画〉創造への挑戦』毎日新聞社・NHK、2003年より)

実在する人物・ことがらをまとめたという点では、平秩東作《へづつとうさく》『庫裡法門記《くりほうもんき》』も明和四年十二月末日に収束した事件を描いている。[27] 本書はかくれ念仏を行う、浄土真宗の邪派である御蔵門徒に、信者のふりをして潜入し、奉行所にその実態を報告して摘発に貢献した平秩東作が、自らの活躍したあかしとして残した記録である。その点、「文学作品」に当てはまらないようにも思われ、また、東作の息子一成による寛政元年(一七八九)十一月付奥書によれば、寛政元年三月に死した東作が病中に著したものを写したというので、成立が明和期までさかのぼることはないだろうから、ここにあげるのは不適当かもしれない。しかし、勧誘活動、儀式の内容、それに参加したときの感情、奉行の取り調べの様子などが、具体的に臨場感をもって書かれているのは面白く、この時期の現実に取材する文章の好例としてあげておく。

こうして見ると、明和五年には、読本・歌舞伎・浄瑠璃といった文芸でも、さらには絵画でも、現実に取材した作品がリアルタイムで出されている。文芸・絵画といったメディアが一種ジャーナリズム化しているとも言えるし、文化が成熟し、その発想や表現が安定を迎えるなか、現実がそれを上回った状態であったとも見える。文芸・絵画がその現実を即座に取り込んでいき、さらに新たな展開を模索していったのである。

注

（1）田沼意次の施策とその背景、人脈に関しては、藤田覚『日本評伝選　田沼意次』（ミネルヴァ書房、二〇〇七年）に拠る。

（2）『国史大辞典』（吉川弘文館、一九八六年）「四文銭」に拠る。

（3）『北海道史　第一』（北海道庁、一九一八年）。

（4）一揆の数・伝馬騒動については、伊藤忠士「百姓一揆と「民衆自治」」（『講座日本歴史6　近世2』東京大学出版会、一九八五年）に拠る。

（5）『編年百姓一揆史料集成五』（三一書房、一九八〇年）。

(6) 明和事件については、藤田覚『天皇の歴史6 江戸時代の天皇』(講談社、二〇一一年)に拠る。
(7) 『万葉考』出版については、辻村尚子「秋成の宇万伎入門——『文反古』所収書簡をめぐって」(『上方文藝研究』一号、二〇〇四年)が真淵書簡を引用して状況を詳細に示すほか、多くの研究が重ねられている。
(8) 真淵の『万葉集』出版については、鈴木淳「万葉集出版小史」(『江戸文学』一五号、一九九六年)が詳細に論じる。
(9) 以下、真淵書簡の引用は『賀茂真淵全集23』(続群書類従完成会、一九九二年)に拠る。
(10) 田林義信『賀茂真淵歌集の研究』(風間書房、一九六六年)に拠る。
(11) 『新編日本古典文学全集12』(小学館、一九九四年)に拠る。
(12) 松野陽一「近世和歌史と江戸武家歌壇」(『新日本古典文学大系67近世歌文集上』岩波書店、一九九六年)が指摘する。
(13) 久保田啓一『江戸冷泉派歌壇の研究』(翰林書房、二〇〇三年)。明和期の為村および江戸冷泉門の状況についても、本書を参考にした。
(14) 『俳諧觽』については、鈴木勝忠『近世俳諧史の基層』(名古屋大学出版会、一九九二年)を参考にした。
(15) 『蕪村全集9』(講談社、二〇〇九年)に拠る。
(16) 山崎芙紗子「『雨月物語』語彙攷——古典注釈との関わり」(『文芸論叢』二十八号、一九八七年)。
(17) 綾足の『伊勢物語』研究については、『建部綾足全集七』(国書刊行会、一九八八年)解題を参考にした。
(18) 『新編日本古典文学全集78』(小学館、一九九五年)に拠る。次の注の引用も本書に拠る。
(19) 『本居宣長全集一』(筑摩書房、一九六八年)。
(20) 『笑府』書誌は、武藤禎夫編『笑府集成』(太平書屋、二〇〇六年)に拠る。
(21) 南畝の事績については、『大田南畝全集20』(岩波書店、一九九〇年)に拠る。

(22)『西山物語』と「源太騒動」の関係については、野間光辰「いわゆる源太騒動について」(『文学』三十七巻六・七号、一九六九年)、『建部綾足全集四』(国書刊行会、一九八六年) 解題に拠る。

(23)『傾城阿波の鳴門』および当時の浄瑠璃の状況については、内山美樹子『浄瑠璃史の十八世紀』(勉誠社、一九八九年)、『叢書江戸文庫39　近松半二浄瑠璃集(二)』(国書刊行会、一九九六年) に拠る。

(24) 春信の活動・その変遷および「笠森お仙」については、田辺昌子「鈴木春信の雅」(『詩歌とイメージ――江戸の板本・一枚摺に見る夢』勉誠出版、二〇一三年) に拠る。

(25)『歌舞伎年表4』(岩波書店、一九七三年)。

(26) 内山淳一「応挙年代記　絵画の可能性の追求、実験的制作 [明和の頃]」(『別冊太陽205　応挙』平凡社、二〇一三年)。応挙および「七難七福図巻」についても本論文に拠る。

(27)『日本思想大系17』(岩波書店、一九七二年) 文献解題を参考にした。

附記　本稿は、平成三十年度科学研究費 (若手研究B・17K13384) による研究成果の一部である。

天変地異と文化の転換

天明八年……一七八八

田中康二

天明の天変地異

天皇の代替わりにより、安永から天明に改元した。光格天皇の即位した天明年間（一七八一～八九）は、日本では各地で異常気象や天変地異が頻発した時期だった。天明二年（一七八二）は雨が多く、洪水が起こり、東北地方は冷害に見舞われた。気候変動だけではない。翌三年七月には、浅間山が大噴火を起こし、江戸には一寸の灰が積もったといわれる。田畑にも甚大な被害がもたらされ、凶作のために飢饉に陥り（卯年の飢饉）、餓死者は数十万人に上ったという。そのために各地で一揆や打ちこわしが頻発した。冷害による飢饉と打ちこわしはしばらく続き、それが政情不安を引き起こした。

天明八年の異変

そういった中で、天明八年は正月から京都で大変な災害が発生した。大火災が発生し、都の八割方が灰燼に帰したといわれる。出火場所から団栗焼けとも、干支から申年の大火ともよばれるが、京都大火あるいは都焼けと言えば、この天明の大火を指す。史上最大規模の火災であった。諸書に拠れば、火災の経緯は次の通りである。三十日の未明、鴨川東側の宮川町団栗辻子の町家から出火した。強風に煽られて、炎は瞬く間に南は五条通にまで達し、さらに火の粉が鴨川対岸の寺町通に燃え移って洛中に延焼した。その日の夕方には二条城本丸が炎上し、続いて洛中北部の御所にも燃え移った。最終的な鎮火は発生から二日経った、二月二日の早朝のことだった。この中で御所の焼失は、とりわけ注目に値する。もちろん、それまでも火災による焼失や再建のための取り壊しなどは何度か経験している。だが、問題は焼失後の処置である。それ以前とはまったく異なる形で御所が再建されたからである。その詳細は後ほど明らかになるだろう。

一方、江戸では前年に三十歳で老中に就任した松平定信が将軍補佐職を拝命した。実質的に頂点に上りつめたわけである。定信は御三卿の一つ田安家の嫡男で、八代将軍吉宗の直系の孫にあたる。世が世なら将軍職も手にできる家柄および血筋であった。実際、令名を謳われた定信は、将軍家治の子家基が没した時点で将軍家の世子に迎えられるはずだった。だが、定信は白河の松平家に養子に出され、将軍の芽は完全になくなった。その芽を摘み取ったのは、他ならぬ田沼意次である。田沼が失脚した後に、松平定信が老中に就任したのは皮肉としか言いようがない。また、定信が田安家に残っていれば、継承権が一段劣る一橋家から出た家斉が第十一代将軍に就任することはなかったであろう。天明七年に家斉が十四歳にして将軍職に就いた同じ年、定信が老中に就任したのであるから、これまた運命のいたずらと言うほかはない。ともあれ、田沼意次が失脚し、定信が将軍家斉の補佐職となって実権を握ったのが天明八年という年であった。かくして定信は老中首座としての権力を背景にして、いわゆる寛政改革に着手することになるのである。

京都雅文壇の戦慄

正月晦日に起きた京都の大火事は、そこに住んでいた多くの人の運命を変えた。この体験は等しく居住者に共有されるものであったはずであるが、個人的な経験は家の記録類に記され、筐底に秘め置かれるのが落ちで、後世に広く読まれて共感を集めるということはない。そういった中で例外的に後世まで享受される体の言説が書かれた。歌人たちの文章である。

たとえば、彦根藩の儒者、龍公美《たつきんよし》に「大火の辞」(『近世名家遺文集覧』上)なる文章がある。大火を実体験した公美が記したものであり、しばらくして書かれたものと推定される。次の如くである。

あはれ天明八のとし、春むつきの日数もきさらぎにはひわたるばかりなるあかつき、かも川のひがしより、とみにかぐづちの神のたゝりいとはげしう、をりふしはやちいぶきわたりて、ほのほはあまぎる雪のごとくとびかひ、三まち五町をこえてうつりゆくほどに、九重の雲のうへより玉しきの都の外残りなう時の間のけぶりとなりはてぬ。さても此日いかなる日ぞや。

火事から月日が経過しているのか、冷静かつ流麗に言葉を連ねている印象がある。枕詞や数字の羅列など、技巧的な特徴もうかがえる。宮中から町屋に至るまで焼き尽くしたというのである。文中の「かぐつちの神」は記紀神話に出る火の神で、イザナギとイザナミの間に生まれた神で、イザナミはこれを生むときに負った火傷がもとで黄泉の国に行くことになった。火事はかぐつちの神の仕業なのである。

かぐつちの神と言えば、上田秋成《うえだあきなり》に「迦具都遅能阿良毗《かぐつちのあらび》」(『秋成遺文』)という文がある。当時、大坂淡路庄村に住んでいた秋成は、伏見を経て京の呉春のもとに宿をとった。正月二十九日のことである。橋本経亮《はしもとつねすけ》も訪ねてきたので、夜更けまで談笑した。その暁方に火が出たのである。間近で罹災した秋成は次のように記している。

めうめうと立ち昇る炎は雲を焦して、月日の光も見えず、物の頽るる音は千々の雷を響かせ、人の泣き叫ぶ声、走り惑へる有様、譬へんに物なく悲し。我宿るべきをちことの家どもも今は残りなく成りぬ。いと浅ましきに夢現ともわき難くてなん。

災害を体験した者は、目の前の有様をただ描写するほかはなく、それを何かに譬えて表現することなどできはしない。近世随一の文筆家の秋成といえども、眼前の光景をただ実況中継することしかできないのである。だが、時が経つと、当時のことを思い起こしてさまざまに考えをめぐらし、状況を理解することができるようになる。しばらくして次のような歌を詠んでいる。

其日の有様、今思ひ出づるさへにいとも恐しな。

火の気にはいろはの神も焼かれにしその迦具都遅の荒らぶ今日はや

されど又思ふに

四つの海静なる代に住む民もしばしの波の立居をぞ見る

のことわりにはあらぬか。これや天の為せるは避くべからぬと云へるたぐひなるべし。さるは慎しむべきはおのれおのれが行ひなるを、しか心得ながらも、なけらの世を過しぬる身の何をか言はん。

罹災体験を対象化するためには相応の時間が必要なのである。一首目は、さきに言及したイザナミの焼死にまつわる故事を踏まえている。神話と今とを往還することにより、眼前の光景を俯瞰してとらえる目を持ち得たわけである。なお、この歌は「迦具都遅能阿良毗」という文題に昇華されている。

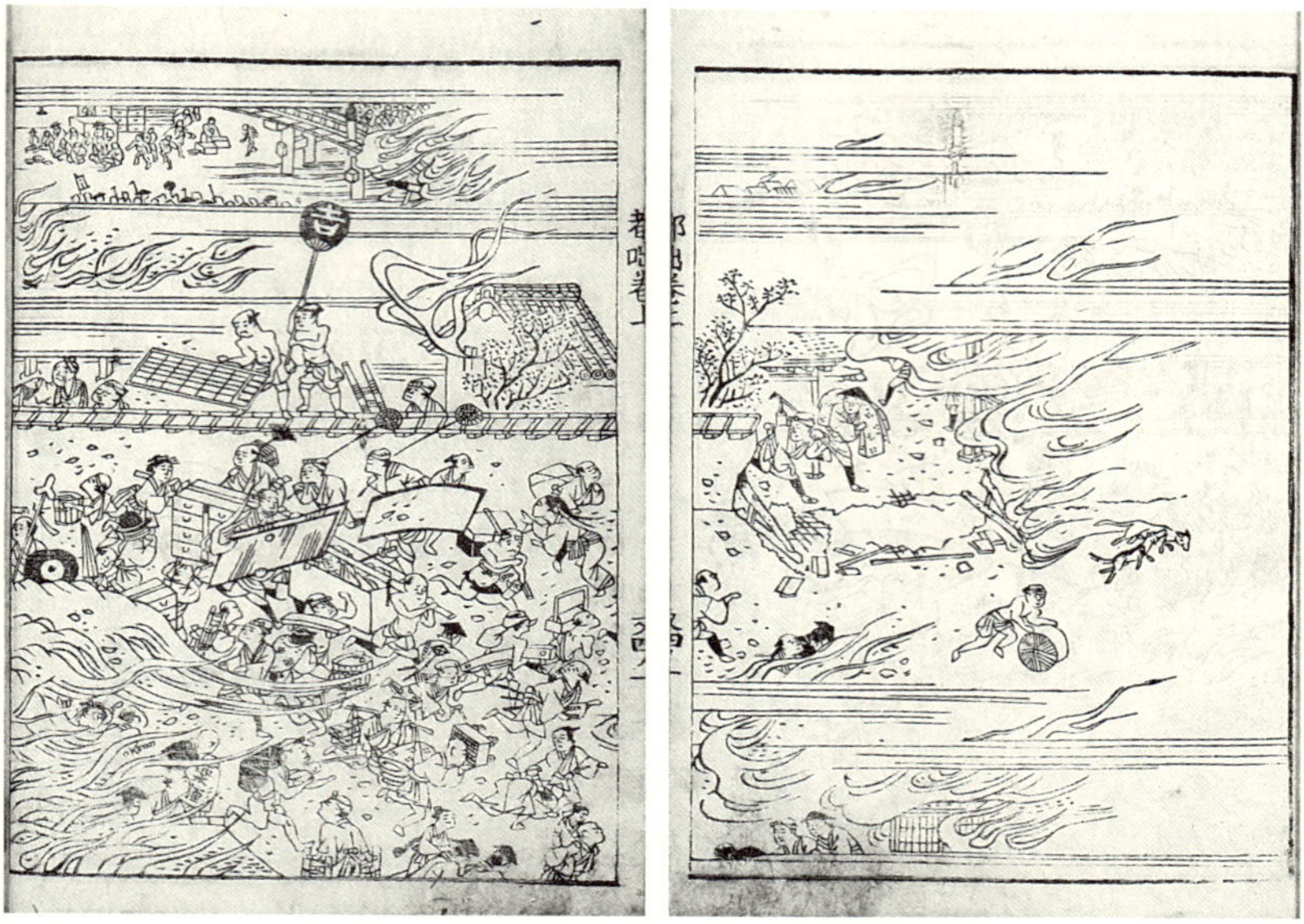

図1　天明の大火を描いた『花紅葉都咄』（天明8年刊、早稲田大学図書館所蔵）

二首目は、天下泰平の中で民は今回の火事をしばしの騒ぎと見ることだの意。火災を天命と諦観する視点を提示している。そうして、日々を節制して暮らす教訓で締めくくっている。

さて、伴蒿蹊《ばんこうけい》は正月二十日過ぎから近江に出掛けていて難を逃れた。蒿蹊は当時、平安和歌四天王の一人と目された歌人である。秋成の文と同名の「かぐ土のあらび」（『近世名家遺文集覧』上では「大火記」）によれば、京に帰り着いたのは二月二日辰の刻ごろで、大方鎮火されていた。折から鶯の鳴く音が聞こえて詠んだ。

帰来て聞もさらにぞめづらしき
煙にもれしやどのうぐひす

まだ煙が立ち込めている中に鳴く鶯は、いつもよりも一層いとおしいという。た

またま難を逃れた幸運と罹災したわが家の惨状は、すぐに折り合いの付くものではなかったであろう。以下、「大火記」により、ほかの四天王の歌を掲出しておこう。

蘆庵

けさみればやけ野の原と成にけり
こゝやきのふの玉しきの庭

慈延

もとろもに思ひの家を出よ人
かゝる浮世を見るにつけても

澄月

もとの色にはや吹かへせ春の風
花の都もちり〴〵の世を

小沢蘆庵は被災の後、土蔵で暮らしたというが、火事の前と後では目の前の景色は天と地ほども違うものであった。僧侶の慈延はこの惨状を見るにつけて、俗世の人に出家を勧めている。澄月は、大風によって被害が大規模になったのであるから、春風は元どおりの都に返してほしいと祈る。思い思いの歌を詠んで、この難局を乗り切ろうとしているのである。なお、この年の六月に蒿蹊は『近世畸人伝』を脱稿した。本書は職業や階層を異にする有名無名の人物の伝記を集成したものであり、寛政二年（一七九〇）に刊行された。

当然のことながら、焼け出されて都を離れる者も出てきた。当時から高名な絵師の伊藤若冲《いとうじゃくちゅう》は自宅を焼失し、逃れて大坂にたどり着いた。私財を失って生活は貧窮し、若冲は七十歳を過ぎてはじめて、生活のために絵を描くことになったという。大坂では西福寺の金地の襖に『仙人掌群鶏図襖《さぼてんぐんけいずふすま》』を描いた。火事からの避難によって後世に残る作をなすことになったのであれば、若冲は災い転じて福となしたというべきかもしれない。

この天明の大火について、出火から延焼に至る経緯や被害状況、あるいは逸話や後日譚などを集成したものに『花紅葉都咄《はなもみじみやこばなし》』（図1）がある。この本は天明八年十月に京都で刊行されたものであるが、そこには伴蒿蹊「かぐ土のあらび」の文言を利用して仕立てた痕跡が見える。(1)

国学者の動向

天明の大火に罹災したのは、京都在住の者だけではなかった。たまたま京に滞在していた旅人もまた被災したのである。江戸から上京していた村田春海《むらたはるみ》はその一人であった。前年秋に上京し、京大坂を遊学していた春海は、皆川淇園の塾に入門して漢学を学修した。正月二十八日には、円山応挙・皆川淇園・香山適園・米谷金城・呉月渓らとともに伏見の花見会に参加している。その二日後、春海は火災に遭い、避難のため親戚の村田橋彦をたよって伊勢白子《しろこ》を訪れた。しばらく白子に滞在していたが、三月になって橋彦とともに松坂の本居宣長のもとを訪問した。十日のことである。その場で春海は宣長から真淵の遺集を編集する要請を受けている。それは後に『賀茂翁家集《かもおうかしゅう》』として出版されることになる。

実は春海が松坂に来たのは初めてではない。その年から数えて二十五年前、宝暦十三年(一七六三)に真淵の御供として松坂を訪れた。真淵は宣長の訪問を受け、一期一会の邂逅を果たす。世に言う「松坂の一夜」である。たまたまその時、春海は席を外していて宣長に会うことはなかったが、四半世紀を経て春海は宣長に遭遇した。宣長はそれを機に古事記研究に歩を踏み出し、春海は宣長との約束を果たすべく、真淵の和歌の調査・収集に乗り出した。因縁めいたものを感じずにはいられない。春海が京を焼け出されることがなかったら、はたして宣長に会うことができたのか、それは神のみぞ知るとしておこう。

さて、同年(一七八八)、宣長は、真淵の遺志を受け継いで着々と業績を積み上げていた。和歌研究や語学研究もさることながら、古事記研究を粛々と進めたのである。天明八年中に、『古事記伝』の草稿は全四十四巻のうち二十四巻分が出来上がり、出版のための準備も着々と整えられた。充実した仕事ぶりがうかがえる。そういった中で、この年宣長は『秘本玉くしげ』と『玉くしげ別巻』を執筆し、紀伊藩主徳川治貞に提出した。いずれも藩主から諮問されたのに対する答申である。『秘本玉くしげ』は天明の大飢饉を乗り切るための政策について答申したもので、『玉くしげ別巻』はその政策を行うための根拠となる古道論を述べたものである。書名は宣長が詠んだ歌「身に負はぬ賤がしわざも玉くしげあけてだに見よ中の心を」に拠っている。ここには身分不相応な進言を受け取ってもらいたいという思いが込められている。一介の国学者が藩主に進言するということがいかに特異であったかを思うと、二つの『玉くしげ』は意義深い著作であると言えよう。宣長の国学は単に古代語や古代文化の復元を目指したばかりでなく、現実の難局を切り抜ける方法を模索するものでもあったのである。

この年の六月、伊勢神宮内宮の神職、荒木田久老《あらきだひさおゆ》が『万葉考槻落葉《まんようこうつきのおちは》』の序文をしたためた。本書は真淵が『万葉考』巻一・二に限定した注釈であることの後を継いで、これを敷衍しつつ主に巻三について所見を述べた著作である。久老は真淵門の中で、万葉風の歌を詠み、終生万葉集の研究を続けた数少ない門弟であった。ちなみに、真淵の万葉学を受け継いだ、江戸派の加藤千蔭《かとうちかげ》が『万葉集略解《まんようしゅうりゃくげ》』の執筆を志すのは、寛政元年(一七八九)二月のことである。特に示し合わせたわけではないにもかかわらず、真淵没後二十年あたりを契機に真淵万葉学を顕彰する動きが同時に現れたのは興味深いところである。

御所復元と大政委任論

天明の大火によって京都が灰燼と化したことはすでに述べた。多くを占める町屋もさることながら、御所の復旧はもっとも緊急性の高い事柄であった。この重大事を務めたのは、前年に老中首座に就任していた松平定信である。定信がこの案件をどのように解決したのかを見ていきたい。

定信はこの間の状況と自身が判断したことを『宇下人言《うげのひとこと》』に記している。『宇下人言』は定信の自叙伝である。天明八年は次のような言説から始まる。

> しかるに翌春京都よりにはかにいひこしたるには、京都未曾有之火災、二条城本丸よりして、禁裏御所御所不レ残炎上しぬとつげ来る。挙朝失色す。直に京都の御火消をして行在所を警護すべし。御勘定奉行は一人のぼりて仮之皇居を営すべし。このときに関東の御威光たつべき時なれば、金穀を出して京都の町人へたまい、焼屍はとり集めて墳墓をきづかせ、このときに乗じて永続之主法とり極むべしなど、こまごまさし図したり。

京都からは未曾有の大災害である旨、報せが届いた。勘定奉行を上京させて、この時とばかりに京都の町人へ物資を恵み、災害の後始末も滞りなく済ませるべく、細々とした指図をしたのであった。だが、奉行一人では埒が明かなかった。かくして同年五月、定信自身が京都に出向いて、現地を視察し、善後策を協議することになった。

> かれこれして上京せしに、所司代行むかひて此ころ紫清両殿御復古之義被二仰出一たりとて画図なども見、いづれも御費用など夥しき事と察し奉りぬ。それより参内し拝二龍顔一天盃を頂戴し、それぞれ御使などつとめぬ。

上京すると、すぐに京都所司代と落ち合って、紫宸殿と清涼殿を「復古の義」で再建したい旨が帝のご意向であるということを聞いた。それから今上天皇に拝謁し、帝から盃を受けた。定信は到着早々からテキパキと要務をこなすわけであるが、具体的な造営計画は関白の鷹司《たかつかさ》輔平《すけひら》と協議することになった。

> 一日謁見せしに、丁寧にさたし給ひ、盃なども出、もてなされし。畢て復古とてその古制之分寸を追ひ侍るは末の事にて侍る。そのうへ古と今は時勢もたがひぬる事、その外節倹を示さるべき事等、一々呈出せしが、大によろこばれて、今にして公武御したしみの処もくまなく侍るべしとて、それより当職中は御書付など度々下し給ひけり。

関白殿との面談は終始和やかな雰囲気であった。もちろん、相手方との折衝は予断を許さないものだった。幕府の役職が老中首座とはいえ、官位は従四位下の越中守に過ぎない定信にとって、従一位にして関白の鷹司輔平は文字通り雲の上の人であった。しかしながら、定信は幕府の全権を委任されて上京している。伝えるべきことは率直に伝える必要がある。定信は幕府の緊縮財政のために御所造営に関して質素倹約を旨とする方針を告げたが、大方の予想に反して提案はあっさりと受け入れられた。その理由は公武の友好関係を維持したいということであろうが、定信の提示が朝廷側の最低限の要望を反映していたからである。そのキーワードは「復古」であった。

定信が朝幕の折り合いをつけて、御所再建に踏み出すことができたのは、内裏の構造的研究が進んでいたからである。折しも、裏松光世《うらまつみつよ》が大内裏の研究を進め、平安朝様式の御所を復元するための青写真が出来上がっていた。(2) 裏松光世は烏丸光栄《からすまるみつひで》の子で有職家であったが、武内式部《たけうちしきぶ》と交流があったために宝暦事件に連座して、永蟄居を命ぜられた。蟄居生活の間、一念発起して『大内裏《だいだいり》図《ず》考証《こうしょう》』(図2)の執筆を思い立ったのである。御所が復古式で再建できたのは、そのような事情とめぐり合わせがあったからであった。

天明八年は、朝廷と幕府との関係が別の意味でクローズアップされた年でもあった。後に大政委任論と呼ばれることになる学説が唱えられた。大政委任論とは、将軍が天皇より大政を委任され、その職能として日本国を統治しているという論であり、江戸幕府の支配を正当化する学説である。この時期に当該説を提唱した者は二人いる。天明八年十月、松平定信は将軍家斉の教導の一環として、「御心得之箇条」十五条を授けている。その中に次のような条項がある。

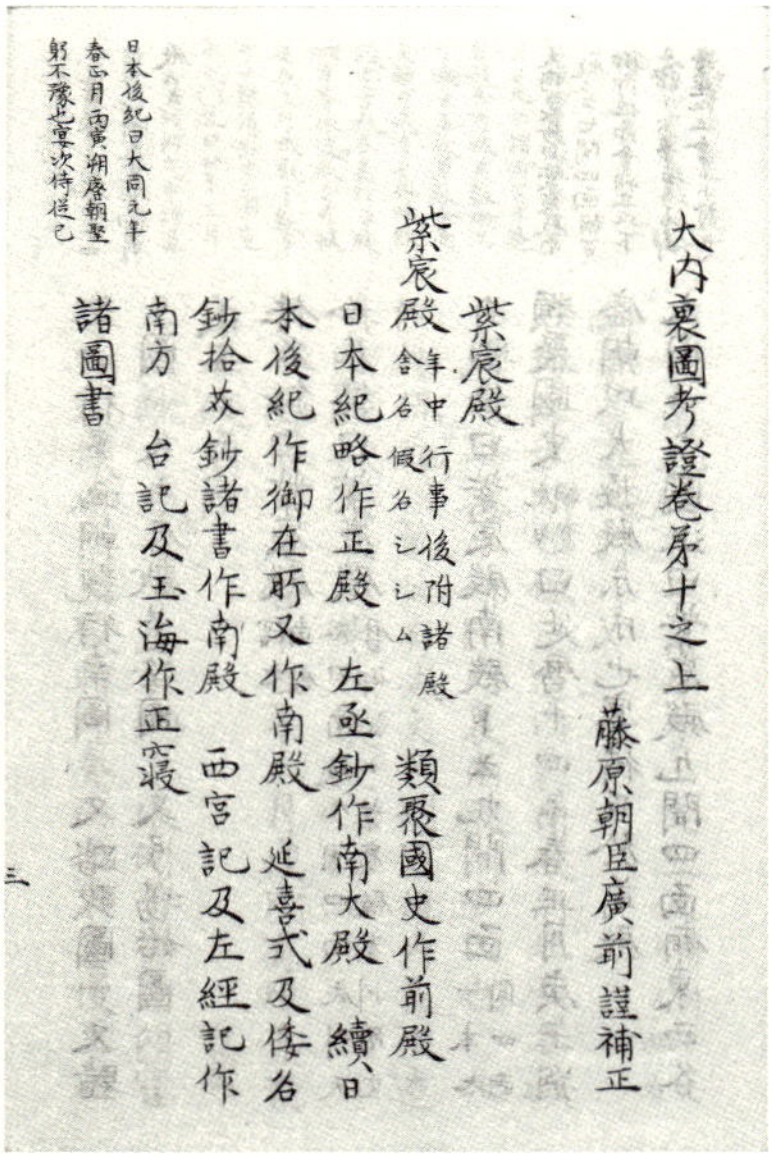
大内裏圖考證巻第十之上　藤原朝臣廣前謹補正
紫宸殿　類聚國史作前殿
紫宸殿　日本紀略作正殿　左丞鈔作南大殿　續日本後紀作御在所又作南殿　延喜式及倭名鈔拾芥鈔諸書作南殿　西宮記及左經記作南方　台記及玉海作正寢
諸圖書

図2　裏松光代『大内裏図考証』(写本。国立公文書館蔵)紫宸殿に関する記述の箇所。

> 古人も、天下は天下の天下、一人の天下にあらずと申候。まして六十余州は、禁廷より御預かり遊ばされ候御事に御座候。仮初にも御自身のものと思召すまじき御事に御座候。将軍と成らせられ天下を御治め遊ばされ候は、御職分に御座候。

天下は統治者一人の専有物ではない。

ましてや日本国六十余州は朝廷から預かったものであるから、将軍は自分の所有物と思っては駄目で、その職掌として統治しているだけであるという。呂尚の兵法書『六韜』第一「文師篇」を典拠とし、徳川家康の言葉としても知られた天下共有論（徳川実紀）は、定信が大政委任論の傍証とするにふさわしい論拠と言ってよかろう。定信は将軍の補佐職として、この「御心得」を家斉に授けたのである。

もう一人の大政委任論者は本居宣長である。前項でも言及した『玉くしげ別巻』の中で、宣長は次のように述べている。

さて今の御代《ミヨ》と申すは、まづ天照大御神《アマテラスオホミカミ》の御はからひ、朝廷《テウテイ》の御任《ミヨサシ》によりて、東照神御祖命《アヅマテルカミミオヤノミコト》より御つぎつぎ、大将軍家《ダイシヤウグンケ》の、天下の御政《ミマツリゴト》をば、敷行《シキオコナ》はせ給ふ御世にして、その御政を、又一国一郡と分《ワケ》て、御大名《ダイミヤウ》たち各《オノオノ》これを預《アヅ》かり行《オコナ》ひたまふ御事なれば、その御領内《ゴリヤウナイ》〳〵の民《タミ》も、全《マツタ》く私《ワタクシ》の民《タミ》にはあらず、国も私《シ》の国にはあらず、天下の民《タミ》は、みな当時《タウジ》これを、東照神御祖《アヅマテルカミミオヤノ》命《ミコト》御代々の大将軍家《ダイシヤウグンケ》へ、天照大御神の預《アヅ》けさせ給へる御民《オンタミ》なり、国も又天照大御神の預《アヅ》けさせたまへる御国《オンクニ》なり。

宣長は当代における支配構造について、天照大御神から今上天皇、そして徳川家康を初代とする将軍家へと代替統治が行われたものであるから、諸大名が領内の民と土地をを領有するのも代理としての役割にすぎないという。天照大御神は「預け」、諸大名はこれを「預かり行ふ」という関係なのである。

宣長の大政委任論の根拠は、『古事記伝』一の巻「直毘霊《なおびのみたま》」に表明されたように、天照大御神から皇御孫命《スメミマノミコト》を経て天皇命《スメラミコト》へと統治権が委任（事依《コトヨサシ》）されてきたことであり、統治権は天皇命（朝廷）より東照神御祖命《アヅマテルカミミオヤノミコト》（徳川家康）を経て将軍家、さらには諸大名へと委任（御任《ミヨサシ》）されたと考えるのである。岡田千昭氏によれば、「国学的名分論の立場から、現実に存在する徳川幕府を肯定的に説明して、自己の学説と幕府権力とが衝突しないように合理的かつ論理的に説いた」と要約している。[3] 宣長の大政委任論は、古事記をはじめとする古代文献の研究を積み重ねる過程で導き出された論理であった。なお、天明七年十二月に紀州侯徳川治貞に啓上された『玉くしげ別巻』は、寛政元年十一月には「玉くしげ」として出版されている。宣長の古道論と治道論がいよいよ公にされたのである。

天明八年における大政委任論は、たしかに空理空論だったかもしれない。現実には禁裏御料として、たかだか三万石程度しか付与されていない朝廷の存在など、幕府にとっては無きに等しいものであったに違いない。ただ、本居宣長にあっては、紀州藩主への答申という意味合いにおいて、自らの古道論と大名統治という現実に折り合いをつける上で重要な意義があった。また、老中松平定信にあっては、委任された以上は幕府が国を支配し、統治する義務と権限があるという理屈に利用したのかもしれない。[4] だが、近世後期から幕末にかけて、大政委任論はにわかに実効性を帯びた理論となる。つまり、幕末（幕府権力の衰退）という現実が、時代をさかのぼってこの理論を追認したのである。そうして最終的には大政奉還によって、大政委任論は政権の委譲という実態を伴った政治理論となった。ようやく時代が理論に追いついたのである。

天明狂歌の名残と寛政改革の兆し

狂歌とは短歌の様式に拠りながらも滑稽や諧謔を事とする卑俗な歌で、万葉集の戯咲歌や古今集の誹諧歌などを始祖として、近世期に流行する歌である。近世前期から中期にかけて一定の盛り上がりを見せる。その後、天明年間には、それまでの狂歌とは趣を異にする作風の狂歌が流行した。天明調とも天明ぶりとも言われる趣向は「和漢の教養を基礎としつつも、それらを突き抜けて自由な新時代の狂歌を創造」するものであった。[5] それは天明三年に唐衣橘洲《からごろもきっしゅう》撰『狂歌若葉集《きょうかわかばしゅう》』と四方赤良《よものあから》（大田南畝）撰『万載狂歌集《まんざいきょうかしゅう》』が競作され、ともに出版された上で、後者が圧倒的な評判を勝ち得て、歌風の方向性が定まったことに始まる。その目指すところは、「狂歌三体伝授跋」に明確に記されている。

> 夫狂歌には師もなく伝もなく、流義もなくへちまもなし。…もし狂歌をよまんとならば、三史五経をさいのめにきり、源氏万葉いせすり鉢、世々の撰集の間引菜、…其趣をしるにいたらば、暁月房・雄長老・貞徳・未得の迹をふまず、古今・後撰夷曲の風をわすれて、はじめてともに狂歌をいふべきのみ。

要するに、天明狂歌には伝統も流派もなく、漢学や和学の学識を十分に身に付けて、これまでの狂歌師に傾倒することなく、特定の狂歌集に入れ込むようなことをしないことによって、はじめて極意が会得できるというわけである。ここには旧来の様式と決別し、狂歌の新しい歴史を刻む意気込みが込められている。このような宣言とともに天明狂歌劇場の幕が切って落とされたのである。

それからは折からの好景気の波に乗って、南畝は江戸狂歌界を席捲した。山手連（四方連）と称する集団を率いて月次狂歌会を主催した。その会の成果は『徳和歌後万載集』（天明五年刊）などに収載され、軽快にして自由な天明狂歌の特質をうかがうことができる。たとえば、南畝は「千金の名高き月の雲間よりせめて一二分もれ出でよかし」などと詠んで当時の好景気を知らせている。むろん、南畝だけでなく、多くの作者が狂歌連を作って活動を活発化させた。そういった中で、将軍家治の死去に伴って、幕政の中枢を担っていた老中田沼意次が失脚した。不穏な空気が狂歌界に流れたのは言うまでもない。天明六年八月のことである。翌天明七年六月に松平定信が老中首座に就任してから、完全に流れが変わった。南畝が狂歌界から引退し、狂歌仲間と絶縁したからである。一説によれば、南畝を庇護していた、旗本土山宗次郎が田沼政権の失脚に連座して処刑されたことを受けて雲隠れしたという。(6) また一説には、定信による文武奨励の方針をより所として学問の道に自らの展望を開いたともいう。(7) いずれにせよ、老中交代と天明狂歌の引き潮がほぼ同時に起きたということは間違いない。南畝は狂歌界の一線を退いたのである。

そうして天明八年を迎えた。四十歳になった大田南畝は「人に答ふ」（『南畝集』七）と題して七言絶句を詠んでいる。

曾将白雪混巴人　　曾て白雪を将て巴人に混ず
詩酒風流四十春　　詩酒風流　四十の春
莫問一官何拓落　　問ふことなかれ　一官何ぞ拓落たると
生来未掃相門塵　　生来未だ掃はず　相門の塵

「白雪」は高尚な漢詩、「巴人」は低俗な歌（狂歌）を指す。自らの漢詩文の才を狂歌のような戯作に浪費してしまった、というわけである。四十歳になって、そいうった悔根の情を吐露した詩である。(8)狂歌界から足抜けをしたことの証拠である。ただ面白いのは、これが「人に答ふ」という題で詠まれた詩であるということだ。何を問われたかは詳らかにしないが、不惑の年始に、人に問われる形で狂歌からの決別を宣言しているのは、南畝の転機を考える上で興味深い。

　このような南畝の心境は至るところにうかがえる。天明八年正月、南畝は一枚物の絵暦を板行し、知友に配布したという。(9)数羽の小鳥と木菟《みみずく》が描かれた絵に「小鳥どもわらはゞわらへ大かたのうき世の事はきかぬみゝづく」という狂歌が添えられている。小鳥どもよ、笑いたいなら笑えばよい、俗世のことにもう関心はないよ、というほどの意。世の動きに恬然と構える南畝の心境が読み取れる。この狂歌は狂文集『四方のあか』（天明八年正月刊か）上巻末尾にも載せられている。そこには次のような小引（序）が添えられている。

　衆鳥来てこれをわらふ。其智には及べし。木菟ゐながらこれをひく。その愚には及べからず。

「及べし、及べからず」の箇所は『論語』公冶長篇を踏まえた表現で、木菟を嘲笑する小鳥の浅知恵と、黙って小鳥に笑われている木菟の深謀遠慮を対比して位置づける。(10)この序を勘案すれば、狂歌に込められた南畝の思いは、狂歌界を去る自らを戯画化しながらも、そこから退く潔さに矜持を有する自身を描いた自画像であるといえよう。

　天明八年正月には、蔦屋重三郎より狂歌絵本『画本虫撰《えほんむしえらみ》』（図3）が刊行された。これは天明七年八

図3　『画本虫撰』巻頭（国立国会図書館蔵）

月に蔦屋の肝煎りで行われた虫聴きの狂歌会の成果に、喜多川歌麿が画を添えたもので、宿屋飯盛（石川雅望）の序を据え、尻焼猿人（酒井抱一）を巻頭に置き、南畝や朱楽菅江・唐衣橘洲など、総勢三十名の狂歌師による十五番狂歌合である。写実的かつ美麗な虫絵に著名な狂歌師が歌を添える絢爛豪華な狂歌本である。天明狂歌の残り火といってよかろう。

さて、時代の変わり目には、前代の名残と次代の兆しが混在するものである。前代の名残が天明狂歌の最後の打ち上げ花火であるとすれば、次代の兆しは寛政改革の足音であろう。先述したように、松平定信が老中首座に就任したのは天明七年六月であるが、即刻改革の指針を発令する。次のようなものである。

また令せらるゝは、万石以上以下末々まで、常にその分に応じて用度を節し、冗費を省き奉仕すべし。然りとてをのが身に応じたる人馬武器等を嗜むは勿論なり。又文武忠孝は前々より法令の第一なれば別て心入れ、年若き人々専ら武技を習ふべし。

(『続徳川実紀』天明七年六月十八日条)

文武奨励策がこのような形で通達された。大名をはじめ旗本御家人に至るまで文武に励むことの勧めである。この方策はまたたく間に揶揄の対象にされた。これを当て込んだものが『文武二道万石通《ぶんぶにどうまんごくどおし》』という黄表紙である。天明八年正月に刊行された。黄表紙とは、大人向けの読み物として作られた絵本で、当世の世相や政情を当て込んで諷刺するところに特徴がある。『文武二道万石通』は狂歌師手柄岡持《てがらのおかもち》こと朋誠堂喜三二《ほうせいどうきさんじ》が執筆し、刊行したのである。筋立ては、文武どちらにもすぐれないのらくら武士たちが、頼朝の命を受けた畠山重忠によって箱根に湯治に行かせられ、そこで文武いずれかに入れられようとする話である。(11)文武二道の奨励という老中の指針を諷刺する作風は、恋川春町《こいかわはるまち》『鸚鵡返文武二道《おうむがえしぶんぶのふたみち》』(寛政元年・一七八九)などの追随作を生むことになった。だが、それらは幕府の文武奨励策を批判したものと受け取られ、査問を受けることもあった。喜三二の本名は平沢常富といって、出羽国久保田藩定府藩士で江戸留守居役であった。本作が改革を揶揄していることから、藩主よりお咎めを受け、以後は黄表紙から足を洗ったという。天明八年はそのような作品が生み出された年であった。

同年には山東京伝『時代世話二挺鼓《じだいせわにちょうつづみ》』という黄表紙が蔦屋重三郎より出版された。当該作は意次の嫡男にして若年寄を勤めた田沼意知《おきとも》が天明四年に暗殺された事件を諷刺したものである。そのような事件を題材とすることができるようになったのが天明八年だった。

天明年間の田沼政治から松平定信の寛政改革へという流れの中で、政治の世界から退場した田沼意次は天明八年六月二十四日に没した。享年七十歳。幕政を擅《ほしいまま》にしながら最期は晩節を汚した。政界から失脚してまもなく現世にも別れを告げた意次は、褒貶相半ばする人生であった。

地球的規模の転換期

天明年間が気候変動の頻発した時代であったことは冒頭で述べた。実は気象が異常だったのは日本だけでなく、全世界的規模で異変が起きていたのである。歴史気候学はこの時期を小氷期（リトル・アイス・エイジ）と呼んでいる。(12) 地球的スケールで定期的に到来していたのである。江戸時代には小氷期は三度あり、天明年間にあたる一七八〇年代は、第三小氷期（寛政・天保小氷期）に当たる。まさに地球的規模で異変が起きていたのである。

さらに天明年間は未曾有の気候異変に見舞われていた。上前淳一郎『複合大噴火』（文春文庫、二〇一三年、単行本は一九八九年）によれば、このディケードに起きた異常気象が洋の東西で凶作を引き起こし、飢饉による社会不安が政治体制を変容させたという。以下、同書によりつつ、一七八〇年代の状況を概観し、一七八八年（天明八年）における転換期の特徴に言及したい。

天明三年七月八日に浅間山が噴火して各地に火山灰を降らせた（図4）。むろん灰だけではなく、火

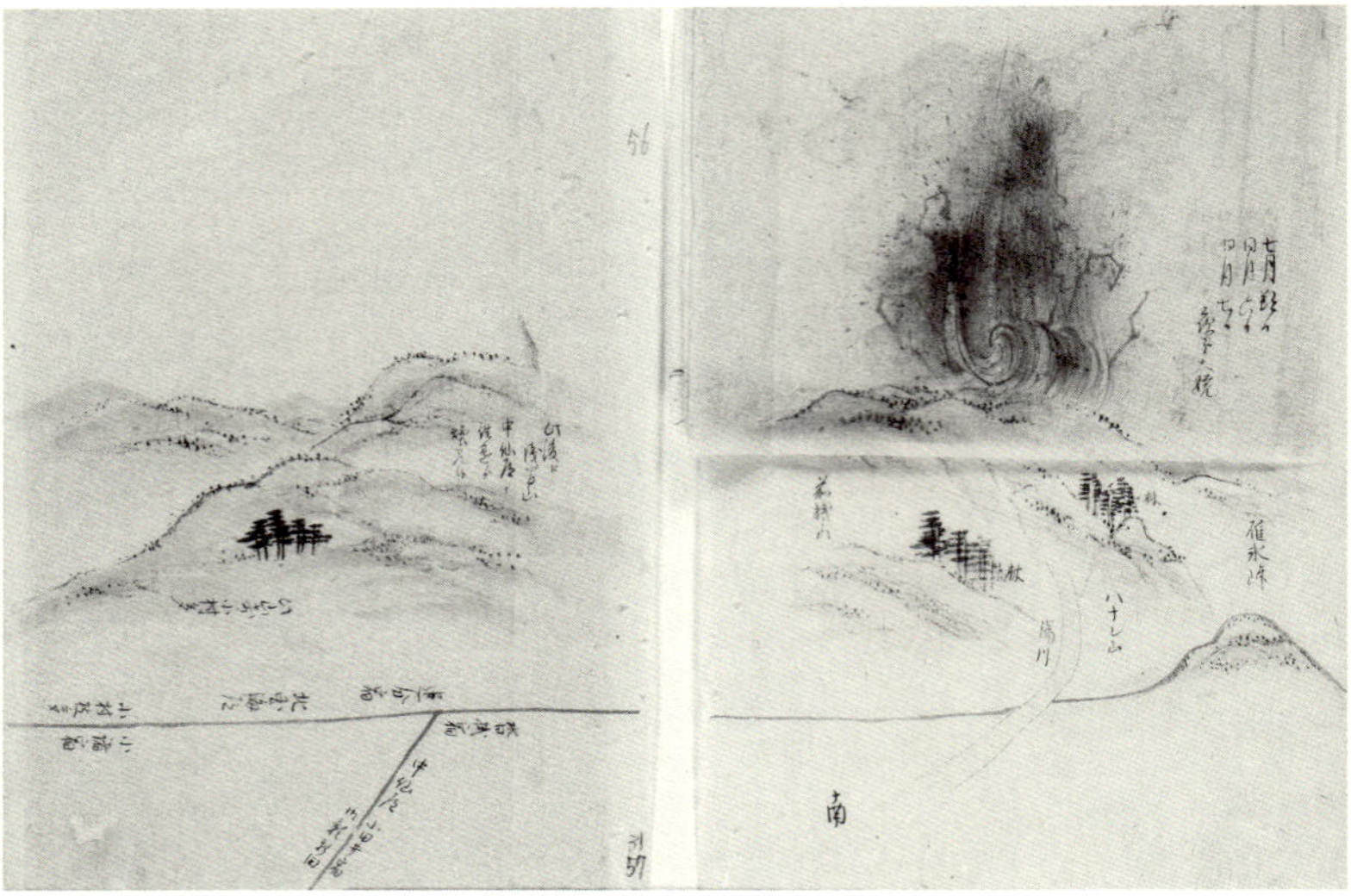

図4　浅間山の噴火を描いた図（『浅間山焼』国立公文書館蔵）

砕流が村を呑み込んで甚大な被害をもたらしたが、それに加えて利根川の川床上昇によって水害を発生させた。なかでも噴煙は上空高く漂い、日射量が減少し、日照時間が激減した。噴煙は対流圏を越えて成層圏にまで達し、数年の間東日本に寒冷化をもたらしたと言われている。そのことが、すでに始まっていた天明の飢饉に拍車をかけた。飢饉は天明年間を通して続いた。陸奥地方、とりわけ津軽藩では、領民の多くが困窮により逃散したり、騒擾を起こしたりと、著しく統治秩序が失われた。また、口に入る物は何でも食べ、禁忌とされた牛馬にまで手を出し、挙げ句の果てに人肉食に走る者まで出た。津軽藩のみならず、陸奥地方ではほんとどの藩が空前絶後の飢餓状態に陥った。このように東日本を中心とした、数年間にわたる全国的飢饉に対して、はたしてどのような対策を採ったのか。

一方、天明三年には、地球の裏側でも天変地異が発生していた。北欧の北大西洋上に位置するアイスランドである。同年六月八日(太陽暦)、ラキ火山が噴火したのである。地下水がマグマに触れて水蒸気爆発が発生したのを皮切りに、本格的な噴火に発展し、大量の溶岩や火山灰を降らせた。溶岩の噴出は年内に収まったが、噴火自体は断続的に年明け二月過ぎまで続いた。噴煙は空高くまで達し、「青い霧」と呼ばれた。青い霧は成層圏に留まり、ヨーロッパ全体の気温が下がったと言われる。気温が下がると農作物が育たなくなる。欧州人の主食であるパンの原材料たる小麦もその例外ではなかった。フランスではパンが高騰すると暴動が起きると言われるが、一七八〇年代はとりわけ暴動が頻発した。だが、一七八七年には一時的に温暖な気候が戻り、小麦が豊作であった。フランス政府は余剰小麦を備蓄せず、諸外国に輸出して外貨を稼ぎ、国家財政の赤字を埋めた。ところが、翌一七八八年は春から旱魃で、夏は雹害となり、冬は猛烈な寒波に襲われた。気候不順となったのも噴火が遠因である。そのために小麦は史上稀に見る大暴騰となった。前年の豊作の反動でよりいっそう凶作が身にしみた。これは政府が備蓄を怠ったために起こった失策という見方もできる。いずれにせよ、飢饉はピークを迎えた。この年の異常気象のせいで、ブドウも不作だった。小麦とブドウはそれぞれパンとワインの原料である。農業国のフランスにとって、小麦とブドウは生命線だった。そのいずれもが瀕死の状態になった。一七八八年はそのような年だったのである。

さて、ふたたび舞台は日本に戻る。陸奥地方の諸藩は天明の飢饉の煽りをまともに受けたが、ほとんど例外的にその影響から免れた藩があった。ほかならぬ白河藩である。安永三年（一七七四）に白河藩主松平定邦の養子になった定信が、家督を相続して白河藩主に就任したのは、奇しくも飢饉が本格化した天明三年（一七八三）であった。そこから定信の快進撃が始まる。凶作の知らせを受けた定信は、家老を通じて家臣の減俸を命じ、質素倹約を周知徹底させた。領民救済のために一切の租税を免除し、備蓄米は領民に分け与えた。その他、さまざまな施策を講じ、あらゆる対策を実行に移した。その結果、白河藩から餓死者が一人も出なかったという。これは奇跡といってよい。

そうして全国的に飢饉が続き、江戸・大坂で打ちこわしが頻発した天明七年、定信は三十歳の若さで老中首座に抜擢された。むろんそれは家柄や血筋もさることながら、危機管理能力を遺憾なく発揮した白河藩主としての手腕を見込まれてのことであった。知恵と指導力で白河藩を救った定信は、今度は日本全土にわたる改革に着手することになる。

天明年間（一七八〇年代）における地球的規模の気候変動によって、北半球全体が飢饉に襲われた。そのメカニズムは次の通りである。すなわち、日本の浅間山とアイスランドのラキ山の噴火による噴煙は成層圏にとどまって太陽光を遮り、日射量を減少させる（アンブレラ現象）。そのために、地球上の熱バランスに変化が起き、偏西風が蛇行するという現象を引き起こし、低温化という異常気象が発生するという連鎖である。恒常的な低温化により、北半球全体の農作物が極端な不作に陥り、飢饉が常態化した。

数年間にわたる飢饉と悪政に堪えかねたフランスでは、一七八九年に暴動が起き、パリのバスチーユ襲撃に発展した。革命の勃発である。一方、数年間の飢饉と田沼政治を一掃すべく、日本では松平定信が幕政の中枢に入り、改革を断行した。火山の噴火とそれに続く異常気象が飢饉を引き起こし、それが結果的に政治体制の変革をもたらしたわけである。それは東西両国の旧体制（アンシャンレジーム）における終わりの始まりであった。

東西の文化交流という観点で言えば、天明八年には大槻玄沢《おおつきげんたく》『蘭学階梯《らんがくかいてい》』が刊行されている。大槻は、独学でオランダ語を身に付け、『ターヘルアナトミア』を翻訳して『解体新書』を刊行した前野良沢・杉田玄白の門弟である。西洋の科学が日本に輸入され、それが定着したことを示すのが『蘭学階梯』であると言ってよい。新たな始まりの兆しがここにも見られる。

注

（1）風間誠史『伴蒿蹊集』（国書刊行会、一九九三年）「解題」参照。
（2）石村貞吉「大内裏図考証と大内裏図」（『史論』六集、一九五八年一二月）、詫間直樹「裏松古禅の著作活動について――『大内裏図考証』の編修過程を中心として」（『書陵部紀要』五五号、二〇〇四年三月）参照。
（3）岡田千昭『本居宣長の研究』（吉川弘文館、二〇〇六年）第五章「本居宣長の「御任」論」参照。
（4）藤田覚「近世朝幕関係の転換――大政委任論・王臣論の成立」（『歴史評論』五〇〇号、一九九一年十二月）参照。
（5）濱田義一郎「天明調」（『日本古典文学大辞典』第四巻、岩波書店、一九八四年）。

（6）濱田義一郎『大田南畝』（吉川弘文館、一九八六年）第五「文芸界との絶縁」参照。
（7）久保田啓一「大田南畝の天明七年――文武奨励と狂歌界離脱をめぐって」（『文学』隔月刊八巻三号、二〇〇七年五月）参照。
（8）池澤一朗『江戸文人論』（汲古書院、二〇〇〇年）第二部第六章「蘐園漢詩における陽春白雪詠の展開」参照。
（9）小林ふみ子『天明狂歌研究』（汲古書院、二〇〇九年）第二章第二節「政変下の南畝と狂歌」参照。
（10）前掲注9小林論文参照。
（11）中山右尚「『文武二道万石通』雑考――頼朝・重忠をめぐって」（『近世文芸』二七、二八号、一九七七年）参照。
（12）田家康『気候で読み解く日本の歴史――異常気象との攻防1400年』（日本経済新聞出版社、二〇一三年）参照。

寛政二年……一七九〇

社会の綻びへの対処と文芸の変質

関原　彩

寛政二年、西暦一七九〇年は、世界に目を向けてみると、前年の一七八九年に大きな転換を迎えていた。フランスでは、パリ市民がバスティーユ牢獄を襲撃し、フランス革命が始まった。そして封建制が廃止され、立憲君主制が規定された。またアメリカでは、最初の大統領選挙が行われ、ジョージ・ワシントンが初代大統領に就任した。封建社会から資本主義社会への転換点と考えられるため、西洋史ではフランス革命以後を近代とすることが多い。

欧米諸国で大きなうねりが起きていた頃、日本ではどのような出来事が起こっていたのだろうか。寛政二年の幕府の状況について整理しておこう。

幕府では、天明六年(一七八六)に十代将軍家治《いえはる》が死去すると、翌七年四月十五日、徳川家斉《いえなり》(一七七三~一八四一)が十一代将軍に就任していた。そしてそれまでの政権を担っていた田沼意次《たぬまおきつぐ》は、家治の死後に失脚させられ、六月十九日に松平定信《まつだいらさだのぶ》(一七五八~一八二九)が老中首座となる。この定信政権の人事体制は寛政元年四月頃にようやく整い、改革政治の本格的な施策はこの年以降に展開する。(1)つまり、寛政二年は改革が本格化した年といえよう。まずは寛政の改革の主要な政策を中心に見ていきたい。

社会問題への対応(一)——都市・農村政策

当時の江戸は、人口の増加が社会問題となっていた。特に天明期の打ちこわしで打撃を受けた幕府にとって、打ちこわしを起こしかねない無宿者(2)への対策は重要な課題であった。そこで幕府は寛政改革の一環として、二つの政策を打ち出している。人足寄場《にんそくよせば》の設置と旧里帰農令《きゅうりきのうれい》である。

寛政二年二月、江戸の無宿者を更正するため、隅田川河口の石川島と佃島の間を埋め立て、人足寄場を設置した。そこで無宿者に職業技術を教えて従事させ、労賃の一部を強制的に貯金させて、社会復帰する際に払い戻して釈放するのである。彼らには柿色に水玉模様を染め抜いた半纏と股引を支給し、大工・紙漉き・米搗き・油絞り・炭団作りなど、それぞれ得意な手仕事に従事させた。実現に尽力したのは、火付盗賊改役として凶悪犯罪を摘発していた長谷川平蔵で、運営にもあたっている。その後、寛政四年に寄場奉行が置かれ、この施設は幕末まで存続した。

さらに十一月には、江戸に流入した農民を帰郷させるため、旧里帰農令を出した。(3) これは農業を捨てて江戸へ来た者の内、故郷への帰農を願う者に対して、幕府が旅費や農具等の代金を支給し、帰農を促そうというものである。当時江戸などの大都市には、多くの人口が流入していた。そのため需給が不安定になり、打ちこわしの発生要因にもなっていた。一方農村では、農村人口の減少に伴って土地の荒廃が進み、年貢収入が減少していた。

旧里帰農令はその後、寛政三年、五年の三度に渡って発せられたが、効果を上げることは出来なかった。その日暮らしで何とか食べていくことが出来るような、気楽さを求めて江戸に来た農民たちは、帰郷を望まなかったのである。この農村の人口減少と都市部の人口増加の問題は、解決されることなく時代は進んでいく。そして天保の改革で人返し令が発せられることになるのである。

社会問題への対応（二）――経済政策・風俗統制

当時の江戸は物価の高騰が問題となっていた。天明三年の凶作で米価と物価が高騰し、天明七年以降に豊作が続いて米価は下がったものの、物価は依然として高騰した状態が続いていたのである[4]。これを受け天明七年以降、倹約令と物価引下令が度々出されていたが、解消する兆しは見られなかった。そのため、幕府は本格的な物価引下げの政策に乗り出した。その法令の内容は、仕入れ・問屋・仲買・小売それぞれの価格を全国的に調査し、寛政二年二月に都市の問屋仲間に物価を引き下げさせようとするものであった[5]。しかし、翌年の関東大洪水で再び物価が高騰したことや、問屋の抵抗に合ったことなどの理由から、物価引下令は効果を上げることはできなかった。

さらに、奢侈品の消費の抑制も行っている。寛政二年二月には華美な雛人形の販売者、十二月には銀製の煙管などの販売者を処罰している[6]。

歓楽街として栄えた中洲《なかず》新地が取り払われたのも、この頃のことであった。中洲とは、隅田川と箱崎川の分流点にあった三俣と呼ばれる浅瀬を、明和八年（一七七一）に埋め立てて作られた場所のことである。広さ九六七七坪（約三・二ヘクタール）に多くの茶屋などが建てられ、吉原が火災で焼失した際には仮宅も設けられた。しかし、寛政元年十月より取り払いの工事が始まり、翌二年三月には元の川筋に戻された。取り払われた理由については、この年の夏に起きた大洪水の原因が、中洲埋め立ての川幅縮小にあると考えられた[7]。しかしこれは表向きの理由で、実際には繁栄した中洲の風俗統制や奢侈禁止のためではないかと考えられる[8]。

中洲の取り払いに併せて、大川筋の川浚いも行われた。そこで出た泥土は隅田川の土手普請に用いられたという。『武江年表』の寛政元年の喜多村筠庭《いんてい》による増訂箇所には、「筠庭云ふ、浅草川の洲を浚《さら》ひ、隅田川土手普請の土となる。土持人足かよひの為め仮橋かゝる。中洲取払の時、屋根舟もやかたも今は御用船ちつゝんは止みつちつんで行く」(9)と狂歌を交えて土手普請の様子が記されている。さらに『梅翁随筆《ばいおうずいひつ》』（著者未詳）では、この時に堤に桜が植樹されたとしている。(10)

隅田川のつゝみに桜の並木を植《うゑ》しも、此頃のことなり。むかしは此堤高からず。さればみめぐりいなりの石の鳥居は、笠木堤の上へ出たりしが、三股中洲の新地とりはらひに成《なり》し時、其土を以て堤を高くして築上《きづきあげ》たり。

隅田川堤の桜の植樹時期については諸説あるが、享保年間に吉宗の命によって植えられ、その後延享・明和・寛政年間に補樹されたという説が有力である。(11) 隅田川堤が桜の名所となったのは、中洲の取り払いという風俗統制が絡んでいることがわかる。

定信が倹約令や風俗統制令を頻発したのは、江戸の景気が悪化すれば、江戸に流入した者たちが帰郷するだろうと考えたためである。そして帰郷して就農する者が増えれば、生産量が増加し、物価を安定させられると予想していた。しかし、これらの政策では物価の高騰や江戸への人口流入を抑えることは出来ず、結果的に施策に行き詰まってしまう。

産業の進展──特産物の生産

その一方で、産業についても進展もあった。八代将軍吉宗は輸入に頼っていた産物の国内生産を奨励し、朝鮮人参と白砂糖の栽培及び研究を進めていた。時を経てこれらに進展があったのが、寛政二年である。砂糖は舶来品として珍重されていたが、輸入量の増加は外貨の流失を招いていた。そのため、吉宗によって砂糖の国産化が進められ、享保期（一七一六～三五）頃から、薩摩などでさとうきびの栽培が行われるようになる。しかし、白砂糖の精製の研究は思うように進んでいなかった。

讃岐高松藩では、領内に主要な産物がなかったため、江戸から砂糖の製造に詳しい池上幸豊を呼び、研究が進められた。その時はすぐに効果を上げられなかったものの、研究を引き継いだ向山《さきやま》周慶が寛政二年、ついに白砂糖の製造を成功させた。(12) その後享和年間（一八〇一～〇四）には、白砂糖は讃岐の主要産物の一つとなる。さらに文化期（一八〇四～一八）になると、品質が改善され、生産量が増えていく。『守貞謾稿《もりさだまんこう》』（喜多川守貞著、天保八～嘉永六年）には、「その創製は天明・寛政の頃なるべし。今、白糖は讃州を第一、阿州これに次ぎ、駿・遠・参・泉等またこれに次ぐ(13)」と記されている。また、『塵塚談《ちりづかばなし》』（小川顕道著、文化十一年）にも「讃岐国産は雪白のごとく、舶来にいささかおとらず(14)」と評価されている。

一方で、漢方として珍重された朝鮮人参の栽培と売買の自由化を、幕府が行ったのもこの年のことであった。(15) 朝鮮人参も砂糖と同様に、輸入に頼っていたが、外貨流出の主な原因となっていたため、吉宗の時代に官営栽培されるようになっていた。しかし栽培が各地に広がり、価格が安定してきたことから、栽培が自由化されたのである。さらに、諸藩でも殖産興業策として栽培が奨励された。平賀源内は、朝鮮人参や白砂糖の栽培・製造について『物類品隲《ぶつるいひんしつ》』（宝暦十三年〈一七六三〉刊）という書物にまとめている。(16) 本書の凡例の中で源内は、「人参・甘蔗国益少なからずとす」(17) と記し、人参と白砂糖の栽培・製造の重要性を説いている。輸入に頼らず国内で生産することで、外貨の流出に歯止めをかけようとしたのである。また特産物の生産は、藩の自給性の強化につながり、幕末に向けて藩の重要な資金源となっていく。

朝幕関係の悪化

この時期、幕府と朝廷の関係にも動きがあった。当時皇位についていた光格《こうかく》天皇（一七七一～一八四〇）は、安永八年（一七七九）に崩御した桃園天皇に皇子がいなかったため、閑院宮家からわずか九歳で即位した天皇である。光格天皇は君主としての意識が強く、朝廷の権威向上を目指して、朝廷の様々な神事や儀式の再興と復古に取り組んだ。中でも、寛政二年に完成した御所の再建問題について述べておこう。(18)

天明八年正月に京都では大火が発生し、御所・二条城をはじめ多くの建物が焼失した。市中の過半が被災したこの大火は、応仁の乱以来の惨事と言われる。

焼失した御所の造営は、幕府の責任の下に行われた。幕府は三月に老中松平定信を御所造営総奉行に任命し、造営の準備に取りかかった。当初幕府は財政難から経費節減を目指し、まず仮御所を造り、その後焼失前と同じ規模の内裏を徐々に再建しようとした。しかし朝廷側は、紫宸殿と清涼殿は平安時代の内裏と同じものを作るという、復古的で荘厳な造営計画を求めてきたのである。これは公家の裏松《うらまつ》光世《みつよ》がまとめた、『大内裏図考証』という平安大内裏の研究成果に基づく要求であった。

定信は関白への説得を試みるが、結局幕府は朝廷に押し切られる形で、朝廷の要望通りの造営が決まる。そして御所は寛政元年三月に着工し、翌二年十一月に竣工した。これは朝廷の権力が強化されつつあることを示している。[19]

さらにこの時期にはもう一件、幕府と朝廷の関係を悪化させる事件が起きていた。光格天皇が実父に天皇の譲位後の称号である太上天皇の尊号を贈ろうとした、いわゆる尊号事件である。天明二年頃から内談が持ちかけられ、寛政元年に正式に幕府に天皇の要望が伝えられた。しかし、幕府は即位していない者に尊号を贈る道理はないとして、再考を促した。これに対し天皇は、寛政三年に尊号の可否を問う異例の勅問を公卿群議に委ねて、圧倒的な支持を得たものの、ここでも幕府は認めなかった。その結果、天皇は幕府の同意なく尊号宣下を行うことを表明したため、幕府は寛政五年に関係者を処罰するという強硬な手段に出たのである。

ところがこの事件は、結果的に朝廷への同情を集めることとなった。巷では尊号事件を題材にした実録物が多く作られ、貸本屋などを通して流布した。その内容は、朝廷側の中山愛親《なるちか》が定信を論破するという内容になっているのである。[20]

ところで、この頃朝廷では、国学に関心が示されるようになっていた。光格天皇の兄である妙法院宮真仁法親王は、寛政二年十月に本居宣長の『古事記伝』初帙（寛政二年刊）と『詞の玉緒』（安永八年成立、天明五年刊）を閲覧し、『古事記伝』続編が出されたときは再び献上するようにと宣長に指示したとされる。[21] また『古事記伝』は、彼を通じて光格天皇にも献上された。光格天皇が地下の国学にも興味を示していたことがわかる。これら国学の隆盛や、様々な分野の学術的な発展を基礎にして、尊皇思想は広く浸透し始めていた。[22]

寛政期のこれらの出来事により、朝幕関係には亀裂が入り、幕政への不満から朝廷への同情を集めた。さらに国学も浸透しつつあり、幕末の尊皇思想へと進んでいく萌芽が見られるのである。

対外関係——蝦夷地と琉球

対外的には、北の蝦夷地と南の琉球に関心が寄せられた。

まず蝦夷地については、前年の寛政元年にアイヌ人の反乱であるクナシリ・メナシの戦いが起きた。松前藩から場所請負となっている飛騨屋久兵衛に対し、過酷な労働などに不満を抱いたアイヌ人が蜂起したのである。松前藩は反乱を鎮圧し、クナシリの首長ツキノエ、アッケシ（現在の厚岸町）のイトコイらの協力を得て、蜂起参加者を調査し、和人殺害に関与したものを処刑した。

翌二年、松前藩士で画家でもあった蠣崎《かきざき》波響《はきょう》は、異母兄の松前藩主松前道広の命に応じて「夷酋《いしゅう》列像《れつぞう》」十二図を制作した。これはクナシリ・メナシの戦いにおいて、松前藩に協力したアイヌの首長十二人を描いた肖像画である。図1は最も有名なイトコイの像で、アッケシの首長とされる。特徴的なのは、一文字に繋がった眉と長い口髭で、これは先行するアイヌ人を描いた絵に端を発しているという。(23) 衣服は大きく竜をあしらった紺色の蝦夷錦と呼ばれる着物に、鮮やかな赤い上着を羽織って、槍を持つ姿は威厳を感じさせる。このように、「夷酋列像」はアイヌの風俗を知る上でも、貴重な資料となっている。

図1　「夷酋列像」イトコイ
（『夷酋列像——蝦夷地イメージをめぐる人・物・世界』北海道新聞社、2015年より）

波響は絵を完成させると、上洛して多くの文人や貴人に披露して評判となった。(24) それは光格天皇の目にも触れたという。その後、各地の大名の求めによって数々の模写が制作された。(25) これらの模写の中には、詞書が松平定信の筆であるとされる作品もある。老中を退いた後に模写されたと考えられているが、当時幕府の中枢を担っていた定信にとって、このクナシリ・メナシの戦いがいかに大きく関心を寄せた出来事であったかが窺える。

実はロシアと蝦夷地の問題は、幕府が対応に追われた重要課題であった。当時日本近海には外国船が出没するようになっており、例えば寛政二年にはイギリス船が紀伊の熊野浦に寄港している。特にロシアは蝦夷地に来て松前藩に交易を求めており、幕府はロシアの南下に危機感を抱いていた。このような情勢の中で起きたクナシリ・メナシの戦いは、幕府が蝦夷地の直接経営に乗り出す契機となったのである。一方アイヌにとっても、アイヌの武力による最後の戦いとなり、その敗北によって幕府の支配に組み込まれる端緒となる、決定的な事件となった。(26)

その後寛政四年には、ロシアの使節ラクスマンが根室に来航し、日本に通商を求めてくる。定信は当初、蝦夷地開発に消極的であったが、これらの出来事により具体策を検討せざるを得ない状況に追い込まれていった。

琉球使節も大きな話題を呼んだ。天明七年に将軍に就任した家斉の慶賀のため、琉球王尚穆《しょうぼく》の使節として派遣された宜野湾《ぎのわん》王子は、六月十四日に薩摩に着く。その後江戸には十一月二十一日に到着し、十二月二日に将軍家斉に拝謁している。この琉球使節を迎えるにあたり、幕府は度々お触れを出している。(27)例えば、往来の邪魔になる看板の撤去や、使節が通る際に不作法が無いようにというものなどである。人々の関心は高かったようで、琉球使節を一目見ようと見物人が殺到した。『武江年表』の増訂部分には、「筠庭云ふ、琉球人江戸着の日見物多く怪我人あり」(28)と記されており、琉球使節への関心の高さが窺える。

ここで、琉球使節の様子が描かれた図を見てみよう。図2は『琉球人行列記』(寛政二年刊)に描かれた行列の一場面である。輿に乗っているのが宜野湾王子で、王子は唐風の衣装、他の琉球の人々は琉球の服装を着ている。

さらに、慶賀使や謝恩使の来貢の際には、琉球にまつわる書籍が多く出版された。(29)例えば寛政二年には、森島中良《もりしまちゅうりょう》の『琉球談《りゅうきゅうばなし》』が刊行された。本書は『中山伝信録』などを典拠として、琉球の歴史

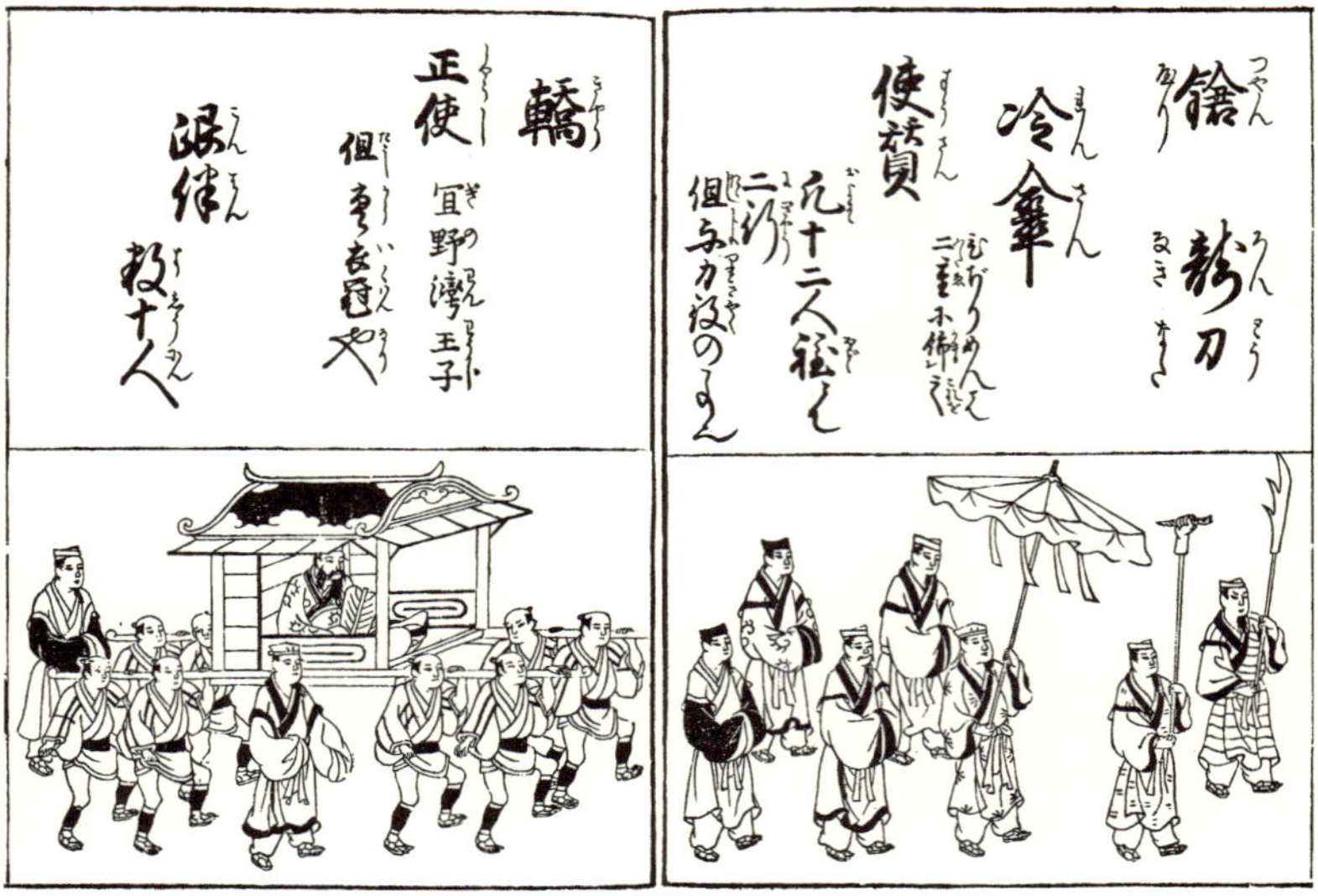

図2　『琉球人行列記』(9ウ・10オ)寛政2年の琉球使節来貢の行列
(『江戸期琉球物資料集覧』第1巻、本邦書籍、1981年より)

や風俗などを絵入りで解説している。跋文には、寛政二年冬に琉球使節が来聘することにあてこんで刊行されたことが記されている。なお、前掲の『琉球人行列記』は、使節の来聘年毎に部分修正を加えながら重版され続けた、ベストセラーである。[30] その内容は使節の来船の図に始まり、行列・持道具・献上品の目録などが絵と共に記されている。板元が人々の関心に応えるように、度々出版していたことがわかる。琉球使節の来貢は、出版界にも影響を与えるほどの一大イベントであった。

以上のように、対外的にはロシアやアイヌの脅威に晒され、国外からの圧力が掛かり始めていた。

思想・出版の統制

寛政の改革は、思想や文学の出版統制にまで及んだ。

寛政二年五月には、湯島聖堂での朱子学以外の教授が禁止される。いわゆる寛政異学の禁である。当時幕臣の風俗が乱れたのは、古学など朱子学以外の他派学問の流行が原因だと考えられた。そこで幕府は朱子学者の柴野栗山《しばのりつざん》・岡田寒泉を聖堂の儒官に招き、聖堂の改革に着手する。そして五月二十四日に大学頭《だいがくのかみ》の林信敬《はやしのぶたか》に対し、寛政異学の禁を令した。これは幕府直属の聖堂内部に限り、朱子学派によって儒学の教授や研究を行うよう命じたものである。ただし、この法令は幕臣を対象としており、全国的な号令ではなかった。そのため、以後も私塾では新しい学問が追求されていった。つまり思想統制に主眼を置いていたわけではなく、むしろ朱子学のみを用いた、官僚登用試験の実施を目指した統制であるとも考えられている。(31)

出版統制に関しては、寛政二年五月に書物や草双紙の制作や流通を規制する町触が出された。(32)町触の内容を簡単にまとめると以下の通りである。

・新しい形式の書物出版を禁ずる。
・最近の話題を、古い時代に仮託して一枚絵等にして出版することを禁ずる。
・華美贅沢な本を作ることを禁ずる。
・好色本は風俗上よくないので、段々と絶版にすること。
・子供の草紙絵本を高価に仕立てることや、昔のことを装って不謹慎なことを書くことを禁ずる。

・浮説を仮名書きの写本にして貸本とすることを禁ずる。

この町触は基本的には、享保の改革の最中に時の南町奉行の大岡忠相によって出された、出版取締令を踏襲している。享保七年（一七二二）十一月に出された取締令では、好色本の取り締まりや奥付に作者・板元の明記などを定めていたが、大きく取り締まることはしていなかった。定信は吉宗の政策を受け継ぎ、今回新たに、高価な豪華本や、時事的な内容を記した一枚絵・草双紙・貸本を禁止したのである。高価な本の取り締まりは、経済政策としての奢侈禁止に通じる。さらに今回の取締令は、規制の対象が草双紙まで拡大していることが注目される。[33]

時事を扱う黄表紙や、好色本としての洒落本が処罰の対象となった背景には、田沼意次の失脚や打ちこわし・松平定信の老中就任などの、時事的話題を風刺した黄表紙が出されていたことによる。特に『文武二道万石通《ぶんぶにどうまんごくどおし》』（朋誠堂喜三二《ほうせいどうきさんじ》作、喜多川行麿画、天明八年刊）、『鸚鵡返文武二道《おうむがえしぶんぶのふたみち》』（恋川春町《こいかわはるまち》作、北尾政美画、寛政元年刊）、『天下一面鏡梅鉢《てんかいちめんかがみのうめばち》』（唐来参和《とうらいさんな》作、栄松斎長喜画、寛政元年刊）の三作は、市中で大評判となっていた。また、田沼意次の失脚の契機となった長男意知の刃傷事件に取材した『黒白水《こくびゃくみず》鏡《かがみ》』（石部琴好作、北尾政演画、寛政元年刊）は、作者が幕府の御用商人だったことから問題視される。定信は寛政元年四月頃までにこれら四作の絶版を命じ、作者にも圧力をかけた。秋田藩の武士であった朋誠堂喜三二は、主君から戯作の筆を折るよう言われ、国元に配置換えとなった。また恋川春町は、定信から召喚されてしまうが病気を理由に応じず、寛政元年に死去した。このように武家作者は次々と黄表紙界から去っていったのである。

さらに十月、草双紙を含む地本《じほん》への取り締まりは強化される。地本問屋の仲間行事による検閲が義務化されたのである。(34) 地本問屋とは、庶民向けの出版物を扱っていた板元を指す。彼らは当番制で行事を勤め、出版する前の浮世絵などの検閲を行うこととなった。(35) これにより、草双紙や浮世絵には検閲の印である改印が押されるようになる。その後は時代と共に検閲官が代わり、寛政十二年には検閲の係である改掛の名主が定められるが、天保の改革の際には地本問屋仲間が解散させられ、町名主が検閲を行うようになる。これに伴い、年代によって検閲印の種類や形も変化していった。浮世絵の改印の制度は、明治八年頃まで続き、今日ではこの改印は、浮世絵のおおよその刊行年代を判定する際の有力な手がかりとなっている。

寛政二年に出された二つの取締令は、幕府が問題のある黄表紙の出版を許さないという強い姿勢を示している。以後時事的内容を取り上げることは自粛され、教訓味の強い作品が増えることになるのである。

戯作の隆盛——山東京伝

寛政元年までの黄表紙の絶版処分により、それまで黄表紙界を牽引してきた恋川春町や朋誠堂喜三二などの武家作者たちが、戯作の世界から離れてしまった。このような中で戯作の世界に踏みとどまったのが、町人作家の山東京伝《さんとうきょうでん》(一七六一～一八一六)である。画工から出て黄表紙に進出した京伝は、黄表紙では『御存商売物《ごぞんじのしょうばいもの》』(天明二年刊)、『江戸生艶気樺焼《えどうまれうわきのかばやき》』(天明五年刊)などで既に人気を博

図3　『心学早染草』（9ウ・10オ）善・悪の心を擬人化した善玉悪玉
（『日本古典文学大系59　黄表紙・洒落本集』岩波書店、1985年より）

していた。さらに遊郭を題材にした洒落本は、遊里の事情に精通していた京伝の登場によって天明期に全盛を迎え、『総《そう》籬《まがき》』（天明七年刊）などが出されている。このように京伝は既に評判作者となっていたが、寛政二年には黄表紙・洒落本のそれぞれで、後の作者にも影響を与えたヒット作を刊行している。まずは黄表紙の作品を見てみよう。

黄表紙『心学早染草《しんがくはやぞめぐさ》』（北尾政美画）は、善悪の心を擬人化して描くことで大当たりをとった。あらすじは、真面目に暮らしていた主人公の理太郎が、ある時悪玉に魂を乗っ取られ、廓通いに現を抜かしてしまう。その後泥棒にまで成り下がったところを、通りがかりの心学者道理先生に助けられるという話である。

本作に登場する善玉・悪玉というキャラクターは、(36)丸に「善」「悪」の文字を入れた顔に、褌一丁という滑稽な姿で描かれている。図3の場面は、遊郭から家に戻ろうとする善玉と、居続けようとする悪玉が理太郎の腕を引っ張り、擬人化したキャラクターによって、心の葛藤がわかりやすく表現されている。この善玉悪玉は、当時の戯作者たちに大きな影響を与えた。(37)作品に善玉悪玉を登場させることで、登場人物の心の様子を表わしたり、抽象的な事物を擬人化する際の便利なツールとして用いられたのである。それは黄表紙等の戯作のみならず、浮世絵や歌舞伎の舞踊などにも取り入れられ、その影響は明治期まで見られる。

さらに本作は、書名に記された通り、当時流行していた心学をあてこんだ作品となっている。心学とは、石田梅岩を祖とし、儒教・仏教・道教・老荘思想などを取り入れた庶民教育のことである。書名には、当時売られていた染め粉「早染草」のように、本書を読めば心学の教えがたちまち身に染み付くはずだ、という意味合いが込められている。(38)当時江戸では手島堵庵《てじまとあん》や中沢道二《なかざわどうに》がさかんに講話を行なっていた。作中では、中沢道二を思わせる道理先生が登場し、理太郎の更生を助ける重要な役回りをしている。

続いて洒落本のヒット作を見てみよう。『傾城買四十八手《けいせいかいしじゅうはって》』は、登場人物の心情をも写し出すような優れた会話描写が高く評価されている。四話四章の短編の内、特に最終章「真の手」は、遊郭での男女の関係からは逸脱した、客と遊女の真の愛情が描き出されている。客の男はかつては派手に遊んでいたが、今はその金も尽きてしまい、遊女が夜具を売ったり、他の客から無心してもらうことで、何とか支払いを工面しようとしている。男は「まだ此上勘当《このうへかんどう》をうけて薦《こも》を着ても、てめへと一ッ所《しょ》に居れば本望《ほんまう》だ」(39)と言い、遊女は「ぬしゆへなら、わつちが身はどふなつてもようござんす」と遊女奉公の年季を増してでも男に尽くそうとする。本来遊郭では、遊女は手練手管を用いて客に金を出させ、客もそれを承知の上で遊ぶものだが、ここでは本気で惚れあった二人を描いていており、二人の台詞からは哀感が漂ってくる。

それぞれの章の最後に、「評曰」と始まる作者京伝の叙述が加えられていることも特徴である。登場人物の心理を冷静に分析して批判するこの様式は、後の作者たちに影響を与えた。(40)例えば、式亭三馬は『傾城買四十八手』などの京伝の洒落本を模倣した作品を著し、人間観察の描写態度を受け継いでいる。そして滑稽本『浮世風呂』に見られる写実の細かさの手法は、京伝から得ていると指摘されている。(41)

本作刊行の翌年の寛政三年、京伝は洒落本三部作『錦之裏《にしきのうら》』『仕懸文庫《しかけぶんこ》』『娼妓絹籭《しょうぎきぬぶるい》』を蔦屋重三郎から出版した。(42)しかし前年に出された好色本の出版統制令に抵触したとして、筆禍に遭う。京伝は手鎖五十日という重い処分を被り、板元の蔦屋重三郎は財産の半分を没収される身上半減という処罰を受ける。この筆禍事件によって自主規制が強まり、以後江戸では表立って洒落本は出版されなくなった。

『傾城買四十八手』「真の手」に見える哀感や、同じく寛政二年刊の『繁千話《しげしげちわ》』の愛人への哀訴、寛政三年刊の洒落本三部作で描かれた遊女と遊客の駆落ち・心中計画などは、洒落本の内容を人情中心の作風へと変化させていった。その後会話体によって市井の恋を写実的に描いた人情本が、天保期に全盛を迎える。さらにこれら人情本を踏まえて、近代小説では人間の心理をより緻密に描くことを求めていったのである。

＊　＊　＊　＊

寛政二年は、江戸への人口の流入や物価高騰など、様々な社会問題が噴出する中で、寛政の改革の施策が本格的に打ち出された年であった。それは幕府の脅威となるものに対し圧力をかけ、秩序を正そうとしたと言える。しかしこれには限界があり、行き詰まりによって出た綻びは、定信が老中の座を辞してからも引き継がれることになる。

文学の世界でも、豪華本や時事を扱う黄表紙、好色本としての洒落本が処罰の対象となった。そのことで洒脱で知的な天明文化を支えた武家作家が去り、作品の質も教訓的なものへと変わっていく。

この年の特徴をまとめるならば、〈これまで社会を支えてきた枠組みに綻びが出たことへ対処しようとした結果、文化も変質を迫られた年〉であったといえよう。

注

（1）竹内誠「天明末～寛政初年出版の黄表紙」（『寛政改革の研究』吉川弘文館、二〇〇九年。初出一九九一年）。

（2）無宿者とは、人別帳に戸籍のない浮浪人のこと。

(3) 竹内誠「旧里帰農奨励令と江戸の雇傭労働」(前掲注1書。初出一九七七年)。
(4) 竹内誠「物価引下令と七分積金令」(前掲注1書。初出一九七三年)。
(5) 『御触書天保集成』下(岩波書店、一九四一年)六一〇六。
(6) 高澤憲治『松平定信』人物叢書新装版(吉川弘文館、二〇一二年)。
(7) 多田光「中洲」(『洒落本大成』十八巻月報、中央公論社、一九八三年)。
(8) 前掲注6書、棚橋正博・村田裕司編著『絵でよむ江戸のくらし風俗大事典』(柏書房、二〇〇四年)。
(9) 『増訂武江年表』二(東洋文庫、一九六八年)。
(10) 『日本随筆大成』第二期十一(吉川弘文館、一九七四年)。
(11) 『遊歴雑記』(十方庵敬順著、文化十一年序)には「隅田堤の花王《さくら》は、享保年間に植させ給ひ、その後延享・明和・寛政年間と度々に添給ひ」と記述されている(引用は『遊歴雑記初編』二〈東洋文庫、一九八九年〉)。
(12) 『日本農業全集』第七〇巻解題(農山漁村文化協会、一九九六年)。
(13) 『近世風俗志』五(岩波文庫、二〇〇二年)。
(14) 『塵塚談・俗事百工起源』古典文庫五四(現代思想社、一九八一年)。
(15) 『御触書天保集成』六〇七九。
(16) 『塵塚談』には「平賀源内が述作せし『物類品隲』に、砂糖の製方を委《くわ》しく記したり」と書かれており、源内の書が知られていたことがわかる(引用は前掲注14書)。
(17) 前掲注12書。
(18) 御所の再建問題については、藤田覚「寛政期の朝廷と幕府」(『歴史学研究』五九九号、一九八九年十月)、「寛政内裏造営をめぐる朝幕関係」(『日本歴史』第五一七号、一九九一年六月)、『幕末の天皇』(講談社選書メチエ、一九九四年。のち講談社学芸文庫、二〇一三年)を参考にした。また、本稿脱稿後に出された同氏『光格天皇』ミネルヴァ日本評伝選(ミネルヴァ書房、二〇一八年)も詳細に論じられている。
(19) 前掲注18論文「寛政内裏造営をめぐる朝幕関係」。
(20) 前掲注18書。
(21) 盛田帝子『近世雅文壇の研究——光格天皇と賀茂季鷹を中心に』(汲古書院、二〇一三年)。
(22) 前掲注18書。
(23) 春木晶子「夷酋列像——十二人の「異容」と「威容」」(『夷酋列像——蝦夷地イメージをめぐる人・物・世界』展図録、北海道新聞社、二〇一五年)。
(24) 『夷酋列像——蝦夷地イメージをめぐる人・物・世界』所収「夷酋列像をめぐる人」によると、江戸では柴野栗山・岡本花亭など、京坂では大典顕常などの僧侶、岸駒・呉春などの絵師、木村蒹葭堂・橘南谿・伴蒿蹊などの文人などが閲覧し、幅広い人々と絵を通じて交遊していたことがわかる。
(25) 前掲注24書には、諸大名が制作に関わった模写の諸本が掲載されている。
(26) 川上淳『近世後期の奥蝦夷地史と日露関係』(北海道出版企画センター、二〇一一年)。
(27) 『江戸町触集成』第九巻(塙書房、一九九八年)九六二二—二三・九六二八・九六三二—三四・九六三八。
(28) 前掲注9書。
(29) 東喜望「近世中期の琉球誌」(『沖縄文化研究』二、一九七五年十月)。
(30) 横山學「琉球物刊本の変遷過程」(『江戸期琉球物資料集覧』第四巻、本邦書籍、一九八一年)。
(31) 熊倉功夫「化政文化の前提——寛政改革をめぐって」(『化政文化の研究』岩波書店、一九七六年)。
(32) 『御触書天保集成』六四一七。なお、出版統制については、佐藤至子『江戸の出版統制——弾圧に翻弄された戯作者たち』(吉川弘文館、二〇一七年)に詳しい。
(33) 前掲注32佐藤氏書。
(34) 『御触書天保集成』六四一八。
(35) 佐藤悟「近世後期江戸の出版統制」(『寛政の出版界と山東京伝』展図録、たばこと塩の博物館、一九九五年）に、地本問屋については享保の改革の折に仲間の結成が命じられ、享保六年には問屋に検閲を行わせる政策が立案されていたが、実際にはこの検閲は機能していなかったであろうと指摘されている。

(36) 厳密には『心学早染草』の本文中では、「よきたましゐ・あくだましゐ・わるたましゐ」と記されており、その一方で善玉悪玉の語は、本作以前から存在していた。作品がヒットしたことでこの語が定着し、京伝も『堪忍袋緒〆善玉』（寛政五年刊）では、善玉悪玉の名称を用いた。

(37) 『心学早染草』善玉悪玉の影響については、拙稿「『心学早染草』善玉悪玉の影響――寛政から文化・文政まで」（『学習院大学国語国文学誌』第五八号、二〇一五年三月）、「『心学早染草』善玉悪玉の影響――天保から幕末まで」（『学習院大学人文科学論集』第二三号、二〇一四年十月）、「『心学早染草』善玉悪玉の影響――明治期」（『学習院大学人文科学論集』第二四号、二〇一五年十月）参照。

(38) 棚橋正博『山東京伝の黄表紙を読む――江戸の経済と社会風俗』（ぺりかん社、二〇一二年）。

(39) 『洒落本・滑稽本・人情本』新編日本古典文学全集八〇（小学館、二〇〇〇年）。

(40) 水野稔「京伝洒落本の影響」（『江戸小説論叢』中央公論社、一九七四年。初出一九六一年）。

(41) 前掲注40論文。

(42) なお、山東京伝は初めて原稿料だけで生計を立てた作家と言われている（佐藤至子「戯作と報酬」『江戸文学』第四二号、二〇一〇年五月）。『山東京伝一代記』には、出版の前年寛政二年に、洒落本三部作の原稿料を受け取ったと記されている。それまでの黄表紙作者は、武士の身分の者も多く、原稿の謝礼は板元が遊興費を支払うなどの形で行われていた。しかし武家出身の戯作者と異なり、京伝は町人の身分であり、その後原稿料で生計を立てた曲亭馬琴や十返舎一九などの先駆けとなったのである。

文化五年……一八〇八

異国情報と尚古　知のダイナミズム

有澤知世

文化年間といえば、江戸時代を代表する華やかな季節の一である。

江戸で新興の文芸が次々に誕生し成熟していった「化政《かせい》文化」は、上方中心の「元禄文化」と並んで江戸時代俗文芸のピークとして称されることが多く、文運東漸《ぶんうんとうぜん》を経た文化の隆盛を見ることができる。

その一方で、知識人を中心に古い文物への憧憬が高まり、自分たちの文化のルーツを探ろうという大きな機運が生じたのは、幕政の衰えや海外事情の変化によって体制の変化を迫られたことへの反動でもあったのだろうか。

十九世紀の幕開けに位置する文化五年は、成熟と変動、革新と尚古という両側面を併せ持っている。

日本を取り巻く海外事情の変化——海防問題

十八世紀後期になると日本をとりまく国際関係が大きく変化した。いちはやく産業革命を経過したイギリスが東アジアに進出したことにより、鎖国政策を敷いている日本を揺るがしかねない事件が起きている[1]。

イギリス軍艦フェートンPhaeton号による長崎港不法侵入事件、いわゆるフェートン号事件である。

文化五年八月十五日、オランダ国旗を掲げて長崎に来航したフェートン号は、入港手続のため長崎奉行所の検使・通詞らとともに出向いたオランダ商館員二名を拉致し、オランダの国旗を撤収して英国旗を掲げ、人質をたてに食糧・飲料水を強要した。

十七日に同艦は長崎港を去ったものの、長崎奉行松平康英は国威を辱めた責任をとって自刃、当年の長崎警衛の当番であった佐賀藩では番頭の切腹、藩士らの処分が行われ、さらに十一月に至り、藩主鍋島斉直も咎を受けた。

翌年より、長崎に来航する外国船に対する臨検・入港手続が厳重となり、防備体制の強化がはかられた。この事件は幕府に大きな衝撃を与え、文政八年(一八二五)の異国船打払令のきっかけとなった(2)。

他方、北方でも新たな動きがある。

文化五年四月十三日、蝦夷地御用雇の間宮林蔵《まみやりんぞう》(一七七五〜一八四四)が松田伝十郎《まつだでんじゅうろう》とともにカラフト島に渡り、一〇〇日におよぶ踏査旅行を経てカラフトが離島であることを確かめた(3)。後にシーボルトがこの功績を称え、林蔵が確認したアジア大陸とカラフトとの間にある海峡を「間宮海峡」と名付けている。

この調査は、天明五年(一七八五)から続く蝦夷地開発計画の一環であり、背景にはロシア勢力に対する危機感が存した。

文化元年(一八〇二)十月、露米会社の重役レザーノフが遣日使節となって長崎に渡来し通商を要求した。幕府はこれを拒絶したが、同三年から四年(一八〇四〜〇五)にかけてロシア船による暴行事件がおこったため、幕府は東北諸藩を動員して蝦夷地防御にあたらせ、それとともに白河・会津両藩に江戸湾の防備を命じた。

文化四年に蝦夷地全域を幕領とし、松前奉行がその経営にあたっていたものの、こういった不穏な動きは市民にも不安を与え、加藤曳尾庵《えいびあん》(医師。一七六三〜没年不明)の随筆『我衣《わがころも》』(4)文化五年の記録

に、「此比、種々の雑説奇談の内」として

きみわるくおろしやの船や松の春

の句が書き留められている。これは「文化五年正月日、流行の会」にて披露されたものらしい。この他にもロシアについての言説が多く書き留められており、江戸の市民達が高い関心を寄せていたことが窺える。

さて文化面に目を向けると、江戸ではいよいよ新興文芸である戯作《げさく》が市民権を得、職業的な作者たちが様々な実験を行いながら形式や内容を確定させていったが、それとて海外事情や幕府の政策、知識人たちの動向とあらゆるレベルで連動している。

仮に、文化五年の文化を〈新興文芸と尚古趣味とが併存し、知識人や文化人のネットワークをつうじて知のダイナミズムが生まれた時期〉と定義し、以下具体例を検討してゆく。

上方文芸の成熟――『春雨物語』文化五年本

上田秋成《うえだあきなり》（一七三四～一八〇九）がその最晩年である寛政年中から文化五年（一七六九頃～一八〇八）にかけて執筆した、『春雨物語』と名付けられた物語集は、作者没年の文化六年まで全面的な改稿が続けられていたものの、文化五年三月、現在知られる十編の形を以て一度まとめられたことが知られている。(5)

秋成はその前年の文化四年秋、草稿五束を井戸に投げ入れた。彼は「難波の。竹斎」（大坂の書家森川竹窓と推定されている）宛ての書簡の中で、「無益の草紙世にのこさじと。何やかやとりあつめて。八十部ばかり。庭の古井にしづめて。今はこゝろゆきぬ（役にもたたない草稿は、この世に残すまいと、何やかや取り集めて、八十部ばかりを庭の古い井戸に沈めて、今は心落ち着いています）」(6)とその境地を語っている。

彼が草稿を「無益」と言い表しているのは、「表現することは嘘をつくことであるという認識」(7)があり、物語を執筆することへの葛藤があったからである。

そのため著書投棄は秋成の執筆人生の節目として捉えられており、『春雨物語』に彼の晩年の文学観を見出そうとする研究が多く存する。

『春雨物語』が複数のテクストを持つ意味について、親しいひとへの贈り物として、(8)あるいは自由な表現として、(9)と様々な説が提示される中で、近年長島弘明氏(10)によって紹介された文化五年六月二十二日付（推定）秋成直筆の書簡に、「いせ人」(11)が『春雨物語』を所望しているため大坂の人に清書させたいと考えている旨、本屋が刊行を提案しており、そのことについて書簡の受信人に相談したいという旨などが認められていることが明らかとなった。

秋成直筆本が鑑賞者にとって特殊な意味をもち、特定の読者を想定したものであることが従来指摘されており、テクストの流動を止め均一な形式で世に出される出版という形式はそういった直筆本の在り方とは相反するものと考えられてきたが、この書簡の紹介により、秋成が『春雨物語』執筆にどのような意味を見出していたのか、ますます活発な議論が行われることとなるであろう。

いずれにせよ『春雨物語』執筆の在り方と、当時における作品享受の様相からは、上方文芸のひとつの到達点を見ることができる。

江戸文芸における試み（二）――合巻《ごうかん》の成立

一方、江戸で興った新しい文芸はいよいよ隆盛を迎えていた。

文学史的に、安永・天明頃（一七七二〜八九）に確立・流行し、幕末まで続いた新小説群を戯作《げさく》と称し、寛政の改革以前を「前期」、以降を「後期」と位置づけている。[12]

中村幸彦氏は、前期戯作の担い手は知識人や儒者であり、戯作を第二文芸や余技として区別する意識から、見識や見得を以て「戯」の遁辞を用いたこと、対して後期における作者は筆料をとって職業的に戯作を執筆し、誇りを持って自らを戯作者と称し、戯作が商品化したことを述べ、戯作の前・後期の性質の違いを示しておられる。

寛政の改革によって武家作者たちが撤退し、洒落本《しゃれぼん》などにおける遊里の描写や黄表紙《きびょうし》などにおける政治への言及が禁じられた江戸の戯作界は新たな担い手を必要とし、山東京伝《さんとうきょうでん》（一七六一〜一八一六）や曲亭馬琴《きょくていばきん》（一七六七〜一八四八）、式亭三馬《しきていさんば》（一七七六〜一八二二）といった「職業的」作者たちは進むべき方向性を模索することとなる。

さて、寛文頃（一六六〇〜）から明治十年頃（一八八六）にいたる二二〇余年間に江戸で刊行された絵主文俗の版本を「草双紙《くさぞうし》」という。

内容や形式に従って、赤本《あかぼん》、黒本《くろほん》・青本《あおほん》、黄表紙、合巻《ごうかん》の名称で呼ばれるが、いずれも中本《ちゅうぼん》と呼ばれる大きさで、美濃紙を半裁し二つ折り（ほぼB6版）の袋綴じにし、五丁（二つ折りの紙を「丁」という）を一巻一冊としており、毎丁絵を入れて余白に平仮名文字を主とする文章を書き入れるという特色を持つ。

もともと正月に年玉として子どもへ買い与えられた縁起物で、初期草双紙の赤本はよく知られた昔話や伝承などに材を採った平易なものが多く、めでたい場面で終わりを迎える他愛ないものである。恋川春町作・画『金々先生栄華夢《きんきんせんせいえいがのゆめ》』（安永四年〈一七七五〉刊）を祖とする、大人向けの草双紙である黄表紙は、ナンセンスな滑稽さを専らとし、当世風俗をうがつことにつとめたが、寛政の改革の影響により教訓的内容へと傾き敵討ちものが流行する。筋の複雑化を狙い長編化したことにより、五丁一冊をまとめて製本したものが合巻である。

その始まりには諸説あるが、文化四年（一八〇七）に刊行された、京伝作『於《お》六《ろく》櫛《ぐし》木曾《きそ》仇討《あだうち》』（歌川豊国画）が初めて草双紙に見返と口絵（本編の前に登場人物の姿を掲出した箇所）を備え、以降その形式が踏襲されていることから、本作以降の草双紙を合巻と称するのが一般的である。(13)

江戸文芸における試み（二）——作者たちの工夫

翌文化五年には戯作者たちが競うように様々な試みを行っており、当時の戯作界の様子を窺うことができる。

たとえば同年に刊行された『歌舞伎伝介忠義話説』（曲亭馬琴作、勝川春亭画）では、表紙の絵題簽《えだいせん》

図1　『妹背山長柄文台』（豊国画、文化9年〈1812〉）表紙
（『山東京伝全集』合巻5、ぺりかん社、2014年より）

（作品の題名と共に絵が描かれた小紙。表紙に貼られていた）が錦絵風の精緻な摺刷りになり、従来は各巻独立した構図であったものが、上下巻連続する構図となっている。この工夫は後年まで受け継がれ、合巻の表紙は華やかに彩られてゆく（図1）。

また三馬は同年刊行の『敵討宿六始《かたきうちやどろくのはじまり》』『御堂詣《みどうまいり》未刻太鼓《おやつのたいこ》』『鬼児島名誉仇討《おにこじまほまれのあだうち》』計二十四冊を一緒に製本し、半紙本型六冊の「大合巻」と号して売り出した（西宮新六板）。『敵討宿六始』の巻頭に置かれた「伏稟《こうじやう》」に、大合巻刊行の意図が記されている。[14]

ことしあらたに大部合巻をつくりて。絵入よみ本のたくひとむれを同じうせん事を思ふ。すべておこなはるゝよみ本を見るに。おほかたは絵の多きをめでてもとむる事とはなりぬ。されどいかほど多き絵入なりとも。よみ本には其かぎりあり。しかるに此大部の合巻は。はじめよりをはりまで絵ならざる所もなく。ましてちかごろの作意は。よみ本の趣向草双紙の趣向とて。おもきかるき。ふかきあさきのわかちなく。いづれも喜怒哀楽愛悪の六情兼そなはり。悪をこらし善をすゝむる事をおもにつゞりて。ちかみちのをしへぐさとなせり。

読本《よみほん》とは文字中心の長編小説であるが、挿絵の多いものが好まれる風潮に着目し、画主文従の合巻を読本形式にして人気獲得を狙ったものであるという。そのため普通中本のサイズで刊行される合巻を読本と同じ半紙本形式で作り、二十四冊という大部に仕立てることで、形式上の接近を試みている。

また三馬は、読本と合巻の内容が接近しているとの見解を述べており、大合巻の体裁をとることで合巻に読み物としての性格をも備えさせる狙いがあった。(15)

この試みは、「読本まがひの趣向大きにはづれたり」(『式亭雑記』(16))と自ら記すように不評であったようだが、いずれにせよ作者自身が併存するジャンルの形式や内容の違いに意識的であり、様々な挑戦を経て合巻の内容や体裁が定まっていったことは注目に値する。

戯作に対する出版統制(一)——出版手続きの改正

しかし、出版物の在り方は作者の意志のみによって決定されるものではない。この時期にも行政による出版統制が行われ、戯作のような他愛ない作品たちもその影響下にあったのである。(17)

文化四年九月十八日、四人の肝煎名主《きもいりなぬし》(町役人)が「絵入読本 改掛《あらためがかり》」(読本を検閲する係)に任命され、読本や合巻の出版手続きの方法が改められた。

絵入読本改掛への申し渡しや書物問屋行事(書物を扱う同業者仲間の世話人)宛ての通達(『類集撰要』巻四十六(18))によると、従来新版の絵入読本類の草稿が提出されると町奉行所へ伺いをたてていたが、これ以降は、出版を願い出る者が草稿を提出し、書物問屋の行事が検閲を行った後（行事改《あらため》）、新たに任命された改掛の名主が検閲し（名主改《あらため》）、問題がない場合は出版が許可されることになったのである。[19]

さて、この検閲の対象となる書物には、合巻などの地本類（江戸で作られ、江戸で消費されるための出版物）が含まれていた。そのためこの通達が出された時に、名主たちが京伝を呼び出し、著述の在り方についての考えを話して聞かせたと考えられている。

戯作に対する出版統制（二）——表現規制と戯作者たちの言い分

これをうけた京伝は馬琴と相談し、公儀に対してそれなりの共同戦線を張った。[20] 文化四年十一月、改掛の名主の一人である和田源七に宛てて、馬琴と連盟の口上書を提出したのである（『類集撰要』巻四十六）。以下にその概要を記す。

・京伝、馬琴は普段からお互いに申し合わせ、町触を順守し、風聞などは決して書かず、勧善懲悪に配慮しており、教訓に努めているが、近年剛悪の趣意、殺伐不祥の絵組がある作品の売れ行きが良いため、少しはそうした絵組を入れざるを得ないこと
・今回の内意の趣は、近来の草紙・読本の作風はとかく剛悪殺伐不祥の絵組が多くてよろしくないので、そうした作風を変えるようにせよとのことだが、両人のみが慎んでも難しいこと
・そのため、これを生業としている作者・絵師たち全体に、内意の趣を通達して欲しいこと
・そうすれば作者・絵師で寄合をし、秋以降の作風から殺伐不祥のことをできるだけ省くよう相談

し、一同慎むこと

特に「剛悪殺伐」の表現について言及しているのは、合巻や読本に過剰な表現が増加したためであろう。

先述のとおり、寛政の改革後の草双紙において敵討ちものが流行しており、悪人の残虐な行いが絵と文を以て描かれる作品が増加していた。また蛇や悪霊を登場させ、怪異性の高い情景が描かれる作品も多い。こういった現象を問題視した名主たちが、京伝にその意を伝えたのであろう。

これをうけて、文化五年九月、地本問屋行事から作者へ「合巻作風心得之事」が通知された。

この通達は、絵入読本改掛が町年寄を通じて町奉行所に規制を要請し、町奉行所の方針として地本問屋に伝達されたものと解釈されている。(21) この中で表現が規制(禁止)されている事項は、おおむね次の六点である。(22)

①悪人
②婚姻上の禁忌(兄妹での婚姻など)
③異常な状態の身体とそれに関係する怪異現象(身体に蛇が巻きつくなど)
④死の穢れや災害
⑤異様な生物
⑥現実の世の中に関わること

翌年以降に刊行された作品において、速やかにこういった表現が排除されたわけではないが、それでも合巻の内容は段々と歌舞伎の世界に仮託した御家騒動もの、陰謀ものへと傾いてゆく。

俗文芸におけるメディアミックス——戯作・演劇・浮世絵

この時期の俗文芸の特色のひとつとして、隣接するメディアとの交流が盛んであったことが挙げられる。

たとえば散文のなかでも、京伝は自身の読本作品を合巻化して刊行している。『復讐奇談安積沼《あさかのぬま》』（享和三年〈一八〇三〉刊）を『こはだ小平次安積沼後日仇討《あさかのぬまごにちのあだうち》』（文化四年〈一八〇七〉刊）へ、『善知安方忠義伝』（文化三年〈一八〇六〉刊）を『親敵うとふ之俤《おもかげ》』（文化七年〈一八一〇〉刊）へ、『桜姫全伝曙草紙』（文化二年〈一八〇五〉刊）を『桜ひめ筆の再咲《にどざき》』（文化八年〈一八一一〉刊）へという具合で、これらは好評作に乗じた本屋の企画話であったと考えられる。[23]

また、『桜姫全伝曙草紙』・『善知安方忠義伝』は合巻化に先立ちそれぞれ上方で演劇化されており、[24]読本の合巻化作品や続編が、演劇において新たに行われた趣向を利用していることが指摘されている。[25]

これらの理由として、読本・合巻の読者層が浄瑠璃の観客層とも重なっていることが挙げられる。[26]合巻において評判の高かった歌舞伎の演目が当て込まれることや、挿絵に描かれる登場人物に役者の似顔絵が用いられることはしばしば行われており、そのようなことも、戯作と演劇の享受層が重なっているからこそ行われたのであろう。

俗文芸が商業ベースに乗ったことにより、上方・江戸間における文芸の交流が、ほぼ同時に行われるようになり、様々な層の人々が多様なメディアを通じて文芸を享受し得る時代が到来したのである。

異国への視線(一)——近藤重蔵・大田南畝《なんぽ》の長崎出役

さて、冒頭で文化五年当時における海外との関わりについて述べたが、それは決して不穏な色だけを持っていたのではなかった。

知識人たちが海外へ向けた旺盛な好奇心は、彼らの仲間内で〈異国ブーム〉を興し、やがて様々な身分の人々が享受する文芸を華やかに彩るようになってゆく。ここでは特に江戸の知識人たちの間で異国の情報や文物がどのように共有されたのか、そしてそれらが俗文芸へどのように影響したのかについて述べてゆく(27)。

まず注目するのは、江戸の知識人の中でも中心的存在であった近藤重蔵(一七七一~一八二九)と大田南畝《なんぽ》(一七四九~一八二三)の長崎出役である。

重蔵は寛政七~九年(一七九五~九七)、南畝は文化元~二年(一八〇四~〇五)に、それぞれ長崎奉行所出役を務めた経験がある。この二人は、寛政六年の学問吟味に同時に及第し、日頃から書物の貸借や酒宴といった交流があり、長崎や異国についての事柄が共通の関心事となったことは想像に難くない。ただしそうした情報は、彼らふたりのみの間に留められたのではない。南畝は任期中に舶来の器物や布類を土産として多く求めており(28)、一年間の役目を終えて江戸へ帰ってきた後、仲間内で異国の器物を鑑賞する会を催し楽しんでいる(29)。

異国への視線（二）――江戸での〈異国ブーム〉

また彼らの共通の友人には、奥外科医の家に生まれ、蘭学者として活躍した森島中良《もりしまちゅうりょう》（一七五六～一八一〇）がいた。

中良はその家柄から特権的に異国の文物に触れられる環境にあり、オランダの風俗や器物について記した『紅毛雑話』（天明七年〈一七八七〉刊）等を刊行している。また、異国の珍しい紙類を蒐集した貼込帖（スクラップブック）『惜字帖』(30)（二冊）を作成していた。

本書にはところどころ中良自身の書入れがあり、貼付されている資料の由来が分かるものもある。たとえば、一冊目八丁裏・九丁表には、中国伝来のラベルが四点貼付されており、それぞれに「琴《キンノ》弦《イト》包紙」「同下包」「糸の包」「緞足」と書入れがある。そして朱で「此二頁近藤重蔵所贈」と書き添えられている。また、十二丁裏に貼付されているライデン大学の蔵書番号札には「紅毛記号」と注が付してあり、これにも朱で「寝惚先生長崎土宜之一」と書入れがある。

これらの舶来品は、重蔵と、「寝惚先生」こと南畝が長崎出役の折に入手したものと思しく、「長崎土宜」として中良にもたらされたのであろう。つまり、中良が異国のラベル類を蒐集していることは、近しい人達にとって周知のことであったと考えてよい。

異国への視線（三）――戯作における舶来趣味

若年の時から南畝や中良との交遊があった京伝も、『惜字帖』を鑑賞した一人であっただろう。(31) なぜなら彼が執筆した合巻作品の中に、『惜字帖』所収の紙類のデザインが意匠として取り入れられているからである。

たとえば京伝は『八重霞かしくの仇討』（文化五年〈一八〇八〉刊、歌川豊国画）の口絵に、「摂州神崎図」として、廓の大門の図を掲載している（図2）。この絵について、鈴木重三氏が[32]「銅版そのままの様式」と指摘しておられるように、本文の挿絵とは異質な感を抱かせる。

実はこの絵は、『惜字帖』一冊目、五十九丁裏に貼付されている、亜《あ》欧堂《おうどう》田善《でんぜん》「吉原大門図」（図3）を取材源としている。後方に描かれた太陽こそ省かれているものの、空や建物の描写、構図や人物の

図2 『八重霞かしくの仇討』口絵
（『山東京傳全集』合巻2、ぺりかん社、1999年）
より）

図3 『惜字帖』一冊目、59丁裏
（早稲田大学図書館所蔵）

配置が共通している。具体的には、大門の右側にいる駕籠屋、その左側の天秤をもった人物、さらに左側の、会話をしている二人の人物といった細部まで一致することが確認できる。

亜欧堂田善（一七四八～一八二二）は、近世後期に活躍した洋風画家である。寛政六年（一七九四）、当時白川藩主であった松平定信に取り立てられ、定信や、同藩に仕える蘭学者らの協力を得て、銅版画の技法を完成させたことで知られる。中良は白川藩に御小納戸格（大名奥向き側近の役人）の医員として仕えており（寛政四～九年）、田善の協力者のひとりであった。(33)『惜字帖』一冊目（五十五丁表～六十丁表）には、田善による銅版の江戸名所図が連続で二十一枚貼られており、「吉原大門図」はそのうちの一である。田善の銅版画技術への協力者のひとりであった中良が、これらを入手していることは自然であろう。

田善の銅版画が、浮世絵や戯作作品に影響を与えている例はいくつか指摘されており、『八重霞かしくの仇討』における利用は、その中でも早い事例のひとつである。(34)

もう一例挙げると、京伝『浮牡丹全伝』（文化六年〈一八〇九〉刊、歌川豊広画）の前帙巻之一下冊表紙の絵題簽（図4）と京伝『播州皿屋敷物語』（文化八年〈一八一一〉刊、勝川春扇画）の口絵（図5）には、同様の意匠が使われているが、これは、『惜字帖』一冊目十五丁表に貼付された、中国の顔料のラベル（図6）を模したものである。

葉の形のみならず、葉の中に書かれた文字の配置まで同じであり、忠実に模したものであると推察される。

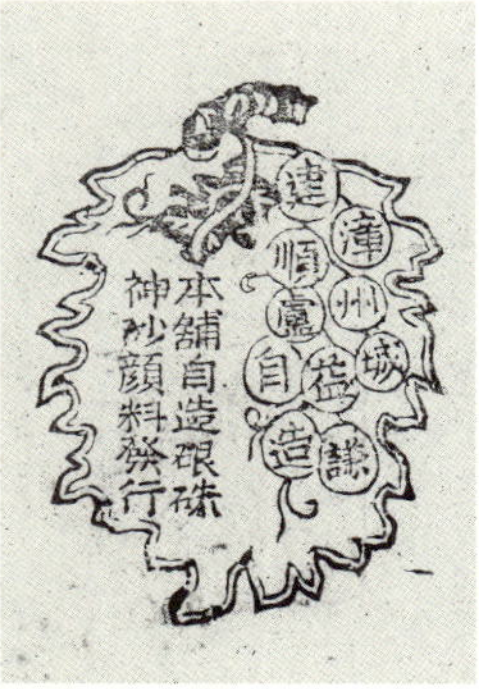

図6 『惜字帖』一冊目15丁表（拡大）（早稲田大学図書館所蔵）

図5 『播州皿屋敷物語』口絵（拡大）（『山東京傳全集』合巻4、ぺりかん社、2006年より）

図4 『浮牡丹全伝』絵題簽（拡大）（『山東京傳全集』読本3、ぺりかん社、2003年より）

読本や合巻の挿絵の表紙や見返しに施された趣向のひとつとして、異国意匠の利用や洋風描法の導入があり、それらが独特の異国情緒を創り出していることが指摘されている。(35) 文化五年頃から見え始めたその現象は、幕末・明治初期まで続いており、舶来趣味は戯作（特に合巻）における特徴のひとつといってもよいほどである。

戯作の造本美術における舶来趣味は、浮世絵における洋風画法導入の流れの上に位置するものでありながら、戯作者・文人たちの交遊の中で高まった、異国への関心の反映という一面もあった。(36) 文化五年頃から、戯作の中に漸増してゆく舶来趣味は、戯作者達の多様な交遊と戯作執筆が、密接に関わっていたことを示すのである。

江戸の考証ブーム――菅原洞斎《とうさい》主催の古書画展観会

右に述べたような知識人たちの交遊は、当時流行していた古器古物の考証を巡っても盛んに行われた(37)。十八世紀後半、朝廷や幕府中央の文壇において生まれた考証の気風は(38)、後に江戸でブームを興す。十八世紀末~十九世紀初頭の江戸において、同好の士が集まり、特定のテーマに沿った古器古物を持ち寄り鑑賞したり、それらについて意見を交わす会が流行していた。併存する会への参加者は流動的であり、どこかでまた繫がっているという様相で、前述の〈異国ブーム〉も、そういった集まりの中での流行と位置付けられよう。

こういった会の具体相について、菅原洞斎《すがわらとうさい》(一七七二~一八二一)主催の古書画展観会に注目して述べてみたい。

洞斎は狩野派の絵師として秋田藩江戸邸に仕え、鑑定家としても活躍した。当時の評価は高く、たとえば細井貞雄《ほそいさだお》『文車集《ふぐるましゅう》』(39)巻十五所収の追悼文では「人たわむれに画幅の落款をかくして翁に鑑定を乞、翁其画者の名をさして云に、凡はあたらずと云事なし」と、その鑑定眼の確かさについて述べられている。

さてその展観会は、文化三年(一八〇六)十月頃より月一回ペースで行われていたようで、出席者の一人であった加藤曳尾庵が「監定するに書画の落款をかくし、思ひ〳〵の監定を小紙に記し、筒に込めて開札す。甚面白し。屋代太郎君、谷文晁先生其外の名家雅君子、各数幀を携へて来臨す。いつも十日を定日とす」(『我衣』巻二)と記している。

書画鑑定の結果を競う遊びが行われた背景には、当時大名や幕臣の間で骨董の取引が盛んになされたことがあると思われ、(40)鑑定の訓練の意味を兼ねていると考えられる。

先行研究(41)において、この展観会に谷文晁《たにぶんちょう》（絵師）、渡辺崋山《わたなべかざん》（絵師）、屋代弘賢《やしろひろかた》（国学者）、加藤曳尾庵（医師）、石川大浪《いしかわたいろう》（幕臣・絵師）、檜山坦斎《ひやまたんさい》（鑑定家）、山崎宗脩《そうしゅう》（奥医師・医学館教授）、立原杏所《きょうしょ》（学者・鑑定家）が参加していたことが指摘されている。

絵師を本業とするものばかりでなく、書画に関心を寄せる幅広い知識人たちが参加していたことにより、展観会の場において様々な知見が披露されたり、和漢の典籍が利用された意義は大きく、「書画というモノと文献による知識が結びつく場」(42)であったと言えよう。

江戸の考証ブーム——好古考証の気風

参加者のひとり、屋代弘賢の書留『輪池画譚《りんちがたん》』(43)には、彼が持参した資料や席上で交わされた議論が記録されている。たとえば、次のような記事である。

> （前略）予去年夏三縁山内妙定寺を訪ふて書画を見しに、其中猿猴の双幅あり、画様雪舟に模倣して自ら一家をなせり、匣に小栗宗丹の筆と題せり、画幅には周楊の印あり、周楊は本朝画史に載せて曰く、周楊画㆓墨鐘馗㆒、学㆓雪舟㆒とのみ注せり、永納見し所、鐘馗のみとおもはる、いまだ猿猴を見ることこれなし、吾黨の再臂といふべし、今日かりて阮塘舎の展覧にそなふ、

ここでは妙定寺にて周楊の猿猴図を披見し、「阮塘舎《げんとうしゃ》」つまり洞斎の会のために借用したことが記

されている（傍線部）。彼らが鑑定の際に頼りとする『本朝画史』に記述のない周楊筆の猿猴図を初めて知り得た弘賢が、その興奮冷めやらぬまま同好の士に披露しようと借用したのである。(44)弘賢は幕府の祐筆を務め、幕府関係寺院の什物を特権的に見ることができた人物であり、そのために貴重な書画が席上において披露されたことは重要である。(45)

毎月珍品が披露され、それぞれの道において一流と称される人物らが、知識や書物をつかい議論を交わす。洞斎の古書画展観会は、最高級の知的遊戯を行う場であった。

ところでこの会は、時代が下るにつれて乱立し通俗化してゆく展観会の中で、どのような位置にあったのだろうか。

谷文晁が寛政六年（一七九四）二月二十二日江戸感応寺において主催した展観会は、江戸における展観会の初期のものに数えられる。ロバート キャンベル氏(46)は、文晁の大きな狙いが名品を集めて臨写模刻するということにあり、その記録が『書画甲観』として出版されたことを指摘し、この会を、定信の命によって編集された古美術の木版図録集『集古十種』への助走と位置づけておられる。

洞斎の会への参加者の殆どは、言うまでもなく定信周辺の人物であり、この会もまた、定信による古器古物収集事業の大きな流れの中に位置すると考えて良かろう。(47)定信によって江戸にもたらされた好古考証の気風は、文化期においてもなお大きな熱を保ち、営みとして続いていた。

雅俗の交流——考証趣味のネットワーク（一）

最後に、社会的身分や階級を超えたネットワークの在り方について触れておきたい。洞斎の会に出席はしていなかったものの、戯作者でありながら考証家として高い評価を受けていた京伝もまた、考証を通じて洞斎と関わりを持っていた。

たとえば『骨董集』（文化十一年〈一八一四〉刊・下巻　文化十二年〈一八一五〉刊）の中に、資料提供者として洞斎の名前が見える。一例を示すと、上編下之巻前〔二十七〕「古画行灯挑灯《こぐわあんどんちやうちん》」の項目では、「醒々老翁の需ニ應してこゝに模す　洞斎」として、希少な古画の縮図を提供している如くである。

また、京伝から洞斎へ知見を提供している例もみられる。

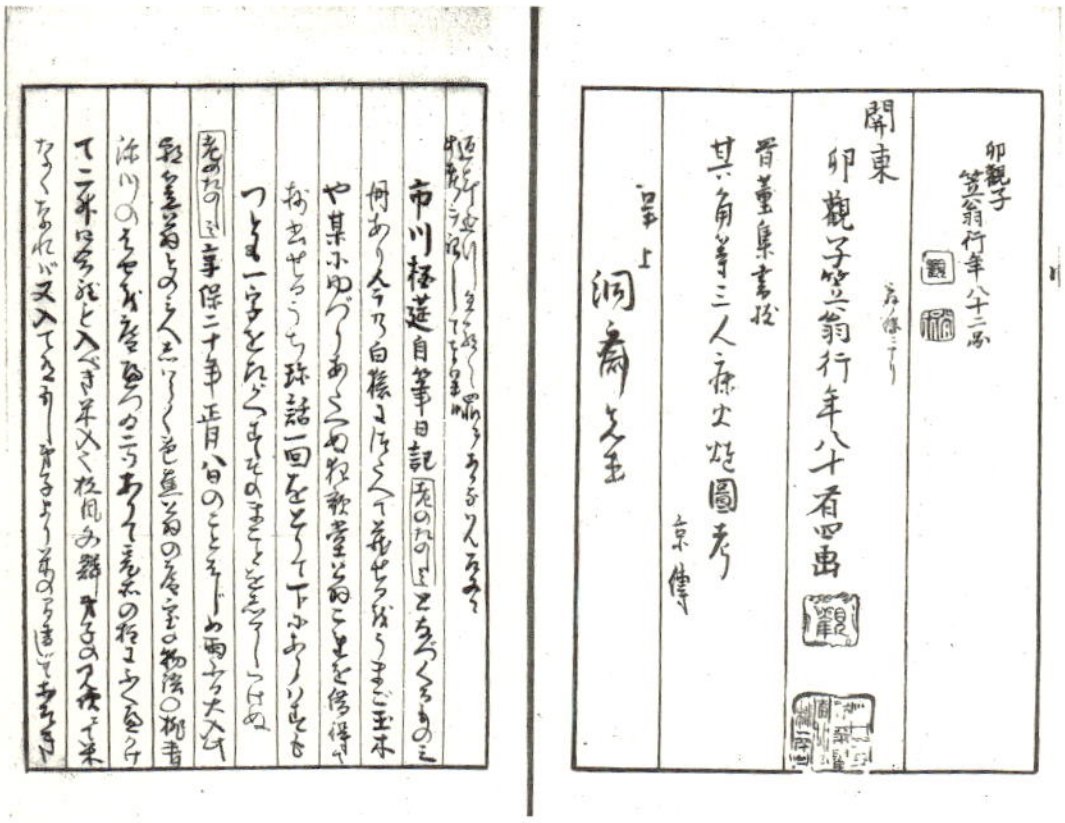

図7　『画師姓名冠字類鈔』巻三「笠翁」京伝による考証の冒頭部分（国立国会図書館蔵）

洞斎が日本の絵師の伝記と落款・印章を集め、いろは順に配列した書物『画師姓名冠字類鈔』[48]巻三「笠翁」の項目には、「骨董集書抜」として、京伝による其角に関する考証が収録されている（図7）。

この記事は、京伝が洞斎から借用した、其角・嵐雪・笠翁が火燵で寝ている図についての考証であり、記事の末尾に「文化五年戊辰夏五月」の日付が付されていることから、少なくとも文化五年時点において、お互いに珍しい資料や考証を提供し合う協力者であったことが分かる。

ただし、それは一対一の関係にとどまるものではなかった。

雅俗の交流——考証趣味のネットワーク(二)

たとえば、『骨董集』上編中巻に、〔十〕「魚板《まないた》の古製《こせい》」として以下の図(図8)と、それについての考証が掲出されている。

図には「洞斎所蔵」と添え書きがあり、実物を洞斎のもとで披見した、或は借覧したことがわかる。そして『我衣』巻八(文化十年〈一八一三〉の記録)にも、「いにしへのまな板は、皆かくの如し」としてほぼ同様の記事がみえ、精度は異なるものの「魚板《まないた》の古製《こせい》」と同様の図が描かれていることから(図9)、両者が指すものは同一であると判断される。

また、『我衣』には「近き比、甲州の御代官中むら八太夫殿、菅原洞斎子へ遣わし、古き物を見せられたり」ともあり、この魚板は元々洞斎の所蔵物ではなく、「甲州の御代官中むら八太夫」によって洞斎の元へもたらされたことが知られる。

この中村八太夫は、『画師姓名冠字類鈔』に資料を提供している人物でもあった。

京伝と八太夫の直接的な交流を示す資料は今のところ見出していないが、洞斎を通じて、八太夫の資料が京伝・曳尾庵にももたらされたことは、共通の知人を仲介としてモノや知識を共有するという、考証趣味のネットワークの一端を示す事例として重要である。

洞斎のような、ネットワークの中心人物との交遊関係を築き得たことで、京伝は珍しい資料を直接的・間接的に見る機会に恵まれたと言えようし、京伝の考証がそのネットワーク内で共有されたことが指摘できる。また先に述べたように、彼が交遊のなかで知り得た知見が戯作執筆にも活かされたことにより、様々な層の読者たちがそのエッセンスに触れることができたのである。

様々な社会的階層の人間が同一の物事について共同研究を行うというような、身分や職業を超越した文化圏・学芸圏が成立し得たことは、当時の社会・文化の特色のひとつといえ、文化期の文化の在り方を考える上で見逃せない現象である。

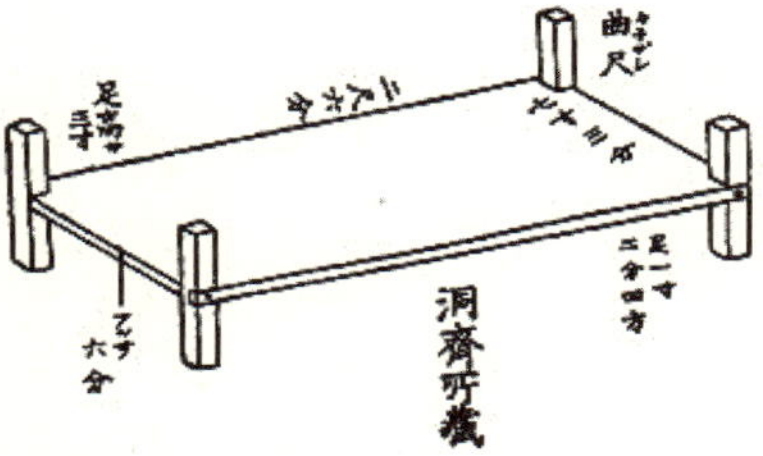

図8 『骨董集』上編中巻
(『日本随筆大成 新装版〈第一期〉15』、吉川弘文館、1994年より)

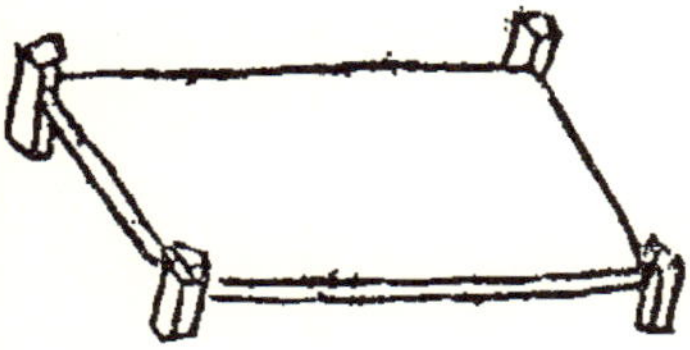
図9 『我衣』巻八
(森銑三ほか編『日本庶民生活史料集成』第15巻、三一書房、1971年より)

注

（1）井田太郎「「風景」　松平定信と江戸時代後期の織りなす陰翳」（河野有理編『近代日本政治思想史　荻生徂徠から網野善彦まで』ナカニシヤ出版、二〇一四年）では、既に天明年間（一七八一〜八九）には為政者、被政者のどちらにも、海防に関する危機感が生じており、文芸にも影響をもたらしていることが指摘されている。

（2）『国史大辞典』「フェートン号事件」（片桐一男執筆担当）の項目、山本美子「近世の長崎の警備について」（『近世の洋学と海外交渉』巌南堂書店、一九七九年）を参考にした。

（3）洞富雄『間宮林蔵』（吉川弘文館、一九五〇年）。

（4）『日本庶民生活史料集成』第十五巻（森銑三ほか編、三一書房、一九七一年）所収のテキストを参照した。以下、同。

（5）文化五年三月の奥書を持つ諸本として、桜山文庫本、漆山本、西荘文庫本の三本の転写本が知られている。

（6）『文反古』所収。『上田秋成全集』第十巻（中央公論社、一九九一年）所収のテキストを参照し、私に濁点を施した。なお現代語訳は飯倉洋一『上田秋成――絆としての文芸』（大阪大学出版会、二〇一二年）に拠る。

（7）飯倉洋一『上田秋成――絆としての文芸』（大阪大学出版会、二〇一二年）に拠る。

（8）前掲注7同書。

（9）長島弘明「『春雨物語』の書写と出版」（『国語と国文学』第九四巻第一一号、二〇一七年十一月）。

（10）前掲注9に同。長島氏はこの書簡を、松本柳斎宛と推定しておられる。

（11）「いせ人」について長島氏は「伊勢松坂の長谷川氏一などをはじめとする好学の町人たちの誰か」と想定されている。

（12）中村幸彦『戯作論』（角川書店、一九六六年）。後に『中村幸彦著述集』第八巻（中央公論社、一九八二年）に収録。

(13) 鈴木重三『絵本と浮世絵 江戸出版文化の考察』(美術出版社、一九七九年)。なお、『改訂増補絵本と浮世絵――江戸出版文化の考察』(ぺりかん社、二〇一七年)に再録。
(14) 井浦芳信「大合巻の創始――式亭三馬作『おとぎものがたり』考」(『国語と国文学』一九七一年十月特集号)に拠る。原本未見。
(15) 前掲注14井浦氏論考、本田康雄『式亭三馬の文芸』(笠間書院、一九七三年)。
(16) 長崎靖子『大東急記念文庫所蔵 式亭三馬自筆『雑記』影印と翻刻』(武蔵野書院、二〇一六年)所収のテキストを参照した。
(17) この項の執筆に際し、佐藤至子『江戸の出版統制 弾圧に翻弄された戯作者たち』(吉川弘文館、二〇一六年)を参考にした。
(18) 国立国会図書館蔵。請求記号:804-4。以下、同。
(19) 町の行政職である名主が読本の検閲に関わることになった理由として、雑説の流布防止を目的とする検閲強化の一環だったと考えられている。この背景には、文化三、四年にロシアがカラフトやエトロフ島などの日本人入植地を攻撃する事件が起きており、混乱を避けるため、「不埒之雑説」を禁じたり、異国との交戦を想起させる描写に厳しい目が向けられていたことがある(前掲注17同書)。
(20) 彼らの行動については、「寛政の改革で痛い思いをした京伝が危機感を持ち、馬琴と共に迎合的な創作態度を表明しておいたのであろう」と解釈されている(高木元『江戸読本の研究 十九世紀小説様式攷』ぺりかん社、一九九五年)。
(21) 佐藤悟「合巻の検閲」(『江戸文学』一六、一九九六年十月)。
(22) 『著作堂雑記抄』。『馬琴研究資料集成』第三巻(クレス出版、二〇〇七年)所収。
(23) 清水正男「解題」『山東京傳全集』合巻一(ぺりかん社、一九九五年)。
(24) 『桜姫操大全』(佐藤太・梅枝軒作、文化四年九月十日大坂初演)、『玉黒髪七人化粧』(佐藤太・吉田新吾作、文化五年三月二日大坂初演)。
(25) 大屋多詠子「京伝・馬琴による読本演劇化作品の再利用」(『国語と国文学』八三、二〇〇六年五月)。

(26) 前掲注25に同。

(27) 本項は、拙論「京伝作品における異国意匠の取材源――京伝の交遊に注目して」(『近世文藝』一〇四号、二〇一六年七月)における記述をもととして、本稿の趣旨に即して書き改めたものである。

(28) 文化二年の南畝書簡には、江戸への土産のために、ベルベットや更紗といった舶来品を購入したという記事が多くみられ、南畝の帰府に伴って、珍しい品が周囲の人々にもたらされたと考えられる。

(29) 文化三年九月七日村上清太郎宛大田南畝書簡には、同年の十五夜に、重蔵宅で異国の珍しい器物を鑑賞する会を催したことが記されており、南畝が、特に異国の文物に興味を寄せる親しい人々を招いて行った会であったと推察される。

(30) 早稲田大学図書館蔵。請求記号：文庫08-j0053。一冊目の裏見返には「文化甲子歳正月上元前一日装釘」と記されており、少なくとも文化元年(一八〇四)には、書物の形になっていたことが知られる。ただしこの日付は、あくまでも装丁した時のものであることや、二冊目には装丁の日付がなく、最後の数丁が白紙であることから、文化元年時点が完成形であるというよりは、この後も中身が増補されていった可能性が高いと考えられる。

(31) 京伝と中良の交流については、中良作の洒落本『田舎芝居』(天明七年刊)の序文に憤った京伝が、それ以降中良と交わろうとしなかったという馬琴の言説(『伊波伝毛乃記』・『近世物之本江戸作者部類』)があり、二人の確執の有無について従来論争が行われてきたが、未だ決定的な説を見ない。稿者は、京伝が『惜字帖』を利用し得たことから、天明七年以降にも直接的な交流のある時期が存したと考えており、仮に確執が存する時期があったとしても、『惜字帖』の最も早い利用例である、文化五年刊『八重霞かしくの仇討』の成立以前には復縁していたのではないかと考えている。

(32) 前掲注13に同。

(33) 田善に銅版画技術を伝えたのは、松平定信とその周辺の蘭学者達であったことが、磯崎康彦『亜欧堂田善の研究』(雄松堂書店、一九八〇年)等に指摘される。

(34) 柳々居辰斎「近江八景」が、田善の作品の構図や部分的な図様を借用しているとして指摘されるが、その成立は「享和～文化年間」（『浮世絵大事典』「柳々居辰斎」伊藤めぐみ執筆担当）と、明確でない。戯作では、『釈迦八相倭文庫』初編（弘化二年刊、万亭応賀作、三代豊国画）の表紙における利用が指摘されている。

(35) 前掲注13に同。

(36) たとえば大槻玄沢が寛政六年より主宰した「オランダ正月」について、「江戸蘭学者たちの外国習俗に対するつよい好奇心と、実際を重んじる気風、そして何ほどかの遊び心が背景にあって、仕掛けられたと思われる」と指摘されている（戸沢行夫『オランダ流御典医　桂川家の世界――江戸芸苑の気運』築地書館、一九九四年）。文化初め頃の考証家や戯作者における、異国への関心の背景には、このような風潮があったものと思われる。

(37) 本項は、拙論「山東京伝の考証と菅原洞斎――『画師姓名冠字類抄』に見る考証趣味のネットワーク」（『国語国文』第八六巻第一一号、二〇一七年十一月）における記述をもととして、本稿の趣旨に即して書き改めたものである。

(38) 盛田帝子『近世雅文壇の研究』（汲古書院、二〇一三年）等。

(39) 国立国会図書館蔵。請求記号：101-167。

(40) たとえば幕臣竹垣直清（柳塘）の日記（寺田登校訂『江戸幕府代官　竹垣直清日記』（新人物往来社、一九八八年）に拠る）をみると、直清が、同僚の幕臣達の骨董品取引の仲介役を果たしたり、鑑定を行い価格について意見を述べたりしている記事が頻繁に登場する。このことは、骨董趣味の流行と同時に、鑑識眼の確かな人物が求められたことを示す。

(41) 安田篤生「江戸時代後期における書画展覧会と鑑定――谷文晁とその周辺」（中村俊春編『前近代における「つかのまの展示」研究』平成十七年度～平成二十年度科学研究費補助金　基盤研究（B）研究成果報告書、課題番号一七三二〇〇二九、二〇〇九年三月）等。

(42) 前掲注41に同。

(43)『日本画談大観』中（目白書院、一九一七年）所収のテキストを参照した。

(44) 洞斎が編纂した『画師姓名冠字類鈔』十一には「周楊」が立項されており「画史　画墨鐘馗学雪舟（中略）雪舟弟子絵ハ周文ヲ学」という記事とともに印章の模写が収められ、「猿猴双幅／妙定院什物／屋代様持来」と添え書きされている。また、会の参加者のひとり谷文晁の手に成る『本朝画纂』「周楊」の項目には「周楊画ク墨鍾馗㆒ヲ学㆓フ雪舟㆒ヲ」という小伝に、猿猴図の縮図と落款の写しが添えられ、「縦二尺六寸二分　横一尺二寸二分　　輪池傳摹」と、画幅についての情報が記されており、弘賢が持参した猿猴図の詳細が知られる。

(45)『輪翁画譚』「天台大師像」に、「今茲本庄法恩寺において、京師本国寺の釈迦の開帳あり、其霊宝の内に周丹士が筆といひ伝へし天台大師の像あり、画力凡ならずと聞いて、荻原政定をして臨写せさせけるに、写すに臨みて古色ゆゑ分明ならざる所あり、依て後日閉帳をまちて掛軸を収むる時、其僧に乞ひて近く観ることを得たり、（中略）さてその像も天台にはあらざるべしといへり、則模本を携へて阮塘主人の鑑定をこふものなり」という記述もみえ、弘賢が、一般人は見ることの出来ないタイミングで掛軸を披見していることが分かる。また、その鑑定を会主である洞斎に求めていることも興味深い。

(46) ロバート キャンベル「観照のながれ——書画会四席その二」（『文学』第八巻第三号夏）。

(47)『画師姓名冠字類鈔』にも、資料提供者として定信の名前が見え、洞斎の考証活動が定信の好古趣味と繋がっていたことが指摘できる。ただし、会に集まる人々の目的や関心はそれぞれ異なっているると考えられ、精査が必要である。

(48) 国立国会図書館蔵。請求記号：わ721-6。

文政八年……一八二五

爛熟する庶民文化が示す江戸の深奥

門脇　大

文化（一八〇四～一八）から文政（一八一八～三〇）年間にわたる文化は化政文化と称されている。また、広義には天保（一八三〇～四四）前半期までをも含める場合もある。化政文化は、江戸時代後期の特色の一端をあざやかに表している。すなわち、寛政の改革と天保の改革とにはさまれた時期であって、九代将軍・徳川家斉《いえなり》の治政の元、大御所《おおごしょ》時代とも称された、江戸を中心に庶民文化が花開いた時期である。ここでは、化政文化の終わり頃、文政八年（一八二五）という年をとりあげてみたい。江戸時代の後半、爛熟した江戸の世界を見てみよう。

文政八年の江戸市中

文政八年の江戸は、春から秋にかけて雨が止むことがなかったらしい。なぜこのようなことがわかるのかというと、江戸の克明な記録である、斎藤月岑《さいとうげっしん》の『武江年表《ぶこうねんぴょう》』に記されているからである。本書は、「武蔵国江戸」の年表であって、天気はもとより、江戸の様々なできごとが記録されている。どのページを開いてみても、たちどころに江戸の街にタイムスリップできる愉快な本である。手はじめに、この年のいくつかのできごとを取り上げてみよう。(1)

〇正月七日（陽暦二月二四日）、浮世絵師歌川豊国死（後略）。

この年の最初の記事は、初代歌川豊国の死であった。初代豊国は、歌川派中興の祖として知られており、役者絵や美人画、大首絵などの浮世絵をはじめとして、読本や合巻といった文学作品の挿絵も多く手がけている。江戸中期を代表する絵師の一人であって、一時代を築いた人物といえる。豊国の死に象徴されるように、時代は変革の時を迎えていた。なお、四月二十三日には、儒学者にして考証学を大成した太田錦城《おおたきんじょう》が歿したと記されている。さらに、五月二十六日には、浄瑠璃の清元節の創始者でる清元延寿斎《きよもとえんじゅいつき》の死が記録されている。

さて、死亡記事ばかりを取り上げてしまったけれど、文政八年は、一時代を築いて後代に影響を与えた人たちが亡くなった年であったようである。それでは次に、この年の少し変わった流行を二つ見てみよう。

○ビヤボンと号し、鉄にて作りたる笛《ふえ》行る。小児の玩《もてあそび》とす（一に津軽笛といふ）。

○四月の始より、藤八五文奇妙と呼て、癪《しやく》の薬を售《あきな》ふもの、街《ちまた》を歩行（深き菅笠をかぶり、胸当を掛る）。

ビヤボンは笛の一種で、この年に江戸で流行した。山崎美成《やまざきよししげ》・曲亭馬琴《きょくていばきん》らによる『耽奇漫録《たんきまんろく》』（文政七〜八〈一八二四〜二五〉）巻二には、「口琵琶

津軽産　横に口にくわへて、さきのまかりたる所を指にてはちき、念仏なと節をつけてならす、といふ」とある。(2)また、次の「藤八五文奇妙」は、不可思議な呼び声であるけれど、一説によると、長崎の岡村藤八の造った薬を売る際の呼び声という。これもこの年の江戸の流行である。じつは、この呼び声は、

図1　豊国「江戸両国すずみの図」五枚続きの内（国立国会図書館蔵）

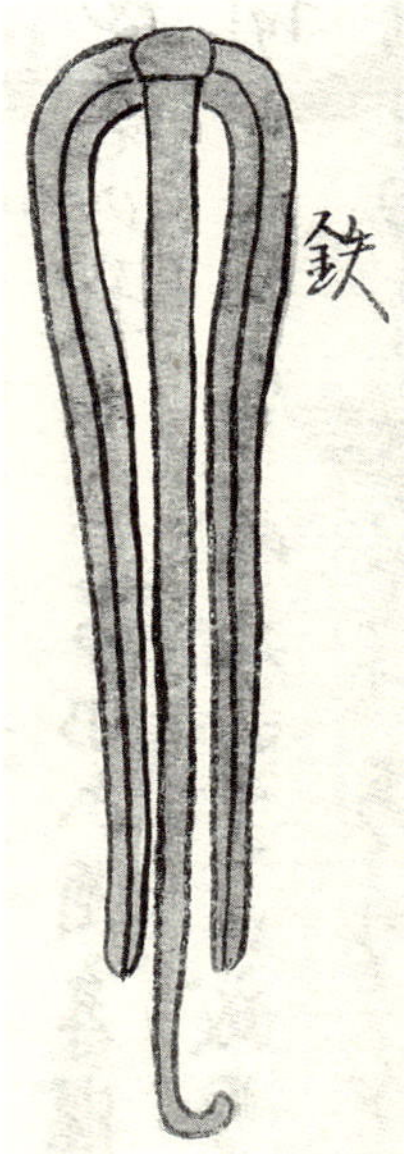

図2　「びやぼん」
（『耽奇漫録』より）
（国立国会図書館蔵）

この年に初演された四世鶴屋《つるや》南北《なんぼく》『東海道四谷怪談』に取り入れられており、江戸市民のよく知るものであったことがうかがえる。

これらの他に、『武江年表』には火事の記録であったり、八月には東南の方角に彗星が出現したといったリアルな情報が収載されている。また、次のような記載もある。

○夏より秋に至り、刃《やいば》を以て人を威《おど》す盗賊《とうぞく》行《おこなはる》（町中、夜番繁し。やがてしづまる）。

夜盗の類が江戸の市街を騒がせていたことが記録されている。この年に限ったことではないけれども、江戸の街の不穏な空気を伝える記事といえよう。

ここまでは、『武江年表』を繙《ひもと》いて、文政八年の江戸の様子を垣間見てきた。著名な人物たちの死や当時の流行などを、淡々とした筆致で綴っている。一人物の眼が捉えた江戸の姿である。それでは次に、より大きな視座から、化政文化を取り巻く社会を見てゆくこととしよう。

大都市江戸の変革

冒頭に述べたように、文政八年は化政文化の末期に位置している。この時期は、華美で絢爛な文化が大都市江戸を中心に花開いた。それでは、この時期の江戸は、どのような政治や社会的状況に取り巻かれていたのだろうか。端的にいうと、寛政の改革と天保の改革にはさまれた時期であって、政治・社会ともに、大きな変革の波が押し寄せていた時期といえる。華やかな文化の裏では、それまでの泰平の世に少しずつ翳りが見え始めていたのである。

ひとまず、この時期の江戸の状況を、大まかに確認しておきたい。ここでは、竹内誠氏の研究を参照しておこう。[3] 竹内氏によれば、十九世紀前期(化政期)の江戸の社会構造は、すでに十八世紀後期(田沼意次の時代)にその基礎ができあがっており、深化していったという。そして、次の二点に集約できるという。一点目は、農村の商品生産が全国的に展開して、都市部の階層分化が激化したことにより、「江戸流通市場の動揺」が起こったということ。二点目は、農村を離脱した貧農層の江戸への流入と、都市内部の没落した小商工業者の沈殿によって、「反体制的な都市下層貧民層(「非町人」にとどまらず「反町人」としての性格をも内包した)の増大による都市共同体的秩序の動揺」であるという。ここでは、特に二点目の「都市下層貧民層の増大」に留意しておきたい。それは、徳川二六〇年の世の後半に突入する時期にあって、江戸という都市の内実が大きな変化を起こしたことを意味しているからである。つまり、都市の住人の変容であって、それまでの江戸にはいなかった人々が群生しはじめたのである。一面からいえば、大都市江戸は、有象無象の暗部を宿す都市となったともいえる。

また、農村の側からこの時期を検証した青木美智男氏は、天明の大飢饉などの恐慌によって引き起こされた一揆の頻発に言及しつつ、農村から江戸への大規模な移民と、それに伴う都市部の変革を論究している。[4]

これらの論考から見えてくるのは、化政期の江戸は、まさに変革の季節のまっただ中にあって、その都市構造が従来とは大きく異なるものになったということである。それまでの江戸居住者とは異なる人々が大量に流入することによって、その生活形態や、社会や文化に大きな変化が起こったことは、当然といえば当然といえよう。

このような都市内部の大変革を迎えて、定着してきたのが文政八年という年であった。しかし、都市内部の変化だけではなくて、海の彼方からも大きな変革の波が押し寄せていたことも見逃せない。すなわち、外国船の到来である。文政八年二月には、「外国船打払令」が出されている。文化五年（一八〇八）のフェートン号事件などを契機として、幕府は外国船を追い払うよう大目付に宛てて触れを出した。かなり過激な内容を含んでおり、幕府の緊迫した様相を伝えているため、一部抜粋しておく。[5]

一体いきりすに不限、南蛮、西洋之儀は、御制禁邪教之国に候間、以来何れ之浦方におゐても、異国船乗寄候を見受候はゝ、其所に有合候人夫を以、不及有無、一図に打払、逃延候はゝ、追船等不及差出、其分に差置、若押て致上陸候はゝ、搦捕、又は打留候ても不苦候、本船近寄居候はゝ、打潰候共、是又時宜次第可被取計旨、（後略）

西洋の船が寄港する様子を目撃した場合、その場にいる者たちで追い払い、逃げた場合には放置せよと記されている。また、無理に上陸した場合は捕らえてもかまわず、本船が近寄った際には破壊してもかまわないという、過激な触れである。幕府が西欧列強の外圧に危機感を募らせ、警戒していた様子がうかがえる。

文政八年とは、都市部や農村の環境や内実が大きく変わってゆく一方で、海の彼方からの脅威が押し寄せていた年といえる。それでは、文政八年を含む化政文化とは、どのような文化であったのだろうか。次に、文学史を繙いて、化政文化を概観しておこう。

化政文化

化政期の文学史を大まかに捉えてみると、小説においては、それまでの洒落本の「穿《うが》ち」に代表されるような、一部の特殊な知識や情報を共有することによってたのしむ作品から、より開かれた、多くの人々が享受できる作品へと移行した時期といえよう。このことは、政治・社会の情勢と密接に関わっている。その最も顕著なできごとは、寛政の改革である。寛政の改革が行われたのは、天明七年（一七八七）から寛政五年（一七九三）にかけてのことである。松平定信に主導されたこの改革は、それまでの重商主義政策から大きな転回を計って緊縮財政を行い、風紀取締りも厳しく断行された。そして、文芸の分野にも大きな波紋を広げることとなった。よく知られるように、寛政三年（一七九一）に起こった、山東京伝《さんとうきょうでん》の筆禍事件は象徴的である。京伝の著した洒落本が処罰の対象となって、京伝と版元の蔦屋重三郎《つたやじゅうざぶろう》が処罰された。この筆禍は、洒落本の衰退を加速させた。

この後にやってくる化政期にブームとなるのは、人情本や滑稽本といった対象読者を女性や一般大衆としたジャンルである。著名な作者・作品としては、人情本は、楚満人《そまひと》（後の為永春水）や鼻山人《はなさんじん》の諸作を初めとして、多くの作品が遺されている。滑稽本では、式亭三馬《しきていさんば》『浮世風呂』（文化六年・一

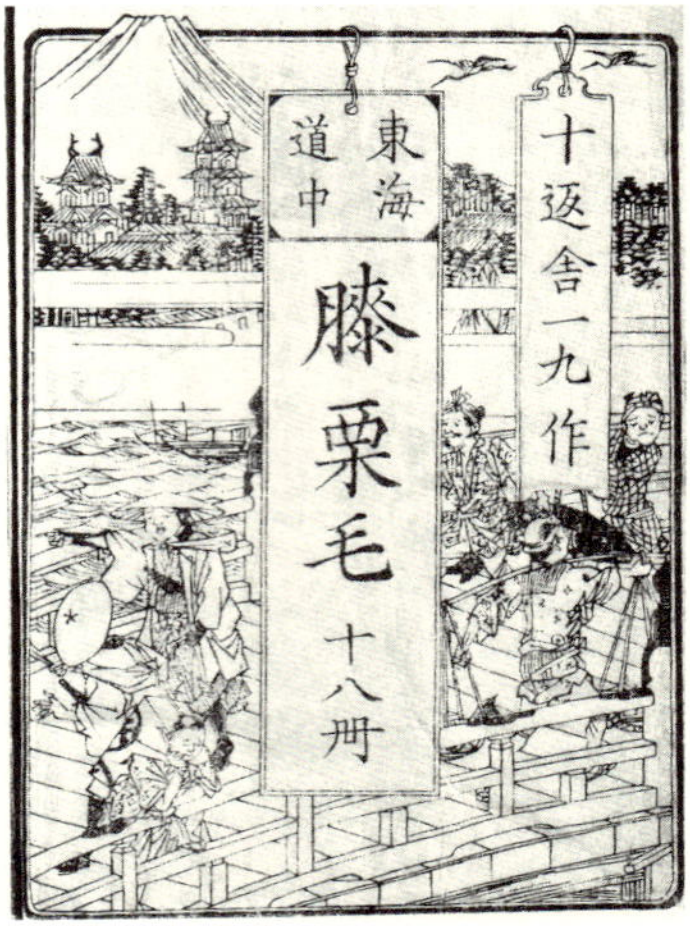

図3　『東海道中膝栗毛』初篇・発端（国立国会図書館蔵）

八〇九〜文化十年）や『浮世床』（初編は文化十年・一八一三）、大ベストセラーとなった十返舎一九《じっぺんしゃいっく》『東海道中膝栗毛』（享和二年・一八〇二〜文化十一年・一八一四）などが挙げられよう。また、柳亭《りゅうてい》種彦《たねひこ》『偐紫田舎源氏』（文政十二年・一八二九〜天保十三年・一八四二）などの合巻も隆盛を見せた。

　そして、曲亭馬琴をはじめとして、長編化した後期読本が陸続と刊行されてゆく。『南総里見八犬伝』の初篇は、文化十一年（一八一四）の刊行である。また、俳諧の世界では、芭蕉の百回忌が寛政五年（一七九三）に営まれて神聖視されるとともに、俳諧が各地の庶民層へと広まってゆくという展開をみせた時期である。現在、最もよく知られるこの時期の俳人は、おそらく小林一茶であろう。一茶の俳諧には、世相を率直に詠んだ句が散見する。漢詩・漢文の分野では、頼山陽《らいさんよう》や柏木如亭《かしわぎじょてい》、大《おお》窪詩仏《くぼしぶつ》らを輩出した時代である。従前の詩風から抜け出した清新派が登場して、漢詩の日本化が進んだ時期である。

　そして、演劇分野では、四世鶴屋南北が活躍した時代である。特に、『東海道四谷怪談』は、生世話物・怪談物の傑作である。この作品は文政八年に世に出ており、特にこの時代を象徴していると考えられるため後で詳しく取り上げる。

図4　広重『東海道五十三次』「日本橋」（国立国会図書館蔵）

美術分野においては、現在一般的によく知られる作品が多く輩出された時期といえよう。鈴木春信《すずきはるのぶ》によって創始されたとされる錦絵も、化政文化の特色の一つである。出版技術の向上により、多色刷りが広まったことも大きく影響している。葛飾北斎《かつしかほくさい》『富嶽三十六景』、歌川広重《うたがわひろしげ》『東海道五十三次』は、出版されたのは多く天保期であるものの、化政文化の作品としてあまりにも著名である。また、大首絵で知られる東洲斎写楽《とうしゅうさいしゃらく》も、この化政文化を代表する一人である。そして、円山応《まるやまおう》挙《きょ》や司馬江漢《しばこうかん》らに代表される文人画も隆盛を迎えた時期である。これらの他にもよく知られた画家や作品は数多い。

さて、代表的なものを列挙してみただけでも、現代の一般的な眼から見て著名な人物や作品が多いということに気づく。このことは、一般的にイメージされる「江戸文化」が、おもに化政文化を中心に形作られたものであることに起因していよう。もちろん、現在の研究状況に鑑みれば、偏った江戸観ではある。[6] しかし、前に列挙した人物や作品は、江戸後期の文化の一面をたしかに示している。それは、中世以前の文化や文芸観を色濃く残した十七世紀、それらと新興の文化が融合した十八世紀に続いて、新たな江戸独自の文化・文芸が開花した十九世紀の特色である。ここでは、化政文化の俗なる側面を積極的に捉えてゆくこととしたい。

これまで整理してきたように、化政期は、諸々の文化事象が広く一般に広まった時期であって、新たな文化・文芸が胎動していた。また、前節で見たように、けっして安穏とした時代ではなく、都市内外に暗い影がさしていた時期でもある。このような時期に生まれた文学作品は、それまでは隠れていた心性を垣間見せる。ここでは、文政八年を「江戸の深奥が表出した年」と捉えておく。そして、この時代の心性を最も顕著に表出しているのが、『東海道四谷怪談』である。

反転する世界——鶴屋南北『東海道四谷怪談』

文政八年七月、四世鶴屋南北『東海道四谷怪談』(以下、『四谷怪談』)が江戸・中村座において初演された。『四谷怪談』は、初演当時から今に到るまで、非常に人気の高い作品である。時代によって上演方式を変化させたり、歌舞伎に限らず、映画やアニメ、漫画といった様々なメディアに取り入れられており、媒体そのものを変えながら展開した作品でもある。二〇〇年近くも人気を保ち続けて、幾度もリバイバルされる作品は、そう多くはないだろう。時代を乗り超える『四谷怪談』には、人々に訴えかける普遍的な何かが内包されているといえよう。

『四谷怪談』を現代の眼から見ると、江戸時代に誕生した古典と映る。しかし、初めて上演された時には、目新しい趣向や、当時の世態風俗が織りこまれた新鮮な劇として登場した。ここでは、『四谷怪談』のいくつかの場面を繙きながら、この作品のどこに当時の人々が熱狂し、魅力を感じたのかを検証してみよう。そうすることで、『四谷怪談』が大当たりを取った文政八年という時代の心性を読み解いてみたい。とはいえ、『四谷怪談』は南北劇の集大成という見解もあって、様々な角度からの分析がなされている。[7] ここでは、文政八年の特色を明らかにするという観点から、民谷伊右衛門とお岩を中心に検証してゆくこととしたい。

ここで特に留意しておきたいのは、『四谷怪談』は、忠臣蔵の話を太平記の世界に設定した有名作『仮名手本忠臣蔵』の二番目として上演されたという点である。このことは、『仮名手本忠臣蔵』と『四谷怪談』との上演が交互になされた、という上演形式だけにとどまらない。忠臣蔵の設定や世界観が、『四谷怪談』の主要登場人物や彼らの行動、そして世界観を強く規定しているために、見過ごせないのである。極端にいえば、忠臣蔵と『四谷怪談』とは善と悪、あるいは光と闇といった対極的な性質を持った一卵性双生児とでも形容できようか。この点にこそ、この時代、この年の特徴が表れていると考えられる。

『仮名手本忠臣蔵』においては、史実の忠臣蔵における浅野内匠頭を塩冶《えんや》判官《はんがん》、吉良上野介を高師《こうのもろ》直《なお》、大石内蔵助を大星由良之助としている。ひとまず、『四谷怪談』の主要登場人物が塩冶方と高師直方のどちら側に属するのかを整理しておこう。塩冶方は、民谷伊右衛門・四谷左門（お岩の父）・佐藤与茂七（お岩の妹お袖の許嫁）・汐田又之丞（小仏小平の主人）である。一方の師直方は、伊藤喜兵衛（伊右衛門に横恋慕するお梅の祖父）、お熊（伊右衛門の母）である。このように、『四谷怪談』の主要登場人物は塩冶方と高師直方とに属しており、『四谷怪談』は塩冶家が没落して四十七士達が浪人生活を送りながら仇討ちをうかがう時期として設定されている。『四谷怪談』における数々の悲劇と、そのことによって引き起こされる怪談劇とは、この忠臣蔵の設定が基底となっていることを、まずは押さえておきたい。

さて、『四谷怪談』には蠱惑《こわく》的で多彩な仕掛けが随所に仕掛けられているし、その構成や、魅力的な登場人物たちが織りなす妖しき物語は、観る者の想像力をかきたててやまない。ここでは、先ほどから述べるように、忠臣蔵の鏡像劇と捉えて、いくつかの場面を検証する。このような視座から『四谷怪談』を検証することによって、文政八年に噴出した、この時代の心性を観察してみたい。

まず、序幕「浅草裏田圃の場」における、四谷怪談のヒロインお岩の登場シーンに目を向けてみよう。お岩は、偶然に妹のお袖と出会う。お岩は、非公認の私娼である夜鷹の格好である。また、お岩は、お袖が同じような勤めをしているという噂を聞き知っている。お岩には夫と子が、お袖には許嫁があって、互いに気まずい対面であった。ここでは、お岩とお袖のやりとりに着目したい。(8)

いわ　なんぼ貧しい暮《くらし》をしても、武士の娘があろふ事か〇、トサア、表向《おもてむき》ではいわねばならぬが、そこをいわれぬわしが身も、有《あり》よふはそなたの推量の通り、いやしいわざを勤《つとめ》るも、年寄《としよつ》た父《とゝ》さんが、貧苦の上にわしらへ気がね。現在娘の兄弟に、かくして毎日浅草の、観音様の地《じ》内《ない》へ出て、一銭二銭の袖乞被成《そでごいなさ》るといのふ。お止め申《もうす》もかくしてお出被成所《いでなされるところ》へ、其よふな事言《いう》たら、面目ないとてもしひよつと◯。ほんに日比《ひごろ》の気性《きしょう》ゆへ、そこでわしが思ふには、内の事さへ相応に、手廻つたならおのづから、父さんの御くろうも止むであろうと、思付《おもいつい》た辻君も、肌は触れねどわけ言《いう》て、やつぱり袖乞同前な、今の世渡り。

お岩が夜鷹に身を堕としたのは、塩治浪人である父左門の苦境を救うためである。左門は浅草寺境内で袖乞をしており、見るに見かねてのことだという。一面から見れば、父を救うために身を売る娘という美談と受け取れる。しかし見方を変えれば、忠義を貫こうとする生真面目な左門は、娘達を不幸に導いている父親とも映る。このように見てみると、忠義を貫く正直者では日常生活が立ちゆかないというシビアな現実を劇中に織り込んでいるのである。このような設定も、同時代の世相や生活感覚を反映しているものと考えられる。

続いて二幕目の「雑司ヶ谷四ッ谷町の場」を検証しよう。伊右衛門宅の場面である。伊右衛門とお岩は一子をもうけながらも、極貧の生活を強いられていた。このような状況設定は、急激な人口増加に伴って引き起こされた、都市貧民層の悲惨な都市生活という当時の世相を反映したものといえるだろう。江戸という都市で観劇していた人々にとっては、身近な風俗として映っていたと考えられる。ここでは、そのような生活を強いられているお岩の独白に着目したい。

いわ　常《つね》から邪見な伊右衛門殿。男の子を産んだといふてさして悦ぶ様子もなふ、何《なん》ぞと言《いう》とごくつぶし、足手まとひな餓鬼産んでと、朝夕《あけくれ》にあの悪口《あくかう》。夫《それ》を耳にもかけばこそ。針のむしろの此家に、生《なま》傷さえも絶えばこそ。非道な男に添い遂げて、辛抱《しんぼう》するも父さんの、仇《かたき》を打つてもらひたさ◯

冷たくあたる伊右衛門との生活に耐えるのも、何者かに殺された父の仇を討ってもらうため、という歎きの独白である。左門を殺害したのは伊右衛門であるけれど、そのことをお岩は知らない。この後、『四谷怪談』の中でも特に凄惨な見せ場がやってくる。毒薬を盛られたお岩の顔が無残にも崩れ、髪が抜け落ちる「髪梳き」の場面である。そして、伊右衛門が伊藤喜兵衛の孫娘お梅と祝言を挙げているうちに、お岩は怨みのことばを吐きながら亡くなる。この二幕目の場面では、独白に顕著なように、忠節なお岩と、それを裏切り続ける伊右衛門という対比がはっきりしている。そして、お岩の怨みは悪人・伊右衛門に向かってゆく。しかし、はじめから伊右衛門が悪に染まっていたわけではない。その原因は生活苦、煎じ詰めれば塩冶家の没落という、時代に翻弄された結果でもあった。忠義や忠節に従っていれば生活が立ちゆかなくなるという、きわめて現実的な状況が引き起こした悲劇ともいえるのである。

三幕目以降に登場する伊右衛門の母のお熊や、四幕目に登場する人々は、忠臣蔵の世界と密接な関係を持つ人物達である。特に四幕目は、最も直截的に忠臣蔵との関係が認められる。ただし、ここでは省略して、伊右衛門とお岩の物語に焦点を絞って検証する。大詰めの五幕目「蛇山庵室の場」に目を移そう。外は一面の雪景色という風情である。伊右衛門と母のお熊は、お岩の怨霊に苦しめられて、いつも暮れ六つ（午後六時頃）から高熱が出る。そして、伊右衛門の父長兵衛は、偶然にも伊右衛門たちが寄宿している庵室の門口に立ち寄っていた。そこに、お岩が腰から下は血まみれの産女《うぶめ》の格好で子を抱いて登場する。そのお岩に対する伊右衛門のセリフを見てみたい。

伊右　ハテ、執念の深い女。コレ、亡者乍《もうじやながら》も能《よ》く聞けよ。喜兵衛が娘を嫁にとつたも、高野《こうの》の家へ入込心《いりこむこころ》。義士の面々《めんく》手引《てびき》しよふと、不義士とみせても心は忠義。夫《それ》をあざとひ女の恨《うらみ》。舅《しゆうと》も嫁もおれが手に、かけさせたのもわがなすわざ。その上伊藤の後家乳母《ごけめのと》も、水死したのも死霊《しりよう》のたゝり。殊に水子《みずこ》の男子《なんし》まで、横死《おうし》させたも、根葉《ねは》をたやさん亡者のたゝりか。ヱヽ、おそろしい女めだナ○。

伊右衛門は、自身を取り繕おうと必死である。お岩を捨てる契機となった伊藤喜兵衛の家への婿入りは、高野方を欺くためであったと述べている。そして、その後に起こった数々の惨劇は、すべてお岩の祟りによるものであって、息子をも殺める恐ろしい死霊だと罵る。ここで留意しておきたいのは、伊右衛門の論法である。お岩への不義理は、主家のために企てた策略であったのに、お岩はそれを理解せずに怨み、多くの人々を殺めた。ここには、個人の私情などよりも忠義を重んずるのは当然であろうという、少なくとも名目上は異を唱えられない通念が認められる。たとえ、それが伊右衛門の虚談であったとしても、である。そして、忠臣蔵の世界を支えるのは、このような忠義のためには私情を捨てるという心性であった。そうであれば、この場面は、忠臣蔵の世界では描かれなかった、その裏面にひそむ人々の怨嗟を、悪の権化のような伊右衛門を通して描いていると考えられる。
この後、劇はいよいよクライマックスを迎える。お岩は伊右衛門の母も父も、無残にとり殺してしまう。目を引くのは、お岩の卒塔婆を壊そうとする伊右衛門と、それを止める父源四郎とのやりとりである。本文は省略して、そのいきさつだけを確認しておこう。
伊右衛門は、実の父である源四郎からは、亡者よりも無得心な不義士だと罵られる。そして、母お熊の手引きによって仇の高野家へ仕えようとしていたことを痛烈に批判する。それに対して伊右衛門は、お岩への言い訳と同じく、仲間を手引きするための偽りの仕官だというけれども、源四郎はとりあわない。ここで、伊右衛門と源四郎のやりとりを見ておこう。

伊右　ヱ、さよふなら親父《おやぢ》様、アノ私《わたくし》を。
源四　親でもない。ヱヽ、勝手にしをれ。
　ト撞目打付《しゆもくうちつけ》る。歌《うた》、時の鐘に成《なり》、源四郎、思入有《あつ》て奥へは入《いる》。伊右衛門残り、
伊右　昔気質《かたぎ》の偏屈親父《へんくつおやぢ》。勘当されたもやつぱり是《これ》も、お岩が死霊の〇。イヤ、あきれた物だ。

ここでは、伊右衛門の「昔気質の偏屈親父」という一言が目を引く。そもそも、この親子のやりとりの中で源四郎が伊右衛門を批難しているのは、主家である塩冶を裏切って仇の高野家へ寝返ったという背徳行為である。これに対して、伊右衛門は「昔気質の」という呟きをもらすのである。昔気質の忠義一辺倒ではどうにもならないではないかという、冷笑を含んだ心情の吐露と受け取れる。細かな点ではあるけれど、『四谷怪談』最後の場面でも、忠臣蔵の世界が踏まえられている。そして、やはり忠

図5　『東海道四谷怪談』「蛇山庵室の場」(『東街道中門出之魁／四ツ家怪談』、文政9年〈1826〉刊より)(国文学研究資料館蔵)

臣蔵の忠義のルールを破り続けた伊右衛門は、救われることがないのである。

　この後、駆けつけた与茂七と伊右衛門との立ち会いで、終幕となる。そして、劇は『仮名手本忠臣蔵』「討ち入りの場」へと続くのである。

　赤穂浪士四十七士による忠義の物語は、江戸時代の人々を魅了し続けていた。それには様々な要因が考えられるけれど、勧善懲悪や判官贔屓という価値観が通底していることはたしかであろう。自らの身をなげうってでも忠義を尽くすという散りゆく徒花《あだばな》のはかなさは、たしかに美しい。しかし、『四谷怪談』はその物語を別の角度から鋭く抉っている。忠義の裏にひそむ、理不尽で残酷な、醜悪な世界を描いてみせたといえよう。それは、理想では飯を食えぬという、南北の醒めた、冷徹な眼差しを通して描き出されたものと考えられる。そして、そのような世界を観客は歓迎し、共感とともに讃歌を送った。『四谷怪談』によって、徒花と並ぶ、いや、それ以上に芳しい、強烈な毒を持つ悪の華が咲いたのである。

このような反忠臣蔵の世界に熱狂したということは、この時代、この一年の記憶されるべきできごとである。それ以前の価値観を反転させた作品が大当たりを取ったということは衝撃的な一事件といえる。また、このような作品が二〇〇年以上にわたって人々を魅了し続けているという事実は、この時代が生み出した闇がその影を色濃く残し続けており、その闇には時代を超えて人々を心酔させる魅力が備わっていることを証明している。

文政八年の奇事異聞――曲亭馬琴『兎園小説』

ここで、従来の文学史ではあまり取り上げられることのない作品に目を向けてみたい。やや異なる視角から文政八年とその周辺を見つめてみたいのである。脚光を浴びてはいなくとも、その時代の特色を備えた作品や資料は数多い。曲亭馬琴らによる『兎園小説《とえんしょうせつ》』もその一つとして数えることができる。文政八年の正月、馬琴は未完の合巻『傾城水滸伝』の刊行を開始している。また、『南総里見八犬伝』は、五輯を同六年に刊行後、書肆の都合により出版が滞っていた。そして、合巻や読本などの旺盛な執筆活動のかたわらで、興味深い集いを行っていたのである。文政七年に結成された「耽奇《たんき》会《かい》」と、同八年の「兎園会」である。ここでは、「兎園会」に着目したい。

兎園会のメンバーは、発起人である曲亭馬琴と山崎美成をはじめとして、関思亮・屋代弘賢《やしろひろかた》ら十二人に、客員二人を加えた総勢十四名である。兎園会では、ほぼ毎月、数人が資料を持ち寄って奇事異聞を披露しており、総数は一五〇篇を超える。内容は雑多であって、何かしらの一貫した志向は認められない。不可思議な話をはじめとして、数々の考証、孝子や烈婦の話、また、天明末年の災害に関する記事などなど、多岐にわたる。『兎園小説』とは、こうした多種多様な話が持ち寄られた兎園会の記録である。一癖も二癖もある面々による、文政八年当時の妖しき会合の記録といえよう。兎園会において披露された奇事異聞を繙いてみることで、当時の一風変わった世相が垣間見えるだろう。

ここでは、『兎園小説』第十集に収められた「人のあまくだりしといふ話」を検証してみよう。「文政乙酉冬十月朔　文宝堂」との署名がなされており、文政八年十月、文宝堂・亀屋久右衛門による報告である。さて、本話は次のように書き出されている[9]。

> 文化七年庚午の七月廿日の夜、浅草南馬道竹門のほとりへ、天上より廿五六歳の男、下帯もせず赤裸にて降り来りてたゝずみゐたり。町内のわかきもの、銭湯よりかへるさ、之を見ていたく驚き立ち去らんとせし程に、かの降りたる男は、其儘そこへ倒れけり。

文化七年（一八一〇）であるから、この事件が起こってから十五年後の報告である。天上から二十五、六歳の成人男性が降ってきたというのである。この後、死んだようになっていた男を番屋へ連れて行き介抱すると、男は人々の尋問に次のように答えている。

某は京都油小路二条上る町にて、安井御門跡の家来伊藤内膳が悴に安次郎といふものなり。先こゝはいづくぞと思ふ。こゝは江戸にて、浅草といふ処ぞと答ふるに、うち驚きて頻りに涙を流しけり。かくてなほつぶさに尋ぬるに、当月十八日の朝四つ時比、嘉右衛門といふものと同じく、家僕庄兵衛といふものをぐして、愛宕山へ参詣しけるに、いたく暑き日なりければ、きぬを脱ぎて涼みたり。その時のきるものは花色染の四つ花菱の紋つけたる帷子に、黒き絽の羽織、大小の刀を帯びたりき。しかるにその時、一人の老僧わがほとりへいで来て、おもしろきもの見せんに、とく来よかしといはれしかば、随ひゆきぬとおぼえしのみ。其後の事をしらずといふ。

男は、京都住の安二郎という者であって、十八日の朝四つ（午前十時）頃、愛宕山に参詣したところ、老僧に誘われるままについて行くと、その後の記憶がないというのである。この後、男の履いていた足袋を調べてみると、まさしく京都の足袋であった。不思議なことに、その足袋には少しも泥がついていなかった。また、江戸に知人などはなく、官府に訴え出たところ、浅草溜にお預けになったという。この一件を記したあと、この記事は次のようにあっさりと締めくくられている。

其後の事をしらず。いかゞなりけんかし。

その後の経過はもちろんのこと、この一件に関する意見や解釈などは一切記されていない。素直にこの記事だけを読むと、文化期に浅草で目撃された一奇事として読み過ごしてしまうだろう。天から降りてきた男は、妖しき老僧に連れられて京から江戸へやってきたという、原因も何もわからない不可思議な風聞である。しかし、浅草寺門前の「浅草南馬道竹門」といい、「愛宕山」といい、長距離の天空飛行を想像させる記述といい、この一件は天狗説話を想起させる。愛宕山は太郎坊という天狗が著名であるし、天狗攫《さら》いと称される天狗による神隠し説話と符合している。しかし、文中に天狗の名は一切記されていない。それでは、この推測は現代の目から見た想像、いや妄想であろうか。

ここで、おそらく江戸時代を通じて最も天狗に肉迫した文献を想起したい。平田篤胤《ひらたあつたね》『仙境異聞《せんきょういぶん》』(文政五年・一八二二成)である。本書は、天狗に連れられて天狗界に遊んだ寅吉という少年と、天狗に関する事物を詳細に綴った稀書である。『仙境異聞』を参照すると、文政三年(一八二〇。前の記事の文化七年の十年後)十月、屋代弘賢が篤胤を訪ねて、山崎美成のもとに天狗の世界を見聞した寅吉という少年がいることを告げた。篤胤は、ちょうど居合わせた伴信友とともに美成宅を訪問して寅吉と対面を果たす、という記述から始まっている。ここで、『仙境異聞』に立ち入ることはしない。重要なことは、『仙境異聞』と篤胤に関わりの深い人物が、兎園会の参加者と重複が認められるという事実である。

山崎美成・屋代弘賢は篤胤・馬琴ともに親交を結んでおり、天狗小僧寅吉の事件に密接に関わっていた人物である。そのような彼らが、兎園会で前のような記事を披露されて何も反応を示さなかったとは考えられないのである。もっとも、確固とした記録が残っているわけではなく、文献による裏付けは取れない。しかし、このような状況を念頭に置いて『兎園小説』を読み返してみると、どうであろうか。想像の域を出ないけれども、この一件に関して、様々な意見が飛び交ったであろう様子が浮かんでくる。

ここでは、文政八年十月に催された兎園会の一記事を見てみた。書き留められた文書には、一切の解釈が示されてはいない。しかし、会に集った顔触れを考えると、記憶に新しい江戸を騒がせた天狗事件が話頭に上ったことは想像に難くない。馬琴をはじめとした知識人達が、当世の奇妙な噂話にうち興じていた様子を彷彿とさせる。揺れ動く江戸の片隅でこのような奇事異聞を披露しあう会があったこと自体が、文政八年という年の一奇事として記憶されよう。

文政八年

文政八年における江戸という都市は、寛政・天保の二つの改革の間に花開いた化政文化のただ中にあった。つかの間の自由な空気を吸い込んだ、豪奢で派手な文化が開花した時期である。しかし、その都市構造に目を向けてみると、それまでに存在しなかった闇を抱え込んだ時期でもあった。ただし、江戸が抱え込んだその闇は、不穏な可能性とともに大きなエネルギーを内包するものであった。

この年に世に出た『東海道四谷怪談』は、右に述べた江戸の闇を鮮明に描き出して喝采を浴びた。それは、人々が胸に秘めていた鬱屈した心情を代弁したからでもあっただろう。江戸市民は、もはや従前の文化・文芸では満足することができず、その価値観を突き破るような斬新な世界の登場に歓喜したのである。それは、美しくも残忍で怖ろしい、妖美な猟奇的世界であったけれど……。

また、この年に発足した兎園会の活動も見逃すことができない。曲亭馬琴を中心としたこの会は、この後も続いてゆく。最後は馬琴一人で書き続けることになるけれども、世の奇事異聞をはじめとして、様々な事件を記録し続けた。世は変革の時期であったけれど、虚実入り乱れた情報が錯綜する兎園会では、奇異なる視線が交錯していた。揺れ動く時代の渦中にありながらも、不可思議な事物に熱い眼差しを向ける人々がいたこともまた、この年のできごととして記憶に留めておきたい。

ここでは、文政八年という年を「江戸の深奥が表出した年」と捉えて検証してきた。このことは、『四谷怪談』に顕著に表れている。従前の価値観を反転させる作品が生み出されて、それを、人々が受け入れて熱狂したという事実が、時代の屈折点であることをよく示している。江戸の人々、あるいは江戸という都市の奥深くに潜んでいた闇が顔を出したのである。また、現実とも虚構とも判別しかねる不可思議な事象に旺盛な関心を寄せる人々もいた。このような事実もまた、江戸の深奥が垣間見られる年であったことを示していよう。文政八年は、徳川の世が終焉に向かってゆく転換期に位置しており、江戸の深奥に潜んでいた心性が狂おしく躍り出た年であった。

注

（1）今井金吾校訂『定本　武江年表　中』（筑摩書房、二〇〇三年）による。
（2）国立国会図書館蔵本による。翻字にあたっては、現在通行の字体として、句読点を付した。
（3）竹内誠「寛政——化政期江戸における諸階層の動向」（西山松之助編『江戸町人の研究』第一巻、吉川弘文館、一九七二年、所収）を参照。引用文の傍点は原文ママ。
（4）青木美智男『文化文政期の民衆と文化』（文化書房博文社、一九八五年）を参照。
（5）高柳眞三・石井良助編『御触書天保集成』下（岩波書店、一九四一年）による。表記を改めた箇所がある。引用は、以下も同じ。

（6）中野三敏編『日本の近世 第12巻 文学と美術の成熟』（中央公論社、一九九三年）1「十八世紀江戸の文化」、中野三敏『十八世紀の江戸文芸』（岩波書店、一九九九年）を参照。

（7）先行研究は数多いが、ここでは、横山泰子『江戸東京の怪談文化の成立と変遷』（風間書房、一九九七年）と、横山泰子『四谷怪談は面白い』（平凡社、一九九七年）をおもに参照した。

（8）河竹繁俊校訂『東海道四谷怪談』（岩波書店、一九五六年）による。読みやすさを考慮して、平仮名を漢字に改めた箇所がある。また、文中の「〇」は、原本の「卜思入《おもいいれ》」にあたる。

（9）『日本随筆大成』第二期一巻（吉川弘文館、一九七三年）による。句読点を補った箇所がある。

主要参考文献

林屋辰三郎編『化政文化の研究』（岩波書店、一九七六年）
竹内誠編『日本の近世 第14巻 文化の大衆化』（中央公論社、一九九三年）
佐藤毅ほか『近世文学史』（双文社出版、一九九三年）
尾形仂ほか編『近世の文学（下）〈日本文学史5〉』（有斐閣、一九七七年）
国文学研究資料館・八戸市立図書館編『読本事典』（笠間書院、二〇〇八年）
国文学研究資料館編『人情本事典』（笠間書院、二〇一〇年）

附記　貴重な資料の閲覧、引用、画像掲載を許可していただいた各所蔵機関にあつく御礼申しあげます。
本稿は、科学研究費補助金「十八・十九世紀を中心とした怪異文芸と学問・思想・宗教との総合的研究」（研究課題番号 17K13386）による成果の一部である。

内から外へとひらかれる視点

嘉永六年……一八五三

奥野美友紀

アヘン戦争への敗北（一九四二年・天保十三）を機に、中国へ進出をはじめた欧米列強は、続いて周辺国である日本へも関心を示していく。このような国際情勢のなかにおいて江戸幕府は、文政八年（一八二五）に発した異国船打払令を改め、薪水給与令を出して外国船に対応したものの、鎖国政策をなお維持しようとしていた。しかし現実には、異国船の渡来はすでにたび重なっていたのである。

嘉永六年六月三日、ペリー率いるアメリカ東インド艦隊が浦賀に来航する。欧米諸国のなかでもアメリカは特に日本の開国に強い関心を寄せており、軍艦四隻を率いてやってきたペリーは、軍事的威嚇も行いながら、大統領フィルモアの親書を幕府に受け取らせた。

アメリカへの回答を迫られた幕府は、朝廷に報告するとともに、諸大名以下御目見以上の幕臣に対して大統領書簡の内容を公表し、対応策を求めた。江戸幕府が開かれて以来、外交は幕府の専権事項であった。その外交に関して、幕府は、世論へも配慮しつつ、政策を決定するまえに広く意見を請うという方法をとったのである。このことは、幕府の専権政治、そしてゆるぎなかったはずの幕藩体制の変容をも意味していた。

ペリーが去った翌月には、ロシア海軍のプチャーチンも長崎に来航している。そして嘉永七年、日米和親条約の締結によって日本は開国を迎えた。ペリー来航は、外交面と同時に国内の政治的状況においても、幕府を内から外へと広く開くきっかけとなったのである。

開くことで、固定されていたはずの枠が取り払われ、境界は越えられていく。日本が内から外へと開かれていく過程で、江戸ではない、地方からの視点も新たな意味を持っていったのではないか。ここでは、嘉永六年のキーワードを〈ひらく(開く・啓く)〉とし、一地方の視点から、越中国にかかわるいくつかの事例を紹介してみたい。

加賀藩十村役と黒船——手がかりとしての国学

嘉永六年は、将軍の交代があった年でもある。十二代将軍徳川家慶(一七九三~一八五三)はペリー来航直後に没し、その後には十三代家定(一八二四~五八)が就いた。しかし家定の健康問題もあり、幕政は老中阿部正弘(一八一九~五七)によって主導されていた。幕府は水戸前藩主徳川斉昭(一八〇〇~六〇)を幕政参与に迎え、海防を強化していく。品川台場(御台場)の築造が始まり、大船建造が解禁され、関東沿岸も諸藩により警備が行われた。沿岸警備に対する意識は各藩へも伝播していった。

最初に、越中国の位置について触れておこう。越中国は現在の富山県にあたる。富山藩領は富山県中央を流れる神通川流域にほぼ相当し、その東西は加賀藩領であった。

嘉永六年十二月に成った『課役考』は、越中国砺波郡内島村(現在の高岡市。加賀藩領)の十村《とむら》・五十《いが》嵐《らし》篤好《あつよし》(一七九三~一八六二)の著である。五十嵐家は代々十村、すなわち他藩でいう大庄屋の家柄である。篤好は幼い頃から石黒信由(一七六〇~一八三七)に算学と測量術を学び、師の信由や父・之義とともに舟倉野用水(富山市旧大沢野町)をひらいたことで知られる。

『課役考』は、異国船渡来につき各村より沿岸防備の人夫を出したことをきっかけに著された。篤好が活動した、加賀・越中・能登という日本海沿岸の地にあって、海防はかやの外ではない。富士谷御杖（一七六八～一八二三）門の国学者であり、歌人でもあった篤好は、『日本書紀』『万葉集』などの日本古典を引用しつつ、古代における課役の例を挙げながら、異国船への対応について当代的な視点をもって考察している。

　此頃ある御方の仰られけるは、「往昔、地頭へ人夫をとりて使ひし代り、今は夫銀とて上納する事は誰もいふことなり。是は上古の課役にて、則、貢なり。かゝる軍役の人夫をする事も、上古にては則課役のやうに思へたり。今などのさまいかゞおもふぞ」と御問あり。孫作申上けるは、「いかゞありや覚不申。上古は、いかゞありともいざと申時はそれにかゝはる事にても候はず、いかゞ申候とも人夫は出し可申候」と申て退きぬ。其後また仰られけるは、「千年の末々なりて上古の風をうかゞひたりとも、今の世にかなふことは無きが如くなるべけれど、其代々の掟といふもみな其前代の風によりて制作したるものなるべければ、幾度転《うつ》り変りても、猶、其根元の風残りたる筋はあるべきなり合などをも考へてよ」と仰られけるまゝに（略）（『課役考[1]』）

『課役考』の執筆のきっかけは、「ある御方」からの問いかけであったようだ。その昔は、地頭に人夫を召し出させて使った。つまり夫役が行われていたが、今では夫役のかわりに金銭を納める。しかしこのたびば沿岸警備のために人夫を出した。これは上代でいうところの夫役のように思われるが、どうか。問いかけたその人が誰であるか、具体的には明らかでないが、篤好が敬意を表していること、また、十村は農民身分の最高職であり、加賀藩の農政を総轄する改作奉行の下に置かれる立場であったことから、藩政側の人物と想像されよう。孫作（篤好）は、私には判断できないが、上代ではどのような場合であれ、いざというときにはなんとしても人夫を出したものです、と答える。古代の事情を今の世に当てはめるのは現実的ではないかもしれない。しかし代々のきまりも前例に従って作られたものであるから、たとえ時代が変わってもさかのぼる中で根本となるような筋はあるのではないか。「ある御方」は、古典や国学の素養をもかんがみて意見を尋ねたのだろう。篤好は、同じく自らの著作である『夫銀考』（天保六年成。「夫銀」は、課役の代わりに納める金銭のこと）にも触れながら考察を進める。

> 如斯漸々に課役の増す事、是亦古今同じき世のさまなり。今是をいとふ時は、此度異国船渡来によりて人夫を取り給ふには、賃銭を不取下してはかなはざる事といふもさら也。然れども、数万の人夫に賃銭をとらせむとせば其入用金不容易事なるべし。たとへば一人一日壱両としても一万人にては拾貫目なり。十日に百貫目、百日に千貫目なり。続くべき事ならず。さればかゝる時には課役として人夫に出べき事と常々心得させおくべき事なり。然れども、常々いひ聞かせおきたりとも、いざといふ時には皆尻込すべし。其時には、たとへ十分に賃銭はとらせたりとも、昼夜となく使はれ、山野に伏しからきめを見、やゝもすれば命をも失ふに至る事なれば、誰かは易《ヤス》く出べき。いはんや賃銭なくてはいかにせむ。こゝに至りては唯平生の信服にある事なるべし。
> （『課役考』）

金銭の報酬なくしての課役は難しい。この後さらに『万葉集』巻二十の防人歌を例に、たとえ報酬が多くても家族とは離れがたいものであろう、と考察は続く。

そして、「されど又打かへしおもへば」「かくさま〲に行戻り思ひ見るに」と逡巡しながら、「かくいひく変見れば追つまりは又立かへり平生の信服にあるより外なし」とするのである。

是告、神国の人の万国に勝れたる所謂なり。されば万葉集に、

いざ子どもたはわざなせそ天地のかためし国ぞ山跡しまねは

といへる如く外国人《トツクニヒト》のする事はめざましきやうなれど、天地の神の見そなはすには只童子輩の戯れ事なるべし。いかでか吾神国を動し得む。人夫の事は猶考へ給ひてよ。（『課役考』）

報酬があれば人を出すことはできるかもしれないが、金銭には限りがある。また、どんなに金銭があったとしても、危険と背中合わせの任務であり、そこから逃げ出したとしてもその心変わりまではどうすることもできない。日本古典の中に根拠を求めるという国学的手法をとってはいるが、古代を理想として憧憬するのではなく、報奨と心情とを天秤にかけるというリアルさがある。そして、行きつ戻りつしつつも最終的には「平生の信服」と管理統率する者の倫理に求める。問いかけを「我三州（引用者注：加賀・能登・越中）の事」として捉え、十村として地域の農民を総轄する篤好の業務上の意識に根ざしたものであろう。

さて、『課役考』の時点では、沿岸警護の必然性をいかにして保証するかという観点があった。結局のところは「神国」であるという一点を頼みにするよりほかなかったのだが、異国船渡来の件に関する発言は、これより三年後、安政三年（一八五六）の書簡にも見える。

小生無異此頃出府仕候、然は近頃異国船ニ付測量方大流行いたし、此時ニ当り而故大人御著述之測遠要術開板仕度、平七子にも示談仕御改有之、今日御改作所へ、右書、私所持之分指上、尚藤

右衛門開板候志御座候、指支申儀も有之間敷候、奉伺候段申上候間、左様御承知置可被成候、猶委曲は御面談可申候

（「測遠要術」開板の件等に付書状（安政三年六月晦日　高木藤右衛門宛五十嵐孫作書状））[2]

篤好（五十嵐孫作）から、石黒信基（高木藤右衛門。信由の曾孫）に宛てて書かれた書簡である。趣旨は、近頃は異国船騒ぎで測量が大流行しているから、天保七年（一八三六）に亡くなった師・信由の著書『測遠要術《そくえんようじゅつ》』（享和二年（一八〇二）自序）を出版したいというもの。「御改作所」とは前出の改作奉行をさす。[3]出版は実現しなかったが、異国船が一地方に与えた影響がここからもうかがうことができる。『課役考』はペリー来航直後の、藩政側からの求めに応じた発言であったが、『測遠要術』は篤好の、開国後の現実に即した行動であったと言えよう。

嘉永六年の和歌——五十嵐篤好『ふすしのや詠草』より

前述したように、篤好は十村そして測量家であると同時に、江戸時代の越中を代表する歌人であり、日本古典について学ぶ国学者でもある。ここでは篤好の家集『ふすしのや詠草』（十二巻十二冊）[4]を手がかりに、嘉永六年を眺めてみたい。

その前に、篤好が国学そして和歌に出会うきっかけとなった出来事について触れておこう。文政二年（一八一九）、加賀藩は農政改革にあたって、篤好と父・之義を含む二十八人の十村を金沢の牢に投獄した。「十村断獄」として知られるこの一件は、「十村らに咎があったわけではなく、改革

を進めるために邪魔になりそうな実力のある十村達を除いたというのが真相であった」(5)。之義は獄死し、篤好も能登島向田《こうだ》（石川県七尾市）に流された。投獄されたもののある程度の自由は許され、このとき近くの伊夜比咩《いやひめ》神社の神職・船木正連を知ったのが国学との出会いであった。篤好は船木氏の蔵書借覧の機会を得て、『万葉集』などの日本古典や本居宣長ら国学者の著作に触れている。

翌文政三年（一八二〇）六月二十八日、流罪が放免された。『ふすしのや詠草』はその直後、文政三年秋の歌に始まる。

寄道祝

いにしへゆ絶ず伝へてあづさ弓末かぎりなき敷島の道　（『ふすしのや詠草』巻二）

「敷島の道」とは、和歌を詠み、学ぶ道のこと。壮絶な事件を経た後に、和歌を志し、古典を学ぼうという決心が伝わる一首である。

『ふすしのや詠草』は、没年の万延二年（一八六一）までの四十年あまりにわたる詠草、五五〇〇を越える短歌の他に、長歌や文章などを収める。嘉永六年に詠まれた歌の中から、篤好らしい作品をいくつか挙げてみよう。

我師、「岸卯花」といふ題にて「郭公めにもつくやと卯の花のきしのつかさにつくかはりなさ」とよみ給ひしうたをものにかきつけ給へりしをみて

ほととぎす心にもあらず卯の花のきしのつかさにさくかはりなさ　（『ふすしのや詠草』巻九）

「我師」とは、富士谷御杖を指す。「きしのつかさ」は、川岸の小高くなった場所で、『万葉集』に

も見える表現である。卯の花はウツギの花で、古歌ではしばしば、夏鳥のほととぎす（郭公）と取り合わせて詠まれる。卯の花はほととぎすの目にとまるだろうか、という御杖の歌の趣向を受けて、篤好は、ほととぎすが何も思わずとも卯の花は咲いている、と詠む。

御杖への入門は文政五年（一八二二）八月、御杖は父の師でもあった。以後、御杖が亡くなる文政六年までわずか一年ではあったが、師を経済的に援助しながら書簡による指導を受けた。篤好は最晩年の門人であり、二人が対面することはかなわなかったが、御杖の私家集『富士谷《ふじたに》御杖《みつえ》大人《うし》歌文《かぶん》』（文政七年序）を編纂するなど、教えを真摯に受け継いだ。この『富士谷御杖大人歌文』[6]に、「岸卯花／郭公めをやつくると卯花の岸のつかさにさくかわりなさ」の歌が収載されている。また歌を収める巻（中巻）には、「人々のもたる屏風のうた　短冊　等まで見るに隋ひてしるしたる也故に再出も少なからず」とある。これは右の引用文中「よみ給ひしうたをものにかきつけ給へりしをみて」という記述と重なる。歌文集編纂の様子がうかがえるとともに、師の歌を残りなく収集したいという気概が伝わってくる。

八月十六日

いたうこらして夕つかたうちふしたるに、清屋さしよりて、「此頃はあまりに事しげくものせさせ給ふ。すこしいこはせ給へ」などいふ。われ老にたれば、病もぞ出るとおもひてならむこゝろざし、いとうれし。

眼八つ手八つはあらねどかいなでの数には入らじますらをにして

ますらをの心は露もおいねども鬢もしらけぬこしもかゞみぬ

かゞみぬるこしおしのべて手束杖すぐなる心まげじとぞ思ふ

まげじとはおもへど〳〵手束杖つく〴〵おもへば数ならぬ身ぞ

数ならぬ身にはおはねど海ゆかばみづくかばねとおもはざらめや

などおもふほどに十六夜の月さしいでたり。

浮雲にいざよふ月の影みればいとゞたゆたふわがこゝろかな

とてうちながめて、

砺波山こへて出来る月はあれど故郷人のことづてもなし

（『ふすしのや詠草』巻九）

この直前には、「村廻りに出て」の詞書をもつ歌もある。篤好が十村に復職したのは文政四年（一八二一）三月。右の引用部分には「八月十六日」とあるが、七月二十六日に石川郡戸板組（現在の金沢市北西部）裁許を命ぜられたところであった。

仕事で疲れて横になっていた篤好は、いたわりの言葉を喜ぶ。篤好は六十一歳、現役でありながら、老いの現実を見つめる姿がある。「砺波山」は、越中と加賀の国境・倶利伽羅峠の辺に位置する山である。故郷を遠く離れての任務は、若い者にとっても楽ではなかったであろうが、老いた身にはなお堪えたことであろう。同じく巻九・嘉永六年のくだりには、日々の業務のなかで生まれた作品として、「能登の国奥の郡にけみにいきける日記」といった文章もある。

古典をふまえた描写もある。

八日、時雨うちそゝげば、いほりたる岩かべのもとにいこひて餉くふ。此川くもでにも流れず、杜若もなければ、はるぐ〵来ぬるともいふべくもあらねど、谷深く入りぬればいと心ぼそしは義継

白雲の絶ずたなびく山の端はもみぢの下や落て染らむ

(『ふすしのや詠草』巻九)

有名な『伊勢物語』第九段、三河国八橋のくだりに触れている。篤好は後年、『伊勢物語披雲』(安政五年(一八五八)成)を著してもいた。

草木の癖——前田利保と『本草通串』『本草通串証図』

是は、武蔵江戸池の端に住居し後、浅草観世音の後ろ、上野の坂本に近きあたり寓居する、万香亭、或は弁物舎と呼び、又恋花圃と名付る主人也。幼より草木の癖有て、花草を座右に置て愛翫せり。年二十に満ざる時蕣花を内園に植て花色を弄翫する事二百余種、後々薬花の盆種を庭中に集め、其名を知ん事を要す。

(私は、江戸池の端に住んだ後、浅草観音の裏手、上野の坂本近くに住まう、万番亭、または弁物舎、あるいは恋花圃と名乗る者である。幼い頃から植物に慣れ親しみ、草花をかたわらに置いて愛でてきた。二十歳に満たぬときには朝顔を庭に植えて愛好した。その数は二百種あまり。後には薬草のいろいろを集めては研究してきたのである。)

(前田利保『龍沢公御随筆』「本草」[7])

近世は、園芸文化が花開いた時代でもある。家康・秀忠・家光の徳川三代に始まり、諸大名から庶

民まで、幅広い層の人々が植物を楽しんだ。

富山藩十代藩主前田利保（一八〇〇～五九）は、越中の学芸を代表する人物である。その関心は和歌・国語学・能など幅広い分野にわたり、多くの著作もあった。幼い頃から植物を愛し、邸内で二百種あまりの朝顔を育てたという利保が中でも力を注いだのは本草学で、福岡藩主黒田斉清（一七九五～一八五一）と並ぶ博物大名として知られている。

利保は、藩政立て直しのため産物方を設立し、殖産興業に力を注ぎ工芸等を奨励する一方で、薬草の栽培も行わせた。また江戸では、その名も医薬をつかさどる伝説上の皇帝・神農に由来する研究会「赭鞭会《しゃべんかい》」を開き、旗本らとともに知識を深めた。

弘化三年（一八四六）に隠居してからは、富山町内東田地方《ひがしでんじがた》に薬草園を設けた(8)。また、自ら領内へ薬草採集へ赴き、嘉永六年三月には、藩領最高峰である西白木峰にも登っている(9)。

嘉永六年の六月、富山藩薬品会が開催された。参加者は藩士および藩の医師であり、出品点数は二一一、本草学のさかんな地域で開催された会に比べて点数は必ずしも多くはないが、薬業のさかんな越中で開催されている点に意義があり、立山で採集したと思われる高山植物が多数出展されたことも特色とされる(10)。

利保はまた、加賀藩五代藩主前田綱紀（一六四三～一七二四）の命による博物書『庶物類纂』（延享四年（一七四七）増補完結）の不足を補うべく、新たな書物の編纂を行った。それが『本草通串《ほんぞうつうかん》』（九四巻五六冊）と、嘉永六年の序をもつ『本草通串証図』（五巻五冊）である。

『本草通串』の「串」は、「貫」と通ずる。植物について広く通じた書物、という意味の書名である。その名のとおり本書は、和漢のさまざまな分野の書物を博捜し、植物ごとに、名称（和名や、日本各地における呼び名）・産地・効能・栽培や採取の方法などを、主に漢文で記している。しかし漢文体が難解であることと、挿絵がなく文章のみ記されていたために具体的なイメージが伝わりがたいという点があった。そこで、富山藩絵師の山下守胤（一七八六～一八六九）・山下一胤・木村立嶽（一八二五～九〇）・松浦守美（一八二四～八六）による一八七点の図をもとに若干の解説（洋書からの情報もあった）も添えて出版されたのが、多色刷の『本草通串証図』である。『本草通串』『本草通串証図』とも未完とされてはいるが、いわばビジュアル版の出版によって、富山藩校広徳館学頭岡田淳之の序にいう「学ぶと学ばざると、字識ると字識らざると無く、皆な目を其の間に寓《よ》せて、而して望洋の嘆無く、而して謬用夭札の患を免れて」（書き下し文）、一

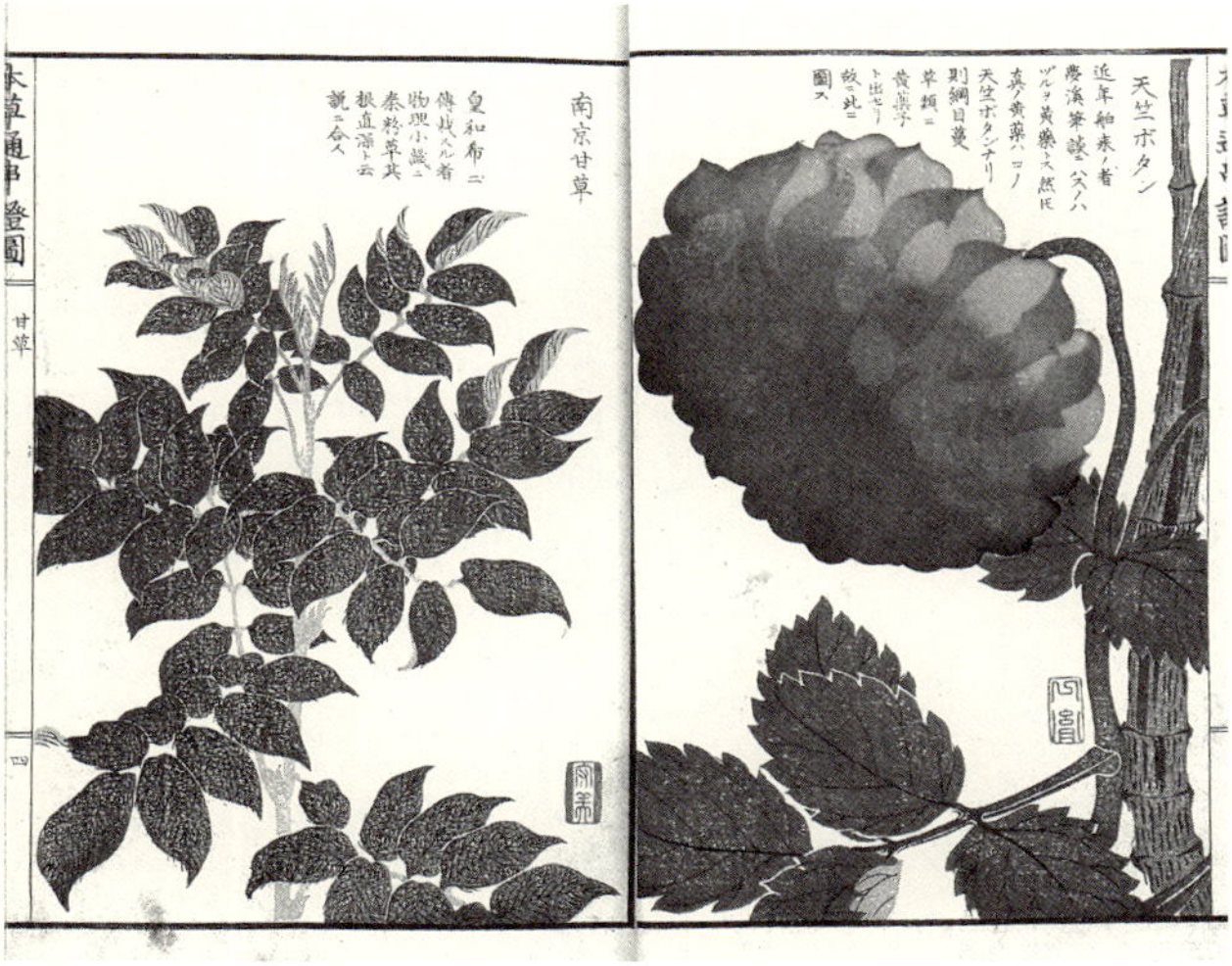

図1　『本草通串証図』（富山県立図書館蔵）

目瞭然となったのであった。

深紅の花の色が鮮やかな「天竺ボタン」の図（巻一、図1右）は『本草通串証図』を代表する植物の例としてしばしば挙げられる。天竺牡丹とはダリアのことで、天保十三年（一八四二）頃、長崎経由でオランダから渡来したといわれる。日本での最初期の栽培を行った巣鴨の植木屋・内山長太郎（一八〇四〜八三）は、利保によって見いだされたという逸話をもち、両者には交流があった。(11)

松浦守美と売薬版画

売薬版画は、諸国を行脚した富山の売薬が得意先へのおまけとして配った多色刷の版画である。日本のおまけ商法の元祖ともいわれ、売薬進物を代表する。天保年間（一八三〇〜四四）には、地元富山の絵師が下絵を描いた作品が同じく富山の版元によって刷られており、地方版画を代表する一例である。

前出・図1左「南京甘草」の下絵を描いた松浦守美《まつうらもりよし》は、文政七年（一八二四）、絵師雪玉斎春信の子として富山に生まれ、富山藩お抱え絵師である狩野派の山下守胤に学んだ人である。守美は、師と同じく藩主前田利保の絵所預となり、前節で触れたとおり、師の守胤、その子一胤らとともに『本草通串証図』の下絵を描いた。

守美はまた、売薬版画の下絵も数多く描いた。売薬版画は、嘉永年間（一八四八〜五四）、守美が登場したことによってその特徴が完成したとされる(12)（図2）。売薬版画の主題には、実用性（その年ごとの大の月小の月を示した暦絵や、たくさんの熨斗が描かれた熨斗絵（一つ切り取って紙に貼ればそのまま祝儀につかうことができる）など）と娯楽性（名所絵や役者芝居絵など）の二面性があるとされるが、本作はそのうちの実用性を代表する主題といえよう。

『本草通串証図』の後、守美の活動の場は売薬版画へも開かれていった。売薬版画のなかには、安藤広重や歌川国貞などの浮世絵の構図をほぼそのまま採用したような例も見られる。この「引用」について坂森幹浩氏は、亜流としての「単なる引用ではなく、結果として、都市の文化といえる浮世絵を、売薬版画＝地方の文化に変換させるという役割を果したといえよう。売薬版画は、地方の人々が江戸文化の代表である浮世絵に触れるための、一つの媒体であったともいえるのではないだろうか」と指摘する。[13]

お抱え絵師としての学芸的一大事業『本草通串証図』から、売薬版画へ。幕末、売薬版画に加え

図2　売薬版画「火要鎮　大小暦癸丑（嘉永6年）」（富山市売薬資料館蔵）

て、俳書や俳諧一枚摺（一枚の紙に、句とともに絵を加えて印刷したもの。季節の挨拶や祝いごとなどの際に非売品として配られ、趣向を凝らしたものが多い）の挿絵や絵馬なども描いた守美の活動(14)は、庶民の側に開かれていった。実用性と娯楽性を兼ね備えた売薬版画というジャンルは、浮世絵表現を紹介する、いわば地方的な展開ともいえた。

万葉歌碑と俳諧

この年、加賀藩領東岩瀬の諏訪神社（富山市岩瀬白山町）に万葉歌碑が建てられた。『万葉集』の和歌を刻んだ碑としては、富山県内でももっとも古い。建立者は当地の肝煎であった若林喜平次である。

大伴家持卿
伊波世野爾秋芽子之努藝馬並始鷹狩太爾不為哉将別
追和
みやひたるむかしのあとゝいはせのにかはらてにほへあきはきのはな
正三位有功
（碑文）

『万葉集』を代表する歌人であり、越中国司でもあった大伴家持の歌「石瀬野《いはせの》に秋萩凌ぎ馬並めて初鳥狩《はつとがり》だにせずや別れむ」（巻十九・四二四九番歌(15)）である。「追和」とは、先人の歌から時間をおいて、唱和するように新たに詠み加えること。「雅たる昔の跡と石瀬野に変わらで匂へ秋萩の花」、堂上歌人千種有功（一七九七～一八五四）の和歌である。石瀬野に秋萩を踏みしだき、馬を並べ、鷹狩に出かけるということもせずに別れるのか――転任にあたって詠んだ別れの歌に対し、かつて雅やかだった昔の名残だったとは言わず、この石瀬野に変わらず匂い咲いておくれ、秋萩の花よ、とこたえた歌である。

東岩瀬は港町である。現在の富山港であり、近世には加賀藩の蔵が置かれ、また廻船問屋が成長し賑わった。堂上歌人と東岩瀬の人々との接点は、虎描きの名手として知られる画家の岸駒（一七四九～一八三八）である。若林家は岸駒の母の実家であり、喜平次は岸駒の子岸岱（一七八五～一八六五）を通して有功に依頼し、京の石工に彫らせ、大坂から船で運ばせたという。[16]

喜平次はまた楓斎の俳名を持つ俳人でもあった。地方俳諧は、その土地の経済活動を背景にする（裕福な商人たちはしばしば俳諧師のパトロンとなり、また自らも俳諧に興じた）とともに、人的交流を伝える。越中俳諧の最盛期は嘉永に続く安政の頃だが、東岩瀬の人々も数々の俳書を出版していた。この地の俳諧活動の隆盛とともに、北前船の時代の栄華が知られるといえよう。

歌碑と関連ある俳書として、安政三年序『多磨比路飛《たまひろい》』（烏岬編）がある。越中の名所三十一か所を色刷りの画で紹介し、発句を載せた一書で、画工は松浦守美、摺彫刀師として荻田藤兵衛[17]らの名がある。この集に「萩乃浦古跡　岩瀬社中」として、萩に囲まれた万葉碑が描かれている。

楓斎の句はこの『多磨比路飛』や、同じく東岩瀬の俳人たちによって出版された『八重すさび』（慶里・二選編、安政六年（一八五九）刊）に入集が確認できる。『八重すさび』の下絵も松浦守美である。[18]

江戸時代、越中の俳人が建てた詩歌の碑の例としては、明和元年（一七六四）、芭蕉七十回忌に、滑川（県東部、滑川市）の旅籠で肝煎をつとめた川瀬知十らが建てた有磯塚（「早稲の香やわけ入右はありそ海」）があった。「早稲の香や」は、『奥の細道』の旅において、松尾芭蕉が越中で詠んだ唯一の句である。句は記されたものの、越中についての描写はほとんどなく、芭蕉と越中俳人たちとの接点はこの句のみといってよい。『万葉集』の石瀬野と同様、『奥の細道』の有磯塚もまた、どの地を指すか説の分かれる場所であるが、句や歌をしのび顕彰したいという地元の人々の気持は共通している。

有磯塚から約九十年経ち、東岩瀬の俳人が建てたのは万葉歌顕彰の碑であった。嘉永四年刊『こしのしをり』（可九編）[19]では、「大伴家持卿誘覧越之古跡等」として、越中の万葉史跡二十九か所を挙げていた。江戸後期から幕末へ向かう俳人の関心が、古俳諧だけでなく、『万葉集』のような日本古典へと開かれていった例であるといえる。

注

（1）引用は金沢市立玉川図書館近世史料館加越能文庫本による。

（2）高樹文庫研究会編『高樹文庫資料目録（古文書）』（新湊市教育委員会、一九九一年）口絵。翻刻は、高岡市立博物館特別展「農民魂をもつ大学者　五十嵐篤好」（二〇一八年七月二十九日～十月十五日、於・高岡市立博物館）展示による。なお篤好の伝記的事項について、同展パンフレットを参照した。

（3）加賀藩の農政および郡治の最高機関は算用場といい、その下に地方民治を司る郡奉行と改作奉行が置かれていた。

（4）篤好の号のひとつ「臥牛斎《ふすしのや》」は、生年の寛政五年（一七九三）が丑年であることに由来する。引用は富山県立図書館本による。

(5) 金沢市史編さん委員会編『金沢市史　通史編2　近世』(二〇〇五年)一五三頁。

(6) 三宅清編『新編富士谷御杖全集』第五巻(思文閣出版、一九八一年)。底本は国会図書館本(篤好自筆本)。

(7) 綿抜豊昭編『龍沢公御随筆』(桂書房、一九九四年)。

(8) 二代藩主前田正甫(一六四九～一七〇六)以来藩の産業となっていた売薬業に、利保の本草学がどれほど実際的な関わりと影響を持っていたかはわからないが、「緒鞭会業軌則」(天保七年(一八三六)成)では、国や民の厚生を目的としてうたってはいる(平野満「天保期の本草研究会「緒鞭会」——前史と成立事情および活動の実態」『駿台史學』九八号、一九九六年)。なお、嘉永六年の富山藩領売薬行商人は二十二組二二五八人、藩への上納金は約三二〇〇両に達した(富山市売薬資料館展示)。

(9) 西白木峰(金剛堂山)は、現在の富山市八尾町と南砺市旧利賀村の境に位置する山。このとき利保に同行した富山藩士藤沢周は、嘉永七年(一八五四)に『奇草小図』を著している。立山(加賀藩領)で採集した高山植物なども図入りで紹介した一書である。

(10) 富山県〔立山博物館〕編『立山に奇草を求めて——富山藩薬品会を通して』(一九九九年)。

(11) 栗本鋤雲『匏庵遺稿』「内山長翁伝」(日本史籍協会編『匏庵遺稿　二』続日本史籍協会叢書、東京大学出版会、一九〇〇年、一九七五年覆刻)。花戸太閤(「花戸」は植木屋のこと)と呼ばれた。

(12) 「火要鎮　大小暦　癸丑(嘉永六年)」(富山市売薬資料館蔵)。

(13) 坂森幹浩「富山売薬版画の概観」(富山市教育委員会編『明治の売薬版画』一九九八年)。

(14) 大西紀夫「越中の絵入り俳諧一枚摺と絵師達」(『富山短期大学紀要』四三巻、二〇〇八年)に詳しい。

(15) 新編日本古典文学全集9『万葉集④』(小学館、一九九六年)による。「伊波世野」(石瀬野)がどこを指すかについて、この碑の建つ神通川右岸河口近くの東岩瀬と、県西部庄川左岸の高岡市石瀬《いしぜ》の両説がある。

（16）河上省吾「岸岱の手紙と万葉歌碑建立をめぐって」（『東岩瀬郷土史会会報』三号、一九八二年一月）、富山県編『富山県史　通史編Ⅳ　近世　下』一九八三年）五一四頁。

（17）荻田氏は、藩校広徳館で出版した四書五経（儒学を学ぶ際の基本的書物である）にも版木方（本や版画の版木を彫る職人）として名が見える家柄で、売薬の薬袋や効能書などの版下を彫ったことでも知られる（富山市郷土博物館編『特別展　富山の刷りもの』富山市教育委員会、一九九七年）。

（18）刊記「画工　応真斎守美筆／摺彫刀師　越中富山砂町　荻田藤兵衛／書林　同二番町　紅屋伝兵衛」。

（19）刊記「越中富山古鍛冶町／彫工　右書堂　邑本兵五郎／仝　二番町／書肆　宣明堂　紅屋伝兵衛」。

附記　資料の翻刻および引用に際し、適宜表記を改めたところがある。

政治・文化の解体と再構築

明治元年……一八六八

田中　仁

慶應三年（一八六七）十月十四日、徳川幕府十五代将軍の徳川慶喜（一八三七〜一九一三）が朝廷に政権を返上する意向を示した（「大政奉還上表」）。翌十五日、慶喜も列席した朝議において勅許があり、いわゆる大政奉還が成された（同二十四日に征夷大将軍も辞職）。同年十二月九日の「王政復古の大号令」によって江戸幕府の廃止、明治新政府の樹立が公布されるにいたった。

本章ではその翌年、明治元年のおもな出来事と当時の人々の状況について見ていきたい（なお、元号が明治と改められたのは慶應四年九月八日のことであるが、便宜のため本章では以後この一年を「明治元年」として標記を統一することにした）。

台風の目の中の明治元年——暴風域の中の無風地帯

政治機構のあり方が大きく転換しつつあった明治元年は、社会経済や文化にもさまざまな変革や停滞が生じた一年であった。征夷大将軍が一夜にして朝敵となり天皇が京の都を出て江戸（東京）に行幸するという誰も予想しなかったようなことが次々と現実に起こり、昨日の味方が今日の敵となり昨日の敵が今日の味方となるようなありさまであった。また、当時の社会に巻き起こった急激な風向きの変化は、人々の文化活動の全般に大きな混乱をもたらした。出版物やその流通を例にしてもそれまでの状況とは一変して、刊行された書籍や版画の数は激減したのである。作家たちの創作意欲や一般民衆の購買（享受）意欲の低下がそのおもな原因と目されるが、さまざまな価値基準が大きく揺らいだ一年であったため、人々はあらゆることに慎重にならざるを得なかったのであろう。時代の先行きが見通せないなかで、作品の公刊や上演（あるいはその作品を享受すること）はそれ自体が大きなリスクをともなうことであった。そのため、当時の人々には作品の創作（享受）によって自身に及ぶかもしれない危機を回避しようとする心理がはたらいていたとも考えられる。

さて、幕末明治期の日本社会に巻き起こった急激な風向きの変化について、ここでは仮に、「西から東へと日本列島を縦断する台風」に見立ててみたいと思う。

①黒船が来航し朝幕間での外交政策に齟齬が生じ始める。〈台風上陸の予兆〉
②薩長土肥を中心に討幕への気運が高まる。〈九州・中国・四国を通過〉
③京大坂各地で禁門の変、鳥羽伏見の戦いなどの内戦が勃発する。〈近畿を通過〉
④倒幕前後に大政奉還、江戸城無血開城、上野戦争などが起きる。〈関東を通過〉
⑤奥羽列藩同盟が成立し新政府軍が東北・北海道へと進軍する。〈東北・北海道を通過〉
⑥明治新政府による政治体制が安定する一方、地方で不平士族の反乱が起こる。〈台風一過、あるいは暴風の吹き返し〉

右のように見立てるとすれば、明治元年はおよそ④に該当することになるだろう。巨大な渦を巻くように形成された台風は、外側から中心に向かって強風域、暴風域を持ち、その中心にはもっとも気圧の低い無風の空白地帯——いわゆる台風の目が存在する。

本章では明治元年について、そうした巨大な台風の中心にある「台風の目」の中に入ったような一年と仮定した上で、〈それまで吹き荒んだ暴風がにわかにおさまって、荒廃した目前の情景にしばし呆然としながらも嵐が過ぎ去ったあとに訪れる平穏を期待しつつ、このあと暴風がどちらに向かって吹くかを慎重に見極めようとした時期〉と捉えておきたい。

戊辰戦争（鳥羽伏見の戦い）勃発

慶應三年十二月九日の王政復古の大号令以後、新政府の人員構成が少しずつ明らかになるなか、徳川慶喜が政権の中枢から疎外されたことに不満を募らせた旧幕府勢力は、明治元年正月二日、大坂から京へと進軍し、翌三日夕刻、鳥羽伏見街道において薩長藩兵を中心とする新政府軍と衝突した。以後、およそ十六か月続くことになる戊辰戦争（鳥羽伏見の戦い）の開戦である。『諷歌新聞《ふうかしんぶん》』巻第一（井上文雄・大神御牧編、明治元年刊）には井上文雄（一八〇〇〜七一）の次のような歌が見える（なお、引用に際して便宜のため私に句読点や濁点を付すなどした。以下同）[1]。

慶應の四とせ正月三日淀のわたりの戦ひをつたへききて　　井上文雄
にぎはひし八幡山崎たたかひのにはかに替る世と成にけり

伏見奉行所を本陣とした旧幕府軍と佐幕派の桑名・会津藩兵の連合軍およそ一万五千、対する薩長藩兵はおよそ五千の兵力でこれを取り囲むように布陣した。薩長軍は土佐藩や安芸藩の援軍を得てもなお旧幕府軍の兵力の三分の一であったが、大砲や銃その他による武装に優れていたという。また、同四日には薩摩藩兵が駐屯した京の東寺にいわゆる「錦の御旗」が掲げられ、その後の戦況を大いに左右することとなった。朝廷は仁和寺宮嘉彰《よしあき》親王（一八四六〜一九〇三、のち小松宮彰仁《あきひと》親王）を征討大将軍として錦旗を与え、これにより新政府軍は官軍として、また旧幕府軍は賊軍として位置づけられた。錦旗は新政府軍に対して賊軍＝旧幕府軍の追討に大義名分を与え、戦場では彼らを鼓舞する象徴的な存在となった。また、新政府と旧幕府の間で立場を明確にしてこなかった各国諸藩に対しても新政府への恭順、支持を後押しすることになった。同六日夜、連戦に敗れた旧幕府軍は大坂城に撤退し、まもなく慶喜は海路で江戸に逃避した(図1)。こののち、新政府軍は関東・東北へと転戦を続けることになるが、その際、彼らが歌いながら行進したとされるのが「都風流《みやこふうりゅう》トコトンヤレ節」である。(2) その歌詞は以下のようなものである(図2)。

〽一《いっ》てん万乗《ばんじやう》のみかどに手向《てむか》ひするやつを／トコトンヤレトンヤレナ
　ねらひはづさずどんどんうちだす薩長土《さつちやうど》／トコトンヤレトンヤレナ
〽宮《みや》さま宮さま御馬《おんま》の前《まへ》のひらひらするのはなんじやいな／トコトンヤレトンヤレナ
　ありや朝敵征伐《てうてきせいばつ》せよとの錦《にしき》の御籏《みはた》じやしらないか／トコトンヤレトンヤレナ
〽ふしみ鳥羽淀《とばよど》はし本くずはのたたかひは／トコトンヤレトンヤレナ
　薩土長《さつどちやう》しのおほたる手《て》ぎはじやないかいな／トコトンヤレトンヤレナ
〽おとに聞《きこ》へし関東《くはんとう》ざむらひどつちやへにげたと問《と》ふたれば／トコトンヤレトンヤレナ
　城《しろ》もきがいも捨《すて》てあづまへにげたげな／トコトンヤレトンヤレナ
〽国《くに》をおふのも人《ひと》をころすも誰《だれ》も本意《ほんい》じやないけれど／トコトンヤレトンヤレナ
　薩長土《さつてうどう》の先手《さきて》に手向《てむか》ひするゆへに／トコトンヤレトンヤレナ

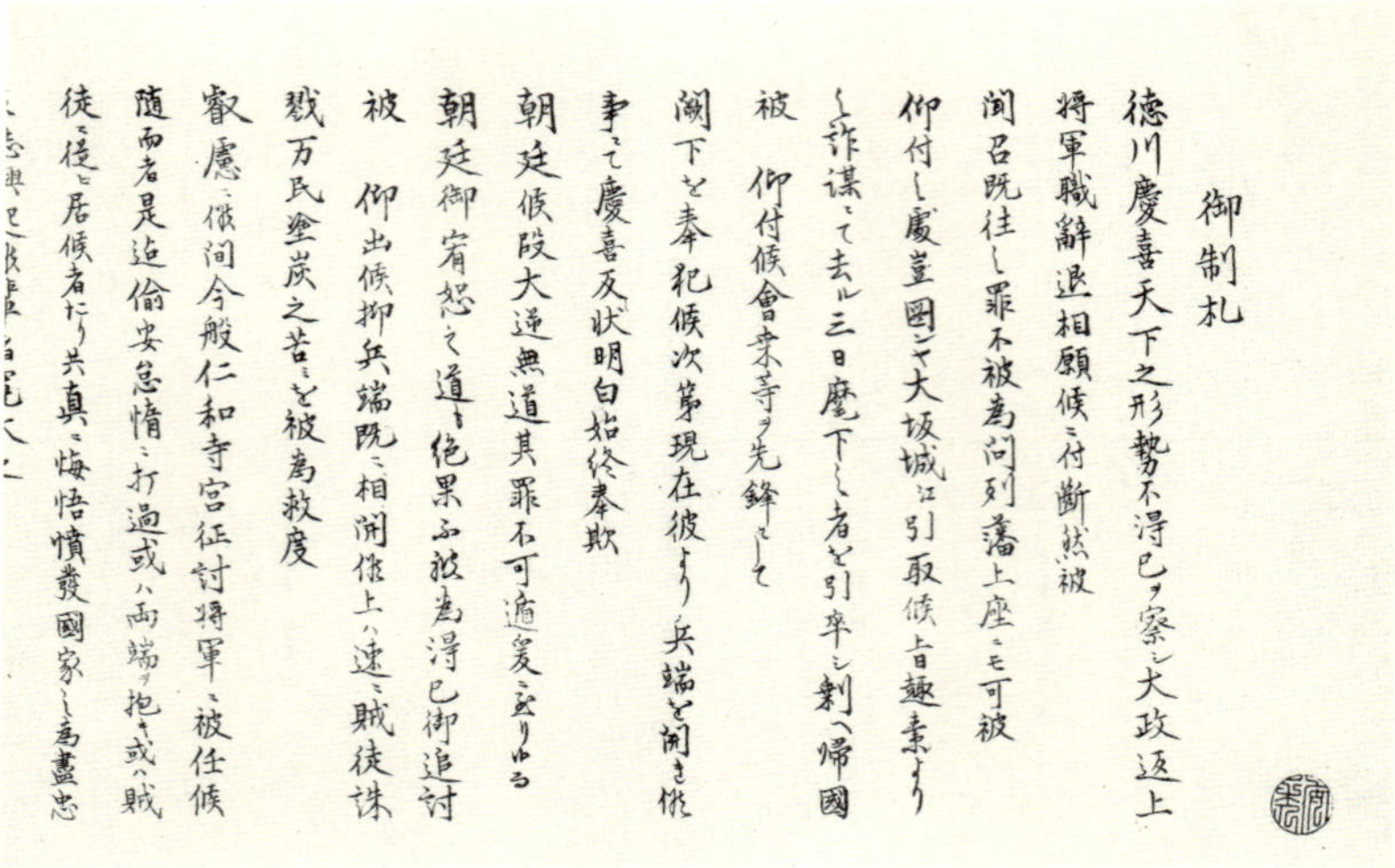

御制札
徳川慶喜天下之形勢不得已ヲ察シ大政返上
将軍職辭退相願候ニ付断然被
聞召既往之罪不被為問列藩上座ニモ可被
仰付之處豈圖ンヤ大坂城江引取候上旨趣素より
之詐謀ニて去ル三日麾下之者を引率し剰ヘ帰國
被　仰付候會桑等ヲ先鋒として
闕下を奉犯候次第現在彼より兵端を開き候
事ニて慶喜反状明白始終奉欺
朝廷候段大逆無道其罪不可遁處ニ被為至
朝廷御宥恕之道も絶果ふ被為得已御追討
被　仰出候抑兵端既ニ相開候上ハ速ニ賊徒誅
戮万民塗炭之苦ミを被為救度
叡慮ニ候間今般仁和寺宮征討将軍ニ被任候
随而者是迄偷安怠惰ニ打過或ハ両端ヲ抱キ或ハ賊
徒ニ従ヒ居候者たりとも真ニ悔悟憤發國家之為盡忠

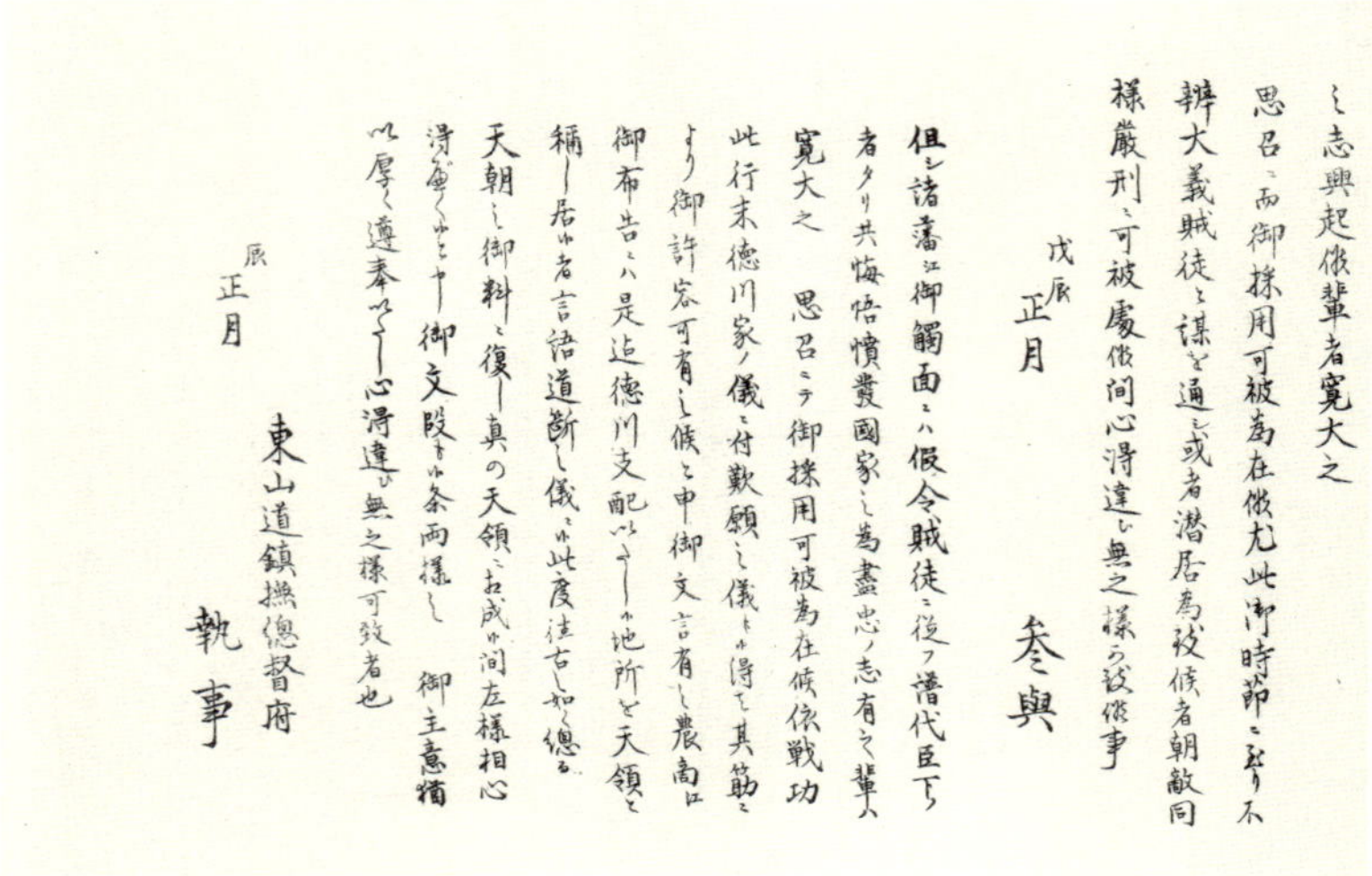

之志興起候輩者寛大之
思召ニ而御採用可被為在候尤此御時節ニ至り不
辨大義賊徒と謀を通し或者潜居為致候者朝敵同
様厳刑ニ可被處候間心得違ひ無之様可致候事
戊辰
正月　参與
但シ諸藩江御觸面ニハ假令賊徒ニ従ヒ譜代臣下ノ
者たり共悔悟憤發國家之為盡忠ノ志有之輩ハ
寛大之　思召ニテ御採用可被為在候依戦功
此行末徳川家ノ儀ニ付歎願之儀をも得ハ其筋ニ
より御許容可有之候と申御文言有之農商江
御布告ニハ是迄徳川支配いたし候地所を天領と
稱し居候者言語道断之儀ニ候此度往古之如く總而
天朝之御料ニ復し真の天領ニ相成候間左様相心
得可申候との御文段ニ候条両様之　御主意猶
以厚く遵奉いたし心得違ひ無之様可致者也
辰
正月　東山道鎮撫總督府
執事

図1　「戊辰正月御制札」(架蔵)

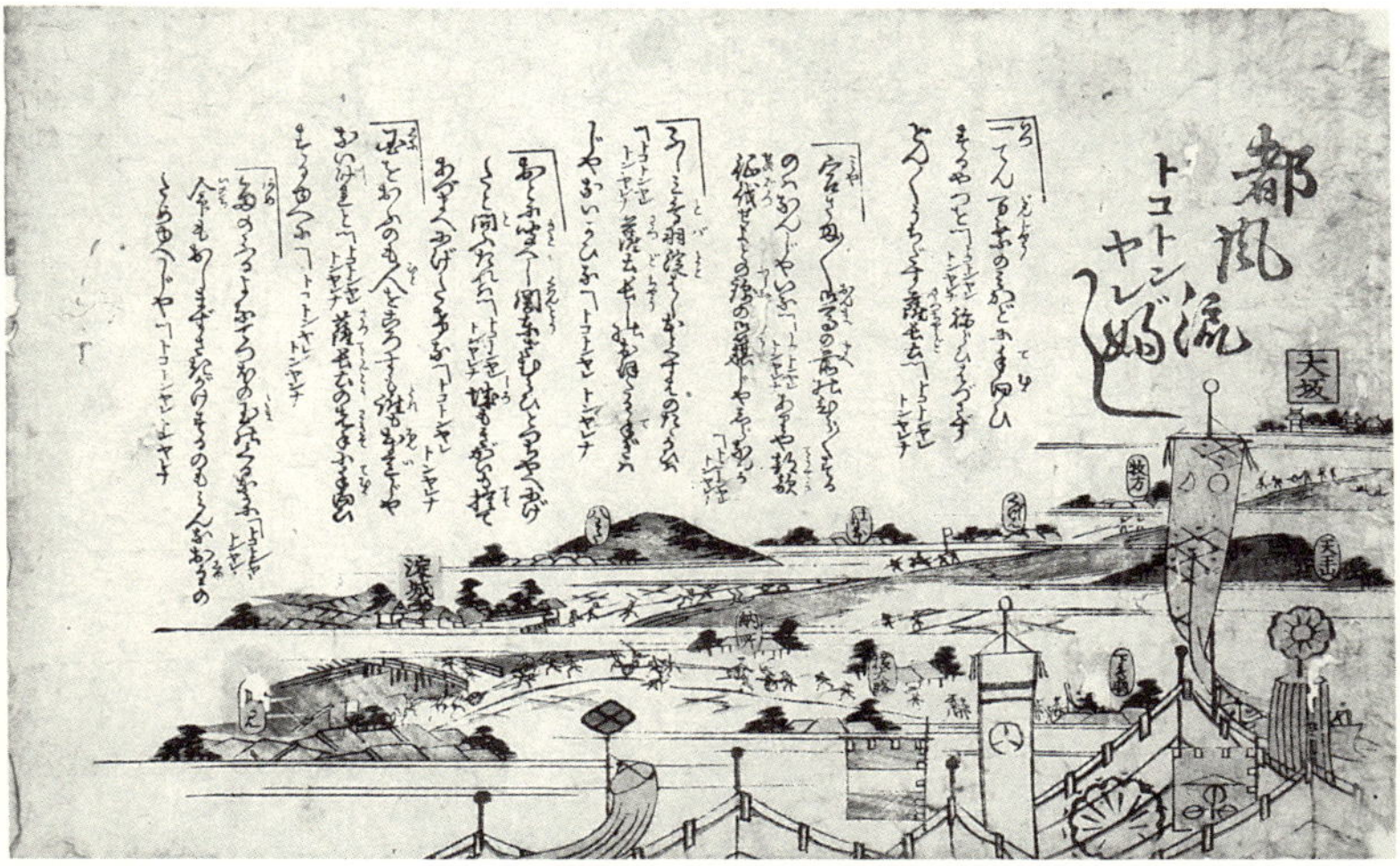

図2　「都風流トコトンヤレぶし」（刊年未詳、早稲田大学図書館所蔵）

〽雨《あめ》のふるよなてつぽの玉《たま》のくるなかに＼
トコトンヤレトンヤレナ
命《いのち》もおしまずさきがけするのもみんなお
主《しゅ》のためゆへじや＼トコトンヤレトンヤ
レナ

一見して旧幕府軍を「みかどに手向ひするやつ」あるいは「朝敵」などと位置づけて、「関東ざむらひどつちやへにげた」「城もきがいも捨てあづまへにげた」と慶喜一行の大坂城撤退を揶揄する内容であることがわかる。新政府あるいは薩長土肥の側が仕掛けたと思われるこの俚謡が当時大いに流行し、世論の形成にも一役買ったのである。「錦の御旗」や「都風流トコトンヤレ節」といった新政府軍の宣伝戦略がいずれも功を奏した格好である。

同年正月七日には新政府が慶喜追討の命令を下し、二月三日に慶喜親征の詔が発布され、同九日に有栖川宮熾仁《たるひと》親王（一八三五〜九五）が東征大総督に任命された。同十二日には慶喜は江戸城を出て上野寛永寺に自ら進んで謹慎した。同二十四日、旧幕臣らが中心となり彰義隊《しょうぎたい》が結成され、浅草、日暮里、谷中、上野界隈に駐屯し市中の警護にあたった。同四月には慶喜の警護と復権を目的として上野寛永寺に拠点を移した。三月に入り十三日、西郷隆盛（一八二八〜七七、大総督府参謀）と勝海舟（一八二三〜九九、旧幕府陸軍総裁）による会見を経て、翌十四日、江戸城無血開城が決定した。四月十四日に江戸城は開城し慶喜は水戸に移って謹慎生活に入った。前掲『諷歌新聞』から井上文雄と大神御《おおがみみ》牧《まき》（草野御牧、一八一八〜六八）の歌を以下に引用する。井上文雄は田安家の侍医にして江戸派の歌人であり、大神御牧はその門下の歌人である。(3)

大樹の君上野の岡に寺籠りせさせ給ひてつつしみおはしますよしうけたまはりて　井上文雄

あはれ君かきこもります此上の世の中いかに成か行らむ

大樹の君上野の岡につつしみおはしますは帝の御勘だうを恐れ給ふのみならず此江門の戦争のちまたとなりなば千よろづの民草ひちりこにまみれくるしみなむ事をなげかひおぼして也けりとうけ給はりて　大神御牧

みをひきてしのぶが岡にますからに枕を高く眠るたみ草

官軍江門の天城に入る日　井上文雄

思ひきや大城の松のはかなくもくだかるる世とならん物とは
ゆく末のたのみも今はなかりけり君が千代田を人にかられて
君が代をちよだとこそは祝ひしにたが宝田と成んとすらむ

帝のかむだう蒙り給ひて将軍ひたちの国にうつろひ給ふ日
宝田や千代田の松を吹しをる都の嵐はげしかりけり　同右

右の文雄、御牧の歌には「あはれ君」「君が千代田」「君が代をちよだ」、あるいは「宝田や千代田の松」「大城の松」などとある。『諷歌新聞』には勤皇思想に裏打ちされた歌が数多く収載されるが、右に掲げた歌の「君」「松」はいずれも徳川氏とくに将軍慶喜をさしており、いずれも佐幕的立場から詠んだ歌であることはその内容から見ても明らかである。なお、これらの歌を収録した『諷歌新聞』の刊行がきっかけとなって文雄、御牧の両名が捕えられ投獄されるという筆禍事件が起きたことは周知のとおりである。

上野戦争（彰義隊の戦い）前後

二月二十四日に結成した彰義隊は、当初一橋家ゆかりの一三〇名程度の組織であり、その頭取として渋沢成一郎（一八三八～一九一二）、副頭取に天野八郎（一八三一～六八）らが選ばれた。その後、四月に慶喜が水戸へ移って蟄居生活に入ると渋沢と天野の対立が激化し、渋沢は一部の仲間とともに振武《しんぶ》軍を新たに結成して離反した。慶喜が不在となったのち、上野寛永寺に駐屯していた彰義隊は、輪王寺宮公現《こうげん》法親王（一八四七〜九五、のち北白川宮能久《よしひさ》親王）の警護などを理由に新政府からの解散命令を無視し続けていた。新政府軍の軍防事務局判事・大村益次郎（一八二四〜六九）は、五月十五日を彰義隊制圧に向けた総攻撃の日と定め、同日未明から寛永寺周辺の彰義隊に対して攻撃を開始する。

高村光雲『幕末維新懐古談』には上野戦争に関する次のような回想記事がある。(4)

慶應四年辰年の五月十五日――私の十七の時、上野の戦争がありました。今日から考えて見ると、徳川様の大身代が揺ぎ出して、とうとう傾いてしまった時であった。その時、何もかも一緒にいろいろなことが湧いて来る。先ほど話した通り、四時の循環なども、ずっと変調で、天候も不順、米も不作、春早々より雨降り続き、三、四月頃もまるで梅雨の如く、びしょびしょと毎日の雨で、江戸の市中は到る処、溝渠《どぶ》が開き、特に、下谷からかけ、根岸、上野界隈の低地は水が附いて脛を没し、往来も容易でないという有様であったが、その五月十五日もやっぱりびしょびしょやっている。たまに霽れたかと思えば曇り、むらにぱらぱらと降って来ては暗くなり、陰鬱なことであった。

（「上野戦争当時のことなど」）

高村光雲が述べるように、五月十五日の彰義隊と新政府軍の激闘は雨の降りしきる中で繰り広げられた。同年は春先から天候が不順で米をはじめ作物は不作となり、三月から梅雨のような雨が続いたことで下谷、根岸などの上野界隈の低地は広く浸水被害まであったとのことである。『増訂《ぞうてい》武《ぶ》江年表《こうねんぴょう》』(5)にも、「五月八日夜、大風雨あり、大川筋満水、所々出水、神田明神後の方並びは湯島の崖崩れ落ちて、下なる家を毀ち怪瑕人あり」と記されており、まさに「何もかも一緒にいろいろなことが湧いて来」たという光雲の表現は当時の状況を的確に言い得ている。

新聞・ジャーナリズム元年

明治元年には『中外新聞』(二月二十四日創刊)や『江湖新聞』(閏四月三日創刊)、『もしほ草』(閏四月十一日創刊)などが相次いで出版された。速報性を有するメディアとして日本における本格的な「新聞」の先駆けとしてそれらが世に出たことは、近代日本における新聞ジャーナリズムの成立というきわめて大きな意味を持つ出来事であった。

例えば、『中外新聞』は上野戦争の様子を「別段中外新聞」あるいは「中外新聞外篇」として次のように速報している(なお、これらが新聞号外の第一号だとも言われている)。(6)

○官兵東叡山屯集の彰義隊を攻むる事

五月十四日夕方、東叡山に屯集致し居候彰義隊より明十五日官軍来襲の風聞有之候間、老人婦女子立退候様近辺町々へ太鼓を打ち触廻り候に付、人々騒立荷物等持運び大混雑。翌十五日朝五時過官軍分隊にて諸方より押寄来り、湯島天神山弁不忍の池を隔てたる榊原の邸へ大砲相備、松源弁雁鍋(ともに料理屋なり)の楼上へも大砲引上げ、山下辺戦ひ相始り候と直に発砲。山内彰義隊よりは山王山より大小砲打降し遂に大戦争と相成り、双方より打出し候破裂丸にて所々一時に燃上り、山下の巷々に於て小合戦有之。始め彰義隊の方大に勝利の様子に相見へ候処、八ツ時

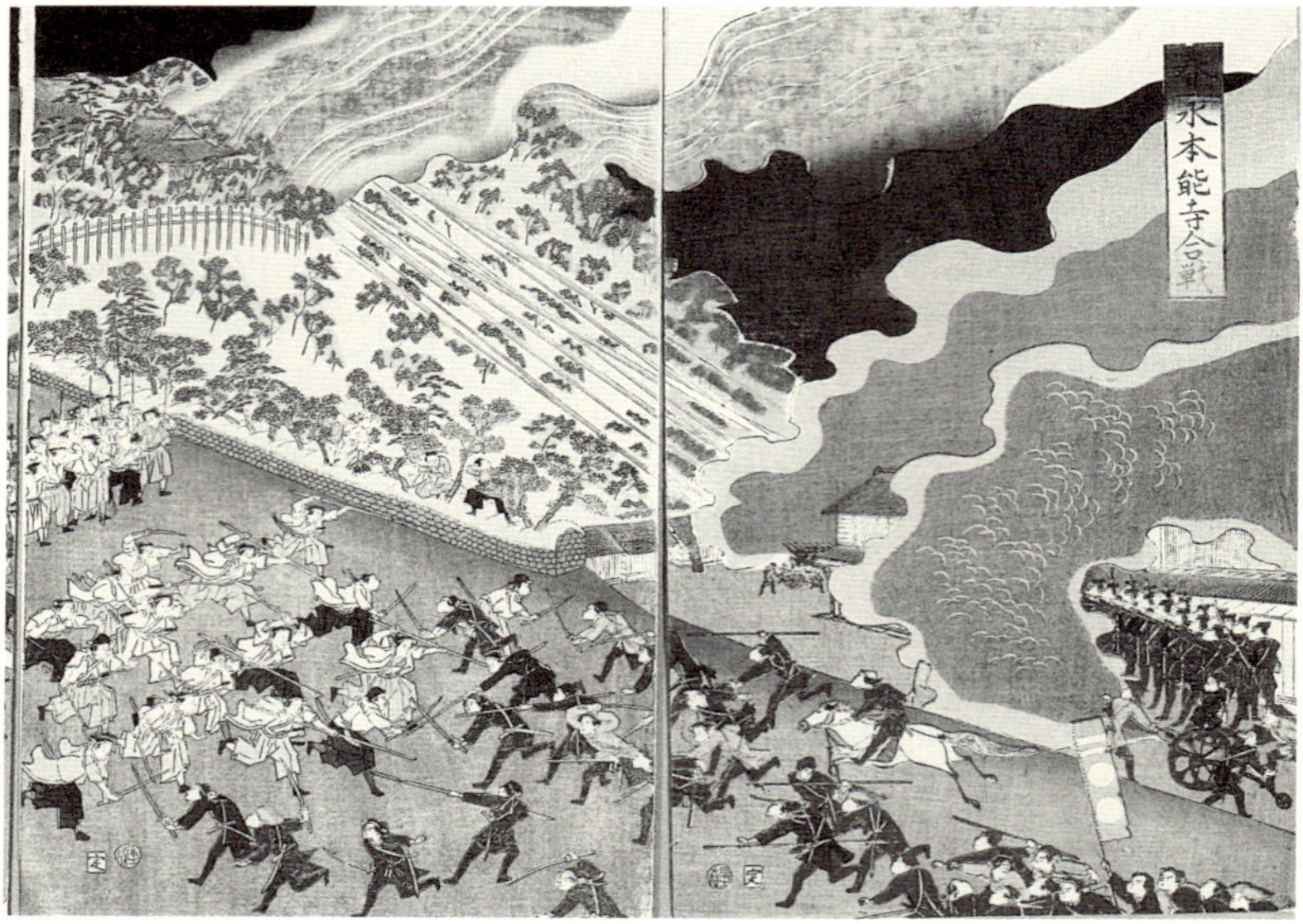

図3　「春永本能寺合戦」（早稲田大学図書館所蔵）

頃官軍の大兵黒門前に寄来り山内貫義隊の一手裏切の由にて、諸方の戦ひ一際劇敷（略）其内、山門中堂諸坊より煙焔盛に立昇り、遂に山内山外の彰義隊皆崩立ち候て、口々の官兵一度に攻入、山王山に働居候彰義隊を挟撃鏖殺いたし候由。七時頃に至り全く戦ひ終る。宮家の御退去は其前日なりし共いひ、又当日午前なりとも云候。御退先は発揮と不相分、尤敗兵は諸方へ分散（略）且又近日山内に残る所の建家を焼払ふとの風聞あり、諸説未定。

（慶應四年五月「中外新聞外篇」）（図3）

右の記事によれば、十五日に官軍が総攻撃をしかけてくるとの噂を聞きつけた彰義隊は、決戦前夜の十四日夕方に「老人婦女子立退き候やう近辺町々へ太鼓を打ち触れ

廻」ったという。また、翌十五日の早朝から官軍、彰義隊ともに大小の銃砲で攻撃の応酬を繰り広げた挙句、仲間の裏切りなどもあって彰義隊の形勢は不利となり、およそ半日のうちに敗走したという。なお、記事には宮家すなわち輪王寺宮の退去先が詳らかに記されていないが、こののち仙台に逃れた輪王寺宮は奥羽越列藩同盟の軍事総統として迎え入れられている。鳥羽伏見から東行した戦火は、上野戦争を経てそのまま北日本へと飛び火して、のちの北海道函館における五稜郭の戦いまで燃え広がっていくのである。

続いて、上野戦争の具体的な戦況や激戦地周辺の被害状況を掲載した「別段中外新聞」の記事を見てみよう。

昨十五日朝、未明より太鼓の音処々に聞えて官軍繰出しに相成り、御門御門橋々皆〆切となり出入を止めらる。間も無く砲声少々相きこえ湯島通り出火あり。此頃中の大雨にて十分しめり有之折柄なれば、手過ちの出火にはあるべからず。何様只事ならずと思へども、往来留めなれば火元見の者を出す事も叶はず、只あつまりて此頃中の風聞を語り合ひ出火の方向を詠め居たり。或は

図4　「本能寺合戦之図」（国立国会図書館蔵）

言ふ、昨夜何国の兵とも知らず、千五百人程千住口より江戸へ入込たり。夫故戦争始まりたるならんと。或は言ふ、此程上野山内屯集の兵士、錦の旗、葵御紋の旗などを拵へ戦争の用意頻りなりと。（略）所々に潜伏し、事を計る者幾万人なるを知らず。其徒一時相響応するに於ては、如何なる事変を生ぜんも計り難し、と。衆説紛々更に定論なし。（略）かくて此日も大雨止まず。砲声屢々轟き、火勢益々盛にして、老弱婦女難を逃れて道路にさまよふ者哀みの声街市に満つ。然れども、皆狼狽して逃れ来れる者のみなれば、今日の様子を問へども一人として慥に答ふる者無し。

（慶應四年五月十六日「別段中外新聞」）（図4）

折から降り続く大雨の中、湯島方面から火の手が上がり、人々が開戦の兆しを感じ取りながら動揺する様子が伝えられ、さまざまな憶測が飛び交うなか市中の人々が混乱に陥るさまが描かれている。同じ記事の後半ではより具体的な戦闘後の各地の被害状況が伝えられている。

出火の場所は上野山下、湯島天神の辺、広小路、池の端、仲町、下谷辺、谷中辺凡五、六ヶ処に火の手上り、すさまじき事いはん方無し。両国橋をば切落し大砲打掛くべき間、立退き候様の為知ありて、両国近辺の者俄に諸方へ立退き混雑す。柳橋は既に切落したりと云ふ。夕方に成て官軍追々帰陣し、砲声全く止み、人々少しく安堵の思ひをなす。火事は益々はげしく、上野山内にも火の手起り、中堂御本坊悉く焼失す。宿坊も半ば焼失せしよし。山内屯集の兵何方へ立起《ママ》きしや、御門主様にもいまだ落著を聞かず。今朝上野辺より来りし者の話を聞けば、広小路片側焼失、仲町大抵焼失したる由、山下は雁鍋の辺より東側の小屋敷焼失し、広徳寺前少々類焼す。広小路辺より山内に死骸六十余人有り、其外火災に拠て怪我せし者且双方の怪我人多く有るべし。追て委しき報告を得て書載すべし。同日昼過、大砲数発南方に聞こえたり。右は何方の船にや蒸気船一艘品川へ入津せり。昨日の戦ひ大雨にて双方共難戦なりしが、官軍の方より追々新手を入替入替攻立けるにぞ、屯集の兵は応援無く、遂に敗走に及びける。大砲小銃分捕頗多し。団子坂の方類焼死亡最多き由。昨日黄昏吾妻橋の上にて戦ひ有りしと見へて、橋上に鮮血おびただしく流れ、鉄砲玉なども橋の辺に落散居たりと、浅草辺の者来り話せり。両国蔵前辺にても砲声を聞きしが、其様子は詳ならずと云。今朝、王子の方にて又一戦有りし由彼方より来りし百姓、途中にて拾《ママ》ひたりとて鉄砲の玉皮を持ち来れり。(略)

(慶應四年五月十六日「別段中外新聞」)

主戦場となった上野寛永寺を中心に、湯島から谷中、下谷にかけての方々で火災が起こり、その火の手によって多くの寺社や家屋が焼失したとされる。戦闘に関連した死者だけでも彰義隊、新政府軍合わせて三百名を超えており、それ以外の死傷者を含めると明治初期の江戸（東京）で起きた最も凄惨な出来事の一つと言えるだろう。(7)

明治新政府の発足とその後の歩み

三月十四日、明治天皇が京都御所において「五箇条の御誓文《ごせいもん》」を神々に誓願する儀式が執り行われた。そしてその翌日、十五日には民衆に対して「五榜《ごぼう》の掲示」を掲げて儒教道徳を称揚し、徒党、強訴、キリスト教の信仰などを禁止する姿勢を公に示した。

また、同二十一日から閏四月八日まで明治天皇による親征のための大坂行幸があった。前掲『諷歌新聞』には次のような井上文雄の歌二首が収録される。

帝浪花に都うつしせさせ給ふ御あらましに行幸ありとうけたまわりて　　井上文雄

にぎはしき民の竈のいにしへを今はた爰にみゆき成らむ

すべらぎのなにはにつけて世の中の平の都捨給ふらむ

大坂への行幸は、明治新政府の大坂（浪華）奠都《てんと》や江戸奠都の議論とも関わる出来事として注目される。新政府内での様々な議論の末、結果的には大坂奠都は幻のものとなったが、当時の人々は日々転変する世の中の情勢をただ見守るほかなかったのである。

三月二十八日には神仏分離令が発布された。『増訂武江年表』には当時の様子が次のように記されている。

○神道仏道混淆を改めらる。神社は神職に改められ、境内の神祠を他所の祠へ合祭し、或ひは社寺の境内を分てり。○神仏道混淆の事御沙汰ありてより、諸社諸寺境内に勧請安置の神仏、他所へ移し、或ひは神社は其の構へと別ちて社務を設けたり。浅草寺境内は殊に神祠仏堂多ければ、神社は大かた三社の境内に移せり。△此の後、諸社別当、仏道を廃し複飾せるもの多かり。（略）

神仏分離令は明治新政府のその時点の政教政策の基本方針を示すものであると同時に、その後全国的な展開を見せることになる廃仏毀釈《はいぶつきしゃく》運動の契機となった。

六月に入り、新政府は小石川御薬園、昌平坂学問所、開成所、医学所などを相次いで接収した。(8)

七月十七日、江戸が「東京《とうきょう》《とうけい》」と改称され、大坂行幸に続く二度にわたる「東京行幸（東幸）」、さらにはその後の「東京奠都」への布石が着々と整えられていく。

この夏、関東観察使として東京に入った三条実美《さねとみ》（一八三七～九一）は、次のような和歌を詠んでいる。(9)

慶應四年の夏大監察となりて江戸につきし時

月と日のみはたのかぜにむさしのの青人くさもうちなびくらむ

慶應四年の夏吹上の諏訪といふ所にて

ぬしやたれ大城の沼のかきつばたをる人なみにぬれつつぞさく

（三条実美『難《な》四《し》之《の》可《か》他《た》延《え》』）

八月に入り、東京市が開府（十二日）、呉服橋、鍛冶橋にあった二カ所の元町御奉行所を廃止して幸橋御門に東京府御裁判所が設置された。また、この頃、海賊橋の牧野家藩邸跡を蚕糸改所に、和泉橋の藤堂家藩邸を病院、種痘所を医学所に、新橋の医学館を接収して種痘館とした。(10)

八月二十七日、明治天皇の即位の礼が執り行われた。

九月八日、改元が行われ「明治」の元号が公示される。また、天皇一代に一つの元号を用いる(「一世一元の制」)という制度に改められた。

九月二十日、明治天皇は東京行幸(東幸)のため京を出発し、東京へ向かった。東海道を東進する途次、はじめて富士山を目の当たりにした明治天皇に対して、供奉していた三条西季知《すえとも》(一八一一～八〇、七卿の一人でのち宮内省歌道御用掛)は次のような歌を奉ったという。[11]

東京に　遷幸ありける時みともつかへて

きみよ君よくみそなはせふじのねはくにのしづめの山といふなり
おなじをり箱根山をこえけるに身のおいたることなどおもひて
いはがねにとりすがりてもはこねやま君につかふる道はおくれじ

(三条西季知『恵仁春濃閑計《えにすのかげ》』)

翌十月十三日、東京に入り、同日「江戸城」から呼称を改めた「東京城」へと入城した(この時の東幸は十二月八日まで。翌明治二年三月二十八日に二度目の東京行幸があり、そのまま在住したため東京を首都と見做して今日に至る)。

十一月四日には「天杯頂戴」が実施され、人々に祝杯がふるまわれた。『増訂武江年表』には「同月四日、快晴。今朝六時より東京市一統の者(惣代、地主、家主へ名主付添出る)、東京府へ召出され、御東行御祝儀に付き御酒賜はる。」とある。

架蔵『三くさのひめ歌』(写本一冊)には奥河内清香(伝未詳)による「御酒頂戴」と題した次のような歌文が収められている。

今年すべらぎの明らかに治め給ふ新代とて、鳥が鳴東の京にいでまし坐てそのみさとに住ぬる人草がうへに広き御めぐみのとよの大御酒天降し給ひければ、その日と定たる日は家群の続けるきはみ町並のわたれる限り、万のこと業みなから抛てその町々の人どちうたげ楽しぶこと、げに心ゆくめりかし。されば酔なきになき悦つつ足も空にて、天の八衢行かふ心ちやすらむ。おのがじし初御代の吉ごとほぎもとほし奉らんとて、そこばくのねり物つくりなして笛つづみすりがねなどのはうしとりどり諸声しぼりあげて、をちこちに引出したるは、彼の蓬が島山も人の浪間に動めき寄り来る心ちして、こころゆくかぎりなるべし。(略)夜はともし火高う照らしつらねめぐりありきつつ、をちこちの水駅に影もとどめあへず過行も有べし。げにうた楽しかる酒ほがひにこそあらましか。

君が代はいやとことはといほへ浪よるさへかけて酒みつくらし
天降りつく此豊御酒にうるほひて蒼生草《たみ》なびく時津風かも

同じく、『増訂武江年表』は「天杯頂戴」の際の人々の様子について次のような記事で伝えている。一町へ鯣《するめ》一連土器一片木台を添へられ、名主一人へ瓶子二ツ宛(御酒入)なり。これに依りて物持人夫宰領のもの、各黄紅の手巾もて頭を抹し、或ひはあらたに幟旗を製し、竿の上へ色々の造り物を付けてこれを先に立て、帰路には車を備ひて酒樽を車に積み、太鼓鉦にてはやしものして各其の町内へ曳かしむ。途中より男女打雑り、大路に陸続して願ひ行く。又、其の翌日よりは頂戴の御酒びらきとて家業をば大方休み、車楽伎踊等を催し、日夜をいはず戸々に宴飲舞踏して、東方の白きに驚かるも多かりし。其のさま神事の如く、中には獅子頭を渡しけるものありて、三、四日の間賑はへり。

年始から戦乱が続くなか、人々の強いられていた緊張状態は相当のものであったと想像され、それだけに「天杯頂戴」の吉事が当時の人々に与えた影響は大きかったことであろう。前掲の歌文や『武江年表』の記事からは、新しい時代の到来を予感しながら一刻も早く安定した暮らしを取り戻せるよう願っていた当時の人々の気持ちが伝わってくる。

芸能・娯楽の状況

戦乱による情勢不安のなか迎えた明治元年、江戸（東京）における芸能や娯楽の状況はどのようなものであったのだろうか。『増訂武江年表』の記事から芸能や娯楽に関わるおもなものを以下に引用してみる。

・上野山内締切り、諸人入る事ならず。花の頃、遊観これなし。［三月頃］

・浅草田甫（新堀といふ）、立花候下屋敷鎮守太郎稲荷社は、前にいへる如く、去年より俄に諸人群をなして、春は殊に賑ひけるが、世上の忽屑によりてか、四月の頃よりして謁祠の輩次第に減じければ、いまだ造作なかばなりし商店も、皆空しく廃家となれり。［三月～四月頃］

・此の節、歌舞妓芝居見物甚だ少し。〔七月頃〕

以上の記事からは、一見すると寺社参詣や花見、歌舞伎などの芝居興行といった物見遊山や芸能など、江戸(東京)の人々の暮らしの中から娯楽的要素が失われていたように思われる。

しかしながら、一方では以下のような記事が散見することにも注目しなければならないだろう。

・春より、両国橋詰に足芸女を見世物とす。大坂下り花川小鶴と号し、年齢二十歳計りなり(両足の指をはたらかす事自在にして、糸車を廻し糸をとり、花瓶の花をいけ火を打ちて行燈へ点し、縫針のわざをなし、煙草をきせるへつぃで吞み、其の外色々の技をなせり。〔略〕)。〔春頃〕

・春の頃より、東海道駿河遠江の辺より始まり、虚空より太神宮の御祓太麻ふり、又宇内の神仏の御影、守護の札ふりしとて、村民等これを尊み祭り、酒飯を調へて親戚知己又は道往く人をさへ饗し、次第に長じて、男女老幼にいたるまで一様の新衣を着し、花万度を持出し伎踊を催して賑ひける。此の風俗、江府の市中に及ぼし、古き守札などひそかに降らして惑はせし族もありけるが、程なくして止みたりとなむ。〔春頃〕

・同十七日より三十日の間、浅草矢崎本覚寺祖師開扉。〔四月十七日~五月〕

・外神田結城座にて、女歌舞妓芝居興行す。見物多し。この頃、所々寄せ場にて、当時聞えし人の長唄をうたはせ、聴主をまねぐ。〔四月頃〕

・麴町九丁目心法寺境内にて、曲馬の見世物を興行す。〔同右〕

・六月八日、かかる中にも両国川通花火ありて、楼船数多く艚連ねて絃歌喧しく、水陸の賑ひ大

方ならず。［六月八日］

・七月頃より、湯島天神下自性院に於いて、元三大師の画像を拝せしむ。［七月頃］

・同十三日の頃、南八丁堀に於いて、西洋の歌舞伎狂言に等しき芝居せり。

右に挙げたように、明治元年の江戸（東京）では、上野戦争が起きた五月は除いても、実際には寺社参詣や開帳、花火などの物見遊山、大小さまざまな規模の見世物や興行が行われていたことがわかる。社会情勢が目まぐるしく転変するのを目の当たりにしていた江戸（東京）の人々は、それでもなお（むしろ、そうした状況だからこそ、というべきかもしれない）積極的に芸能や娯楽を求めていたのである。

おわりに

最後に、この一年のさまざまな流行り廃りについて一覧して本章を閉じることにする。『増訂武江年表』には次のようにある。

○此の頃世に行はるるもの△骨董屋△濁醪△外科△西洋諸品△売卜者相工△鳥銃の工人弾薬△両替辻店△曳車漢《くるまひき》△団粉汁粉餅蕎麦店△行厨舗△寄場△私窠子（土岐）

○少しく衰へたるもの△呉服店△花街雑劇△箆頭舗《かみゆいどこ》△轎夫《かごかき》△鼈甲細工《べっこう》△伎踊師音曲者茶湯者△画匠△俳諧師△文芸の輩△市井地主△奉公人口入《くちいれ》△寺院△芸花園《うえきや》△武家出入商家△武家日雇幷びに口入△書画活花会、其の余多かるべし。然れどもこの頃、一旦の衰へに及びしなり。又、甲冑弓箭△大小拵屋刀剣研師△辻番受負等は廃務の如し。（略）

○写真鏡の技は次第に弘まり、所々へ場を構へ客を招ぎ、其の姿をうつし、好みによりて紙に写し瑠璃漏《がらす》に写せり。

右のように「世に行はるるもの」「少しく衰へたるもの」がさまざまに記されているが、そのおもな要因となったのは、①戊辰戦争および一連の内戦、②士族の没落、③開国政策による西洋文明の流入、④社会経済の停滞と大衆の疲弊に伴う享楽志向の減退などであろう。それまでの社会、すなわち政治・経済・制度・文化を統括し、下支えしてきた江戸幕府が瓦解したことで、人々の価値観も生活様式も大きく様変わりすることになったのである。多くの士族たちが出仕先を失って食い扶持に困り、ある者は慣れない商売をはじめたり、ある者は重代家伝の品々を二束三文で売り払うような骨董屋をはじめたりということが行われた。また、士族を相手に商売を行っていた商家も多くの顧客を失って廃業あるいは業態転換を余儀なくされたという。一方で、いつの時代にも廃れていくものがあれば新たに流行るものがある。廃れていくものを惜しみながらも、新たな時代の到来を実感しながら新奇の文物がもたらす便利さを存分に享受するというのが世の常である。

明治元年は、人々が嵐の過ぎ去ったあとの平穏な日常に期待をしつつ、あらゆる可能性を内に秘めた未来に向かって新たな一歩を踏み出した一年であった。

注

（1）『諷歌新聞』巻第一（井上文雄・大神御牧編、明治元年刊）。なお、同書については宮武外骨による復刻版（昭和二年刊）がある。
（2）国立国会図書館、早稲田大学図書館などが一枚刷り「都風流トコトンヤレ節」を所蔵している。
（3）井上文雄とその門下については鈴木亮氏「井上文雄の田園詠」（『成蹊国文』三七、二〇〇四年）、同「井上文雄年譜稿」（『成蹊国文』三九、二〇〇六年）、同「柯堂門の人びと」（『成蹊国文』四〇、二〇〇七年）、同「井上文雄著述目録稿」（『成蹊国文』四八、二〇一五年）などが詳しく論じている。
（4）高村光雲『幕末維新懐古談』岩波文庫（岩波書店、一九九五年）。
（5）斎藤月岑著／金子光晴校訂『増訂武江年表2』東洋文庫118（平凡社、一九六八年）。
（6）『明治ニュース事典』（毎日コミュニケーションズ、一九八三～八六年）。ただし、新聞記事の本文はそれぞれおよそ原書の表記にしたがった。
（7）江戸時代から明治時代にかけての上野・不忍池周辺の変遷と文学との関わりについては鈴木健一氏「不忍池の文学――江戸から東京へ」（『文学』一七巻六号、岩波書店、二〇一六年）に論じられている。
（8）『東京大学百年史』（東京大学出版会、一九八四～八七年）。
（9）三条実美『難四之可他延』（明治二十六年刊）。
（10）前掲注8と同じ。
（11）三条西季知『恵仁春濃閑計』（明治三十五年刊）。

附記　戊辰戦争に関する研究論集として、箱石大編『戊辰戦争の史科学』（勉誠出版、二〇一三年）がある。

大量即製時代のはじまり

明治二十年……一八八七

磯部　敦

「議論」の登場

「美術」と奈良の明治二十年

明治二十年（一八八七）十一月に奈良県が再設置されてからほど近い明治二十一年（一八八八）六月、九鬼隆一（宮内省図書頭）の社寺什宝調査に随行していたアーネスト・フェノロサが奈良で美術に関する講演をおこなっている。「奈良は美術の淵叢にして最美なる物品饒多なるも、之を保有し之を模範とする制度なく、即ち昔時の物品に依りて美術又は宗教の歴史抔を考究する事は夢にだも知らず」と述べて、フェノロサは美術研究や博物館設置の必要性を説いた。(2) フェノロサの構想は九鬼に引き継がれ、奈良における博物館は帝国奈良博物館として明治二十二年（一八八九）五月に設置が認められ（同月十六日付宮内省達第六号）、その六年後に開館するに至る。高木博志によれば、九鬼の美術行政は「「名誉ノ淵源タル帝室」に結びつけた文化財保護の必然性を説き、（中略）文化財保護が愛国心を伸張し、殖産にもつながる」(3) とするもので、「寧楽ノ正倉院、紀州ノ高野山、京都ノ東寺醍醐寺、其他ノ名刹旧寺」の文化財保護が「日本帝国ハ世界ノ公園タルノ外、更ニ東洋ノ宝庫ナリ」という対外的宣揚にもなると捉えるのである。(4) こうした美術上の奈良の位置づけは、当の奈良においても意識するところであった。明治三十六年（一九〇三）に刊行された水木要太郎『大和巡』では「人は言ふ、日本は世界の公園なりと、而して大和は日本の公園なり。人は言ふ、日本は世界の宝庫なりと而して大和は日本の宝庫なり」と、九鬼の発言が奈良を中心化したものへとすりかわる。(5) さかのぼって明治二十五年（一八九二）十二月の「官立美術学校設立ヲ乞フノ建議案」では「抑モ我大和ノ国タル神武基業ノ地ニシテ、帝都旧跡神社仏閣等枚挙ニ暇アラス、殊ニ奈良ハ美術ノ淵叢ト称シ」云々と、フェノロサの講演をふまえて建議がなされているのである。

フェノロサが奈良で「奈良は宗教と美術とに於て最も重要の関係ある地にて、此二者に就ては特に日本のみならず亜細亜全洲の中心は奈良に遺存するといふも過当にあらず」「奈良は亜細亜の博物館と称して可なるものなり」(6)と述べる少し前の明治十九年(一八八六)十月、徳富蘇峰は『将来之日本』において「世人或ハ美術ノ我邦ニ進歩シタルヲ見テ我邦ノ光栄トナスモノアリ。然レトモ是レ豈ニ誇称スヘキモノナランヤ」と疑問を呈していた。(7)長尾宗典によれば、「日本の「美術」が貴族的需要に応じる見栄に過ぎず、平民的のものではないとして、日本が世界の「美術国」として自ら誇るような言説を鋭く退けた」徳富の見解は、「大西をはじめとする『国民之友』執筆陣にも共有されていた」(8)という。長尾が引用するところの大西祝「日本人ハ美術心に富める乎」に「日本ハ美術国である、日本人ハ美術心に富んで居るとは、此頃世間の流行語となつて居る様に見える、何かにつけて議論のやかましき時節ではあるけれど」(9)云々とあるように、ちょうどこの頃から「美術国日本」という認識が芽ばえていったようである。フェノロサの講演は美術をめぐる諸制度の不備を指摘するものであって美術国としての日本顕彰ではないのだけれど、こうした行政の動きと時期をおなじくしているのは興味深い。

「議論」の登場

そしてもうひとつ興味深いのが、いみじくも大西が「何かにつけて議論のやかましき時節」と述べていたように、その展開に「議論」が大きく与っているという点である。それは、「議論」の場としての雑誌が浮上してきたということでもある。大西が寄稿した『女学雑誌』は明治十八年（一八八五）に、徳富主宰の『国民之友』は明治二十年に創刊しているように、着々と「議論」の場は用意されていった。本稿では、これを出発点として明治二十年の諸相を追いかけてみたい。

「批評」の地平

「雑誌の流行」と明治二十年

明治二十一年（一八八八）五月二十五・二十六日付『郵便報知新聞』に「雑誌の流行」と題する論説が掲載されている。これによれば、雑誌は「新聞紙と書籍との中間にするもの」で、新聞にくらべて雑誌は刊行時間があるから「評論は熟考の余に出つるの猶予」があり、「思想を纏まりたる巻冊に寓せしむる」書物に対して雑誌は「全部の考案粗々成れとも断して精確とハ思惟すべからざるに、先つ之を識者に問ひ世論に質す」ることができるという。こうした位置づけの根底には、「新旧遷転の時代」という現在認識があった。大日本帝国憲法の公布と施行、帝国議会の開会を目前に、「政治の唯一機関」としての雑誌ではなく、「旧事物の存すへきを定むるも批評により、新事物の採るへきを定むるも亦批評に頼る」という「議論の世（エージ、オフ、ディスカッション）」にふさわしい媒体としての雑誌を説くのであった。

制度面から見てみれば、明治十六年(一八八三)の新聞紙条例に「時々ニ刷行スル雑誌雑報ノ類ハ皆此条例ニ依ル」(第一条)とあるように雑誌は同条例の管轄内にあったが、(10)記事内容の保護よりも取り締まりを主とするものであった。それゆえ、「一度新聞雑誌に掲載せしものを抜粋し、版権免許を受けて一部の書となし之を発行するとも、他人の原文に就て之を編纂するを如何んともする能はさりし」(11)状況のもとで末広鉄腸『二十三年未来記』のようにおびただしい数の異版があらわれることになったし、(12)明治十年前後から問題視されていた論説や記事の転載誌も当該条例の射程外にあった。(13)後者などは「但専ラ学術技術統計及官令又ハ物価報告ニ係ル者」の無保証金発行が認められたこともあって(第八条)、「学術雑誌中の論説などを転載する無断転載雑誌が再び出現するように」なったという。(14)

前掲論説「雑誌の流行」がいうところの「議論」が成立するためには、その前提となる知識なり状況なりが共有されている必要がある。その点において、転載等による記事の拡散は結果的にそうした前提状況を作りあげたともいえる。しかしながら、「凡そ批評の根底となるものハ標準」である(前掲「雑誌の流行」)。「標準」なき前提は議論の土台となるはずもなく、そのためには論説なり記事なりが等価に保護されていなければならない。明治十六年の新聞紙条例の圏外にあったこうした状況は、明治二十年(一八八七)十二月二十八日公布の出版条例・版権条例によって改められることになった。同条例における雑誌の権利について、浅岡邦雄による端的なまとめを抄引すれば、

①雑誌でも「学術技芸ニ関スル事項ヲ記載スルモノ」は出版条例に依って刊行することができ(出・第二条但書)、雑誌も一部版権の保護が得られるようになった(版・第二条)。

③版権の取得ができない新聞、雑誌(新聞紙条例によるもの)でも、二号以上の論説、記事、または小説(一号だけでも)は、編集者の許諾がなければ、二年以内に他人が図書として出版することができなくなった(版・第一五条一項)。

というものであった。[15] 同日には新聞紙条例も改正公布されており、これらによって営為の取り締まりとテクストに対する権利とが明確に分離されたのである。実際、右の条項らは「雑誌に従事するものゝ為には一方ならざる便利のことゝ思はるるなり」と好評をもって迎えられた。[16] もっとも、これは版権を取得できない政治や時事を扱う雑誌の一号限りの記事や論説は無許可転載可能であったということでもあり、明治二十一年(一八八七)四月刊『国民之友』二巻二十号「時事欄」掲載「新聞及ひ出版条例の改正を望む」ははやくも「這回は愈よ政事の雑誌に向つて剽窃を試みる始末に立ち到ることは、火を観るよりも明かなり」と予測するのだった。この問題は明治二十六年(一八九三)四月の版権法——第二条「出版法ニ依リ文書図画ヲ出版スル者、及出版法又ハ新聞紙法ニ依リ雑誌ヲ発行スル者ハ、総テ此ノ法律ニ依リ其ノ版権ノ保護ヲ受クルコトヲ得」——によって解消することになるのだが、「雑誌の流行」を支える制度的安定はこの明治二十年に始まったのである。

『出版月評』と「批評」の登場

さて、前掲論説「雑誌の流行」が「凡そ批評の根底となるものハ標準なり」と指摘したその「標準」を提示しようとした雑誌があった。明治二十年八月創刊の『出版月評』（月評社）である（図1）。同誌創刊号に「出版月評発兌ニツキ所感ヲ述フ」を寄稿した矢田部良吉は、「新聞紙ノ広告欄内ヲ一閲スレハ、其過半ハ新版書籍ノ表題及効能書ヲ以テ充塡スルヲ見ルニ至」るような現在にあって「新著ノ書ヲ買フニハ其表紙ノ洋装ナルト其題字ノ何公ノ筆ナルトヲ以テ内部ノ良否ヲ判別スヘカラサルナリ」と述べる。[17] 事実、「近来遠き田舎よりの注文に応ずる書籍中往々粗末なる品あることは余輩の屢々耳にする所にして、（中略）文字の鮮明ならざるもの、表紙及び全体所々汚れたるもの、或は紙質の粗悪なるもの、或は綴り方の粗漏なる等多く」[18]云々のような現状も報告されていた。また、創刊号巻頭記事「出版月評ノ発兌」では「出版人自賛ノ広告文若クハ新著ノ寄贈ヲ受ケタル新聞記者ノ批評」も「往々欺瞞ヲ免レサル」ものである現状を指摘してもいるが、その一方で、たとえば『新編浮雲』第一篇（金港堂、明治二十年六月）巻

図1　出版月評
『出版月評』第一号表紙。近代文学館による復刻本。

末に『花間鶯』や『梨園の曙』（いずれも金港堂刊）の「諸新聞雑誌批評」が列記され、『国民之友』第二号（明治二十年三月）広告欄に「国民之友第壱号内外諸新聞批評」が並ぶなど、当の「批評」が広告に一役買ってもいたのであった。「（近時流行する）他人の批評を自著に挿入するが如きは金儲の点より云ふも、又購読者の方より云ふも至極面白き工夫なり」[19]。こうした現状をふまえ、『出版月評』は「公正ニシテ厳粛ナル批評ノ法灯ヲ点シテ新刊書籍ノ真相ヲ照現シ世人ヲシテ容易ニ其善悪ヲ鑑別セシムル」ことをみずからの使命とするのであった。では、同誌の「批評」とはどのようなものであったか。

『出版月評』における「批評」観を論じた富塚昌輝によれば、「批評」とは「公正無私」――評者と著者との関係を断ちきり評者の感情や嗜好を離れて「科学的・学問的な道理」を「標準」とするもので、[20]「評者と著者との「情実ノ羈絆」を切り離し、著者の「身事上の非難」に堕することなく、著書の内容のみが純粋に〈批評〉としての対象として浮上する制度」を提供する『出版月評』がその「標準」を担保していたという。[21]むろん、こうした『出版月評』の「批評」観がその後の「標準」となったわけではない。富塚が指摘するように、森鷗外は「「審美的」な「理想」や「標準」に則った「判断」の必要性について述べ、「演繹的批評」を主張」すべく明治二十二年十月に『文芸批評しがらみ草紙』を創刊しているし、[22]そもそも前掲論説「雑誌の流行」が言うところの「議論の世（エージ、オフ、ディスカッション）」とは、「批評を以て専業とし公平を以て自ら任するものあれとも（中略）一人にして公平を求むるハ到底得へからざるわけだから「一定の見識」のもとで「甲論乙駁の間に進歩を促すより」ほかにないという考えから出たものであって、『出版月評』の説く「公正無私」の批評主体とは趣を異にするものであった。ただ、同時期に氾濫する「批評」を相対化して「標準」を求め、「二十年八月既に批評盛行の趨勢ほの見え」(23)る状況を作りあげた同誌の存在と役割はきわめて大きいものであった。

書物の品格

『浮雲』の装い

「小説の世の中一変して、雑誌の世の中となれり、分けて近来ハ政治雑誌の世の中となれり」。明治二十一年(一八八八)四月刊『国民之友』第二巻二十号「時事」欄掲載「雑誌の世の中」は、このように書き始めている。「雑誌の世の中ハ、何つ迄続くか、変り易きは人心、露店の小説若し口あらば、路傍の行人に向つて、其軽薄なるを訴ふ可し」と世相を穿つ役割としての小説に奮起をうながして一篇を結んではいるけれど、「「日本の時事」と云ひ「社会の顕象」と云ふか如きもの輩出」する現在にあってはその役割も雑誌が担うかのようであるし、そもそもこの一篇じたい『国民之友』という雑誌の「時事」欄に掲載されていることに鑑みれば、「露店の小説」の訴えが大通りにまで届いたかどうか。ところで、ここでいう「小説」とは、「雑誌の世の中」という媒体と対比されていることからすれば書物媒体のことを指していると見ておいてよかろうが、では当の書物はどうなったのだろうか。

雑誌流行が喧伝される前年の明治二十年(一八八七)、のちに近代文学史の劈頭をかざることになる『新編 浮雲』第一篇が金港堂から刊行された。「「小説総論」(『中央学術雑誌』第二六号、明治十九年(一八八六〕四月―磯部注）のリアリズムによって明治文明のゆがみや知識人の苦しみを典型的にとらえたわが国初の近代小説[24]」とされる同作ではあるが、雑誌の媒体性が議論されていたように、『浮雲』も書物という補助線から考察してみようと思う。

『浮雲』は、四六判、紙くるみ装という体裁をとる。表紙の意匠は図2を参照されたい。稲垣達郎「『浮雲』の本」はこの装丁を「軽快瀟洒」、表紙を「おそらくは、清新だったにちがいない[25]」と評するが、このような装丁や様式意匠は、たとえば同年四月に金港堂が刊行した末広鉄腸『政治小説花間鶯』、翌年三月刊行の小宮山天香『涙の谷』でも確認できるのである。であれば、むしろ問うべきは金港堂の選択であり装丁や様式の歴史性のほうである。

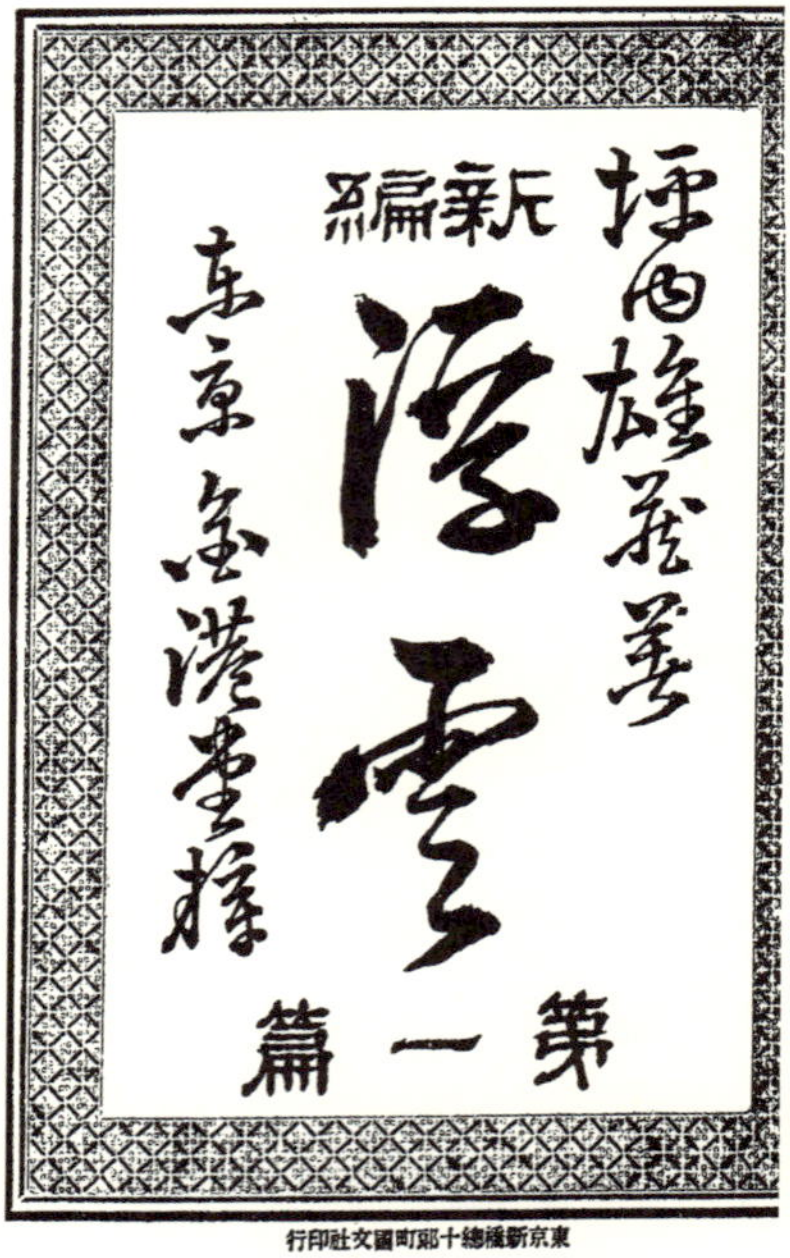

図2　『浮雲』表紙（国立国会図書館蔵）
厚手の洋紙に、外枠単線は朱、飾り枠は金の色刷り。表題の地には薄銀色の紋様をあしらっている。枠外下部に「東京新橋総十郎町国文社印行」。

洋装簡易製本の展開

紙くるみ装とは仮製本の一種で、文字どおり折り丁の束を紙でくるむ簡易な装丁である。おなじく仮製本のボール紙装が、表紙を印刷した紙をボール紙に貼付し、それで折り丁をまとめた束をはさみ、さらにそれを見返しと背のクロスでまとめる製本であることを考えれば、紙くるみ装の簡易さは明らかだろう。ひとくちにボール紙装といっても、官庁出版物に見られる初期ボール紙装からすれば粗製濫造された後期ボール紙装も簡素なくるみ装になるのだが、紙くるみ装はそれよりもさらに簡易な装丁であった。紙装であるぶん強度に劣るが、雑誌や薄手のものなど安さ・薄さ・軽さを旨とする刊行物に向いた装丁であった。明治十年代のはじめ、望月誠が関わる思誠堂や兎屋の「三十頁前後の小冊子の一群」が「手頃な薄さと価格」で「器用に矢継ぎ早に「愚書悪書」を制作してどんどん売り出している」のも、簡易な紙くるみ装という装丁とぴったり符合するのである。[26]と同時に気になるのは、兎屋の『夫婦の後悔』(明治十六年(一八八三)九月)や『災難の予防』(明治十六年十月)など和装本を模して右肩子持ち枠の刷り題簽内に表題を刷っていたり、あるいはまた『身代の番人』(明治十二年(一八七九)十二月)や『懐妊避妊自在法・有夫姦検察法並予防法』(明治十九年(一八八六)十月)などが飾り枠内縦罫三行のなかに著編者名・書名・刊行年や発行元を刷っている点である。後者は、様式という点からすれば『浮雲』や『花間鶯』と変わらないのである。

差異化の指標

明治初期の官庁出版物に見られる本製「ボール表紙本」から簡素な「ボール表紙本」の変遷を詳述した木戸雄一は、明治九年（一八七六）四月『泰西国宝論』（文部省蔵版・東洋社出版）や明治十年（一八七七）二月『分権政治』初篇（江島喜兵衛）などに見られる後者の「ボール表紙本」の様式を、「比較的安価に西欧の新知識を提供できる様式であるとともに、欧米の初等教科書を模すことによって西欧を視覚化した」「西欧の知識を広め啓蒙する教育的な様式」[27]と規定した。そして丹羽純一郎訳『欧州記事 花柳春話』（坂上半七発兌人、明治十一年（一八七八）十月出版）や川島忠之助訳『八十日間世界一周』（川島忠之助出版人、明治十一年六月出版）などをこの文脈上に据え（図3）、同書らの装丁に「文明開化の先頭を行くという矜恃と、高い啓蒙意識」を見たのだった。[28] この指摘に対してわたしは首肯するとともに、これらがいずれも枠内三行の中央に大きく書名、右に著編者名、左に刊行年や出版元等を印刷した表紙であることにも興味が惹かれている。これらは同時期の教科書や漢籍等の和装本見返しにも見られる様式であり、当然ながらさかのぼっていけば近世板本のそれにその水源を見さだめることができる。中野三敏によれば、見返しは唐書の封面を起源に持つことから経書や詩文集のような漢籍に始まり、享保以降は「漢籍類から広がって、国書・文芸の類にまで一般化して用いられるようになる」[29]という。意匠の差はあるにせよ、著編者名・書名・出版事項を三行で記すことが「普通の体裁」と呼びうるほどに様式が「一般化」したという指摘は重要だ。『浮雲』等に見られる表紙の三行書きは、こうした歴史性に依拠した書物の「格」のあらわれではなかったか。ボール紙装の普及にとも

図3　八十日間世界一周
『八十日間世界一周』前編表紙。『秀選 名著復刻全集 近代文学館』より。飾り枠内縦罫三行に著訳者・題名・刊行年が記される。

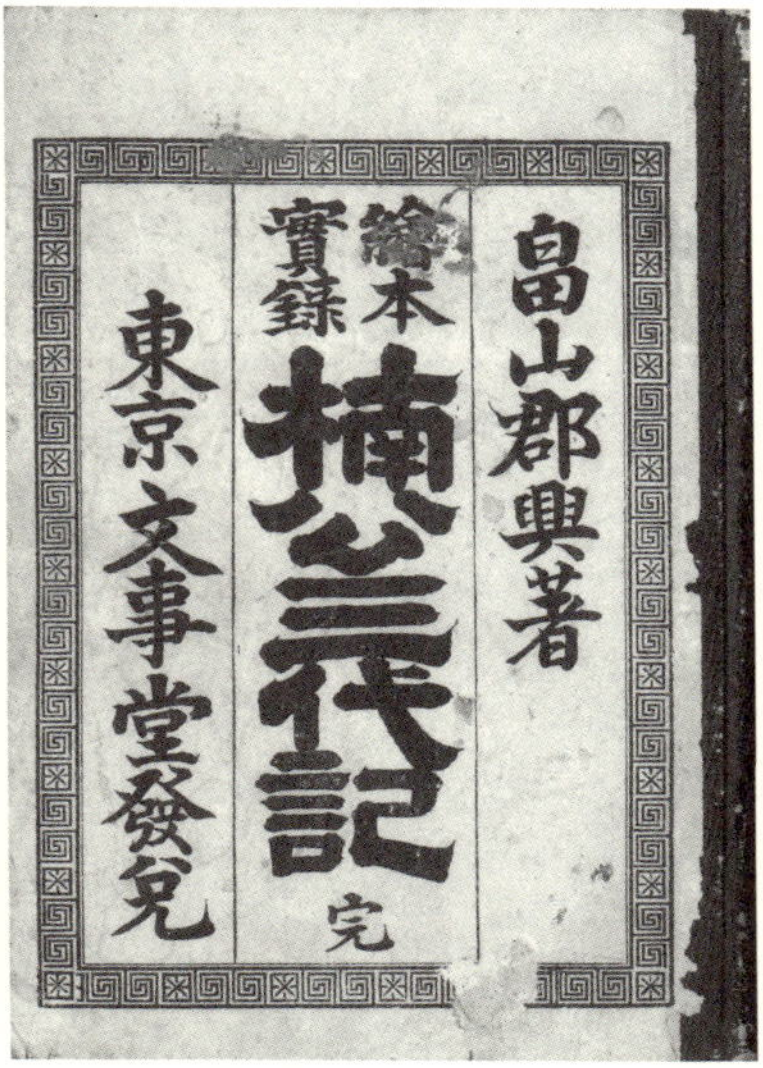

図4　楠公三代記
文事堂版『楠公三代記』表紙。架蔵。飾り枠内三行に著者・題名・発兌元。表紙の粧いに反して印刷の質はきわめて悪く、不読箇所も多く見られる。

なって書型から想起される「「地本である」とかそうではないとか、という「格」の問題が解体されてしま」ったと指摘したのは山本和明であったが、[30] たとえば文事堂版『楠公三代記』(明治二十年一月改題・三月出版)のようなボール紙装の稗史小説の表紙が「畠山郡興著／絵本実録 楠公三代記 完／東京文事堂発兌」と三行で示されるように(図4)、様式から想起される文脈によって他書との差異化をはかろうとしていたのであった。

『浮雲』の品格

国立国会図書館が所蔵する明治期資料群を和装／洋装という観点

から数値化した大沼宜規によれば、[31]明治十九年に和装と洋装の総点数が逆転し（和装一二七二点／洋装一七七四点）、明治二十年には四倍もの差が開いている（和装八三一点／洋装二五〇八点）。洋装本に対する和装本の比率は四二％（明治十九年）・二五％（明治二十年）となっていて、文学においてもこの傾向は変わらない。洋装で出版することが前提の時代になったのだ。この事実をふまえ、明治二十一年九月二十七日付『東京日日新聞』掲載の金港堂の出版広告「稗史小説御披露」をながめてみよう。ここには『浮雲』『花間鶯』をはじめ三十点が列記されているが、現物に就いてみれば三つの製本様式が確認できる。一つは『開巻驚奇 西洋復讐奇談』（明治二十年二月）のような本製本（総クロス）。もう一つは『鉄血政略』（明治二十年五月）のボール紙装。そしてもっとも多いのが『浮雲』などに見られる紙くるみ装である。実際の費用まで明示するだけの史料をわたしは持っていないが、紙くるみ装は手間とコストを考慮した選択だろう。しかしながら、それまで教科書や教育書を出版してきた金港堂にとって、また、たとえば東京教育社が開催した投票「教育家十二傑」のひとりとして「教育書出版者　原亮三郎」（明治二十年六月二十三日付『郵便報知新聞』）と選ばれるような信用を得てきた金港堂にとって、簡易速成の製本であっても草紙や赤本であってはならなかったはずだ。それは、明治二十年十一月結成の東京書籍出版営業者組合の初代頭取に就任する原亮三郎にとっての信用問題でもあった。実際、同組合は規約において「書籍ノ編著、製本ノ改良ニ注意」して「善良ナル書籍ノ出版ヲ計リ、便利ナル販売ノ方法ヲ設ケテ、以テ文化ノ進歩ニ裨補セント欲スル」[32]ことを目的として掲げているのである（第五条）。『浮雲』や『花間鶯』にみられる様式の選択とそれを飾る意匠は、そのための品格なのであった。

ジャンルとスタイル

『浮雲』の文脈

しかしながら金港堂は、『浮雲』にまとわせた品格を同書の強みとして提示することはなかった。明治二十年(一八八七)七月七日付『朝日新聞』附録掲載の『浮雲』出版広告を見てみよう。

坪内雄蔵著/浮雲/前編一冊　定価五十五銭　郵税十二銭/右ハ春のや主人が一機軸を出して専ら言文を一途にせん本願にて極て通俗なる言辞を選び、まるで平生の談話の如くに人情世態を述られたる者なり。但し談話の体ハ力めて中等社会の体を用ひられたれば、所謂はなし家の談話対と異ならず。若夫工夫の妙と情致の周密ハ例の春のや氏の手に成りたれば、之を説かざるも知る人ハ知るべし。只だ其文の霊妙なるを爰に広告して愛玩を希望す。文章の改良を重んずるの士、並に東洋の将来に於て必ず行はるゝ文章の体ハ果して如何ならんと思ふ人ハ、此の小説を一読して大に悟る処あるべきなり。

同紙同日付同面に見られる出版広告がいずれもかたちや装いを選別基準の一つとして明示し、惹句をとおして書物のすがたを想起させようとしているのに対して——服部撫松『教育小説 稚児桜』「洋装石版画入美本」、近藤南州『天下才子必読新書』「木版白紙摺美製本」、松永南柯『内地雑居後 経済未来記 一名未来の商人』「洋装美本」、牛山鶴堂『社会小説 日本之未来』「石版密画入美洋装」、上野清『教授改良 算術三千題』「小本横本一冊/巻一巻二合冊」——、金港堂は『浮雲』を「文章の改良」の系譜上に置くことに終始するのである。

『朝日』の広告が「春のや主人」すなわち坪内逍遙の『小説神髄』（松月堂、明治十九年〔一八八六〕）を想起させながら「其文の霊妙なる」点に筆を費やし、「文章の改良を重んずるの士」や「東洋の将来に於て必ず行はるゝ文章の体ハ果して如何ならんと思ふ人」に向けて語りかけているように、『浮雲』を「文章の改良」と結びつけて価値づける。簡単に小説文体の流れを確認しておけば、『西国立志編』に代表されるような、啓蒙家の文体としての「漢文直訳調の訓読文」を採用した『欧州奇事花柳春話』（坂上平七、明治十一年〔一八七八〕十月〜明治十二年〔一八七九〕四月）は、「元来〈小説〉の文体ではなかった訓読体を、翻訳のための文体と漢文戯作による「情史」的枠組みの二つを契機として〈小説〉のなかに取り込んだ」[33]。この文体は矢野龍渓『斉武名士経国美談』前後編（報知新聞社、明治十六年〔一八八三〕三月・明治十七年〔一八八四〕二月）などに継承されていくが、おなじく漢文訓読体を採用した東海散士『佳人之奇遇』八編（博文堂、明治十八年〔一八八五〕十月〜明治三十年〔一八九七〕十月）などは「反対に漢文への依拠をあからさまに示す文体で綴られ、漢籍に基づく典故も夥しく、完全なる漢文体とでも言うべき文体へと向かうのである」[34]。こうした漢文訓読体は今体文とも呼ばれていたが、「今体文ニハ別ニ文体アルコトナク、且ツ既ニ漢文ノ題目ヲ用キルトキハ、則チ其ノ体製ニ従ハザルベカラズ」[35]とあるように、漢文依拠の程度の差こそあれ、それを志向させてしまう点においてはおなじ圏内にあるものであった。坪内逍遙『小説神髄』文体論は、「古人の詩歌の一部分を抄出して地の文章の助補となし且つ光彩をも添ふるの法」は「西洋の小説文に（中略）用ふるもの頗る多し」と指摘するが、裏を返せば、この「光彩」すなわち「言外の意味」を味わうにはそれだけの知識を必要とするということでもあるのだ。[36] 同書において逍遙は『花柳春話』のような漢文訓読体に言及せず、「現世の情態を材料としてもて其趣向を設くる」「現世(世話)」の小説にふさわしい文体として「艸冊紙体」、すなわち「単に俗言を用ふることの多きと、漢語を用ふることの少なきとにあり」という、ことばの背後にひろがる知識を前提としないところを特徴とした文体を提示するのであった。広告文にいう「一機軸」とは、その謂いであった。

角書きとジャンル

ところで、広告文なら当該商品の価値を広範囲に告げることもできようが、目録になるとそうはいかない。たとえば、前節末尾で触れた明治二十一年(一八八八)九月二十七日付『東京日日新聞』掲載の金港堂出版広告からは「稗史小説」もとに囲われた『浮雲』が他書と違って「平生の談話の如くに人情世態を述られたる」小説であることなど知るよしもなく、「政治小説 花間鶯」と「代議政談 月雪花」に前後をはさまれては『浮雲』も政治小説のひとつに数えられてもしかたがない。目録は商品単体を価値づけるものではないけれども、こうした目録類をながめていて興味深く思うのは書名の角書きである。ともすれば省略されてしまうこともある角書きではあるが、それがみずからの性質を明示している点には注意を向けておいてよい。西田谷洋によれば、角書きに「政治小説」の幟を立てて自身の所属を明示したのは末広鉄腸『政治小説 雪中梅』上下編(博文堂、明治十九年八月・十一月)に始まるという。そうした「政治小説」は、「政治小説大量出現と、『小説神髄』の術語「政治小説」提示という、二つの要素の交渉によって、政治小説というジャンルが社会的に成立＝認知されるような状況下で登場した、新たな小説ジャンル」であり、それを西田谷は「共時的パースペクティヴからのジャンルの編成[37]」と捉える。ちょうど明治十九年頃から角書きに〇〇小説を明示する小説が増加してくるが、いずれも『雪中梅』以降のことで、西田谷の指摘した状況がさらに新たなジャンルを誘発することになったのである。角書きは、書物が拠って立つ圏域の標榜になったのである。では、『浮雲』の角書き「新編」とはなんであったのだろうか。このことについて、『出版月評』第二号（明治二十年九月）掲載の「新編 浮雲第一編」は次のように理解している。冒頭を引用しよう。

政治小説、文学小説、何々小説抔と世間万般の事に皆小説を附属せしめ何とか肩書の無き小説ハ世に持囃されぬ小説の世界、此浮雲ハ何処の管轄内のものかと一読せしに是ハ小説管内の小説にて他の管轄を受けぬ単純の小説、

角書きの「新編」――文字どおり「新」しく「編」まれた書物――のゆえんを『浮雲』を既存のジャンルに帰属せしめえない点にもとめ、それを可能にしているのが「是迄の小説文体を脱出して一種の耳馴れぬ語格を用ひたる」点にあると説くのであった。

文体とジャンル

なにを述べるかは、いかに綴るかということでもある。内容と文体とは相即するのである。たとえ

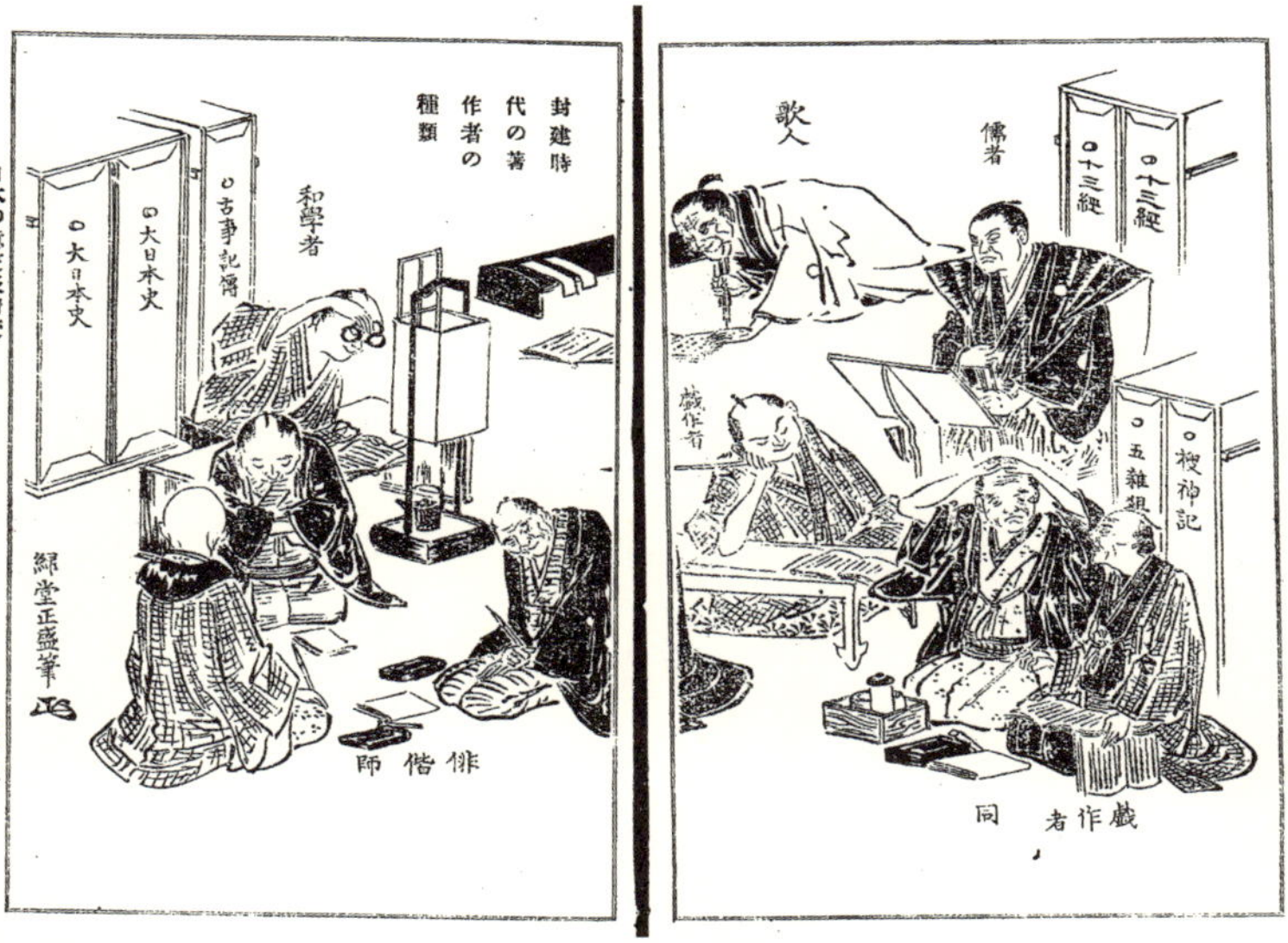

図5　田口卯吉『日本之意匠及情交』24〜25頁（国立国会図書館蔵）
「封建時代の著作者の種類」。「歌人」「儒者」「戯作者」「俳諧師」「和学者」らの服装やしぐさ、背後の書箱に記される書名が違っており、思考の背景と過程と表現することの相関が特徴的に描かれている。

ば、田口卯吉『日本之意匠及情交』は次のように指摘する。

> 大凡そ此諸体の記者は皆其種族を異にして其好尚を同うせす。故に漢文に於て顕はるゝ所の想像は和文に入るを得す、和文艶体に於て顕はるゝ所の想像は其人情体に入るを得すと云ふか如く、互に相分離せり。[38]

ここでいう「想像」とは「意匠」すなわち「人心の花」（アイディア）の「其文章に顕はるゝもの」のこと。文体が「種族」（ジャンル）を規定するゆえに「想像」（思考）を阻害しているというのだ。文体とは、まさしくスタイルなのである（図5）。田口は、「能く此想像を網羅するに適すべき」文体として「今日の言語に一致せる文体」を挙げるのだが、それは「我文章を羅馬字に改めたる後にあらざれば十分に其目的を達する」ことはできないという。ちなみに田口は「故に余は羅馬字会を賛成す」というが、明治十八年に結成された羅馬字会は、漢字が読み書き修得に時間がかかるにもかかわらず修得知識の範囲も狭いうえに、「思想の記号」ゆえに語の文脈と背景知識も知らねばならないなどの理由から漢字廃止をうたうのだった。(39) 金港堂の広告は、『新編 浮雲』を透明な文体の要請と創出のうえに据えたものなのであった。

明治二十年の画期

明治十九年(一八八六)三月の帝国大学令(勅令第三号)第一条に「帝国大学ハ国家ノ須要ニ応スル学術技芸ヲ教授シ及其蘊奥ヲ攷究スルヲ以テ目的トス」と規定されたその「学術技芸」に関する雑誌に限って出版条例が適用され、版権保護の対象となった。同時に、「学術技芸」ほか統計や官令などは無保証金であったため(新聞紙条例)、「学術技芸」の議論が盛んになるのは必然であったこうした紙誌上の議論において必要なのは、その議論の賞味期限、すなわち他者の意見が手もとに届く時間であろう。

明治十七年(一八八四)四月一日付『東京日日新聞』に、その「早さ」への欲求を語った記事がある。

陸地ヲ一日十里詰ノ歩行ニテハ東京ヨリ大坂マデニ十三日ヲ費シタルニ、今ハ人力車ニテハ一日廿里詰ハ容易ナルニ付キ其ノ半数ノ時日ニテ到着スレドモ、尚コレヲ遅シトテ汽船ニ乗リ海路ヲ赴ケバ三十六時間ニテ達スルコトヲ得ルニ人ミナ争テ海路ヲ取ルモ、夫サヘ尚ホ遅シト思ヒテ高崎大垣間ノ中山道鉄道落成セバ如何バカリ便利ナラント首ヲ長クシテ其ノ成功ノ日ヲ俟ツニ異ナラザルノミ。(40)

距離は早さで相殺される。地方府県に任されていた郵便も、その制度の日常化を背景に郵便条例（明治十五年〈一八八二〉十二月制定、翌年一月施行）が定められ、郵便網の整備がおこなわた。(41) やがてそれは明治十八年（一八八五）十二月の内閣制度発足にあたって新設された逓信省の所管となるが、のちに同省は船舶や鉄道なども管理するようになるのだった。(42)

鉄道の開通や郵便物取扱の増便は、当然ながら紙誌発行から落掌までの時間を早めることになる。(43) 早く届けばどうなるか。雑誌は新聞にくらべて「定期」刊行であるゆえに「評論は熟考の余に出つるの猶予あり」という前掲論説「雑誌の流行」（『郵便報知新聞』掲載）の指摘は、この「早さ」の謂いでもあるのだ。

同時に、活版印刷の技術的安定と普及によっていよいよ大量生産時代に入っていくのもこの時期であった。複数の版（鉛版）を印刷機にかける紙型印刷技術は、原版印刷よりも多くの書物をつくることを可能にしたのである。この技術は書物を短時間で一気に作ることも可能にしたが、おそらくこの側面がもっとも発揮されたのが秘密出版ではなかったか。明治二十年の中ごろ、「谷干城・板垣退助・勝安房が内閣に差出したる意見書、幷原規と題したる一篇の公にせざる官の文書」が極秘裡に印刷頒布された。[44] 星亨らは前野茂久治をとおして「大坂府東区備後町五丁目活版職前田菊松に嘱して紙型舘《ママ》版を造らしめ、以て右四種の文書四千部を印刷製本」したという。秘密文書ゆえにすばやく、方々の同志たちと共有するために多く。その意味において、紙型印刷は秘密出版ときわめて相性がよかった。そしてまた、紙型鉛版は鉛製ゆえに切り貼りが可能であった。明治二十年五月刊『通俗絵入日本外史』下（偉業館岡本仙介ほか）の紙型鉛版を切り貼りして『真書太閤記』『関ヶ原軍記』『絵本太閤記』などの「新作」を作るといった技術的応用も見られる。[45]

大量生産は、諸地域への流通があってはじめて意味を持ってくるものである。流通インフラや組合の整理とともに印刷技術もまた「読書共同体」を下支えしていたのである。

注

（1）奈良県は明治元年（一八六八）五月に大和国鎮撫総督府を廃止して設置され、つづいて五條県や郡山県などの各県を統合して明治四年（一八七一）十一月に大和国を統轄する奈良県が成立した。その後、明治九年（一八七六）四月に奈良県は堺県と合併し、さらに明治十四年（一八八一）二月にはその堺県も大阪府に組みこまれることになる。

（2）「フヱノロサ氏の演説大意」、明治二十一年（一八八八）六月二十日付『朝日新聞』雑報。

（3）高木博志『近代天皇制の文化史的研究』（校倉書房、一九九七年）二九一頁。

（4）帝国博物館編『稿本日本帝国美術略史』（農商務省、明治三十四年〈一九〇一〉）九鬼隆一序文二頁。高木前掲書も参照。

(5) 水木要太郎『大和巡』(奈良県協賛会、明治三十六年〈一九〇三〉)四〜五頁。この問題は奈良公園成立史とも関わってくる。『奈良公園史』(奈良県、一九八二年)参照。
(6) 「フェノロサ氏の演説大意(承前)」、明治二十一年六月二十一日付『朝日新聞』雑報。
(7) 徳富蘇峰『将来之日本』(経済雑誌社、明治十九年〈一八八六〉)一六二頁。
(8) 長尾宗典『〈憧憬〉の明治精神史——高山樗牛・姉崎嘲風の時代』(ぺりかん社、二〇一六年)四九頁。
(9) 『女学雑誌』第一三九号(女学雑誌社、明治二十一年十二月)六頁。長尾前掲書、四八頁。
(10) 明治十六年(一八八三)四月十六日、太政官布告第十二号。引用は、林伸郎「言論・出版関係法令集成(明治編 その二)」(『日本出版史料』第二号、日本出版学会・出版教育研究所共編、日本エディタースクール出版部、一九九六年八月)による(一八三頁)。以下、本稿における出版関連法令の引用は同論文および林伸郎「言論・出版関係法令集成(明治編 その三)」「言論・出版関係法令集成(明治編 その四)」(『日本出版史料』第三・四号、一九九七年一一月・一九九九年三月)による。
(11) 「五種の条例　第五 版権(前号の続)」(明治二十一年一月七日付『朝野新聞』論説)。「版権免許」、原文「権版免許」を訂す。
(12) 谷川恵一「翻刻の領野——末広鉄腸『二十三年未来記』」(国文学研究資料館編『明治の出版文化』臨川書店、二〇〇二年)。
(13) 甘露純規『剽窃の文学史——オリジナリティの近代』(森話社、二〇一一年)。
(14) 浅岡邦雄『〈著者〉の出版史——権利と報酬をめぐる近代』(森話社、二〇〇九年)三二頁。
(15) 同前、三五〜三六頁。引用中、「出」は出版条例を、「版」は版権条例を指す。
(16) 「五種の条例 第四 版権」(明治二十一年一月六日付『朝野新聞』論説)。
(17) 『出版月評』第一号(月評社、明治二十年〈一八八七〉八月)三六頁。
(18) 明治二十年十二月二十日付『時事新報』寄書。
(19) 大石保吉『秋夜之感』(熊谷久栄堂、明治二十年)七〇〜七一頁。

(20) 富塚昌輝『近代小説という問い――日本近代文学の成立期をめぐって』(翰林書房、二〇一五年)一四〇～一四二頁。
(21) 同前、一一七頁。
(22) 同前、一五九頁。
(23) 「彙報／文学界」(『早稲田文学』第二二号、早稲田文学社、明治二十九年〈一八九六〉十一月)四七頁。
(24) 『日本近代文学大事典』第三巻(講談社、一九七七年)一八二頁。
(25) 『稲垣達郎学芸文集』第一巻(筑摩書房、一九八二年)三九八頁。
(26) 鈴木俊幸『近世読者とそのゆくえ――読書と書籍流通の近世・近代』(平凡社、二〇一七年)五五一～五五二頁。
(27) 前掲『明治の出版文化』二四～二五頁。
(28) 同前、二六頁。
(29) 中野三敏『書誌学談義 江戸の板本』(岩波書店、一九九五年)一六六頁。
(30) 山本和明「近世戯作の〈近代〉」(神戸大学文芸思想史研究会編『近世と近代の通廊――十九世紀日本の文学』、双文社出版、二〇〇一年)一八四頁。
(31) 大沼宜規「明治期における和装・洋装本の比率調査――帝国図書館蔵書を中心に」(『日本出版史料』第八号、日本エディタースクール出版部、二〇〇三年五月)。
(32) 『日本出版大観』(出版タイムス社、一九三〇年)五頁。
(33) 齋藤希史『漢文脈の近代――清末=明治の文学圏』(名古屋大学出版会、二〇〇五年)一三五～一三六・一五四頁。
(34) 同前、一五四～一五五頁。
(35) 町井酔伯編『今体文式』正編(驢鳴学舎蔵梓・豊住伊兵衛出版、明治十七年〈一八八四〉)凡例一ウ～二オ。

(36) 坪内逍遙『小説神髄』（松月堂、明治十八年〈一八八五〉九月～明治十九年四月）。引用は日本近代文学大系3『坪内逍遙集』（角川書店、一九七四年）による。以下おなじ。

(37) 西田谷洋『政治小説の形成――始まりの近代とその表現思想』（世織書房、二〇一〇年）一九一・一九三～一九四頁。

(38) 田口卯吉『日本之意匠及情交』（経済雑誌社、明治十九年）二三～二六頁。

(39)「羅馬字会趣意書」、『羅馬字会総会演説筆記』（明治十九年三月）九～一〇頁。

(40) 引用は『郵政百年史資料』二一巻（郵政省編・吉川弘文館発行、一九七一年、四一頁）による。

(41) この郵便条例では、それまで制度普及のためにおこなわれていた恩恵措置が廃止されている。たとえば「市内郵便ノ新聞紙等郵便帯紙ヲ用ユルモノニ課スル四分一税即チ郵便帯紙」は、「今ヤ定時刊行物ヲ発行スルモノ多クハ能ク配達府ヲ傭使シ、而シテ尚ホ其配達地ノ遠隔ニテ不便ナル又ハ不完全ナル不束ナル僅ニ三四号若シクハ五六号ニシテ廃業スル雑誌等ニノミ此恩恵ヲ利用セシムルニ至レ」るという理由により廃止された。国立公文書館所蔵『公文録・明治十五年・第百七十巻・明治十五年十二月・農商務省第一』（公03378100）所収「郵便条例制定ノ件」のうち「郵便規則同罰則ノ名称ヲ止メ更ニ郵便条例御発令之儀伺」。国立公文書館デジタルアーカイブ参照。

(42) 郵政省編『郵政百年史』（吉川弘文館、一九七一年）参照。

(43) 明治二十一年一月七日付『東京日日新聞』掲載記事によれば、明治二十年において「尤も盛運を示したるは鉄道事業を以て第一」であるという。「該年の上半年間は到処みな鉄道計画談にして、幾ど吾曹をして鉄道熱の嘆を発せしむるに至りしが、私設鉄道条例の発布よりして此熱は少々沈着して却て実地の計画となるを得たるが如し」。なお同記事によれば、海運事業は「在来の汽船諸会社は何れも実際に其の船舶の改良を漸次に行なひ、（中略）就中郵船会社の如きは新船数隻を増加して其業を進め」たという。『新聞集成 明治編年史』七巻（本邦書籍株式会社、一九八二年、六頁）参照。

(44) 明治二十一年七月四日付『東京日日新聞』雑報「星亨氏等の宣告」。なお、『谷干城氏意見書』『板垣退助氏意見書』『勝安房氏口演覚書』『大日本憲法草案』は、東京大学明治文庫が所蔵する吉野文

庫本および岡文庫本を実見し、紙型痕を確認した。

(45) 拙稿「歴史を「編輯」する——群生する『近世太平記』『明治太平記』の内外」(『文学』第十六巻四号、岩波書店、二〇一五年七月)、および拙稿「紙型と異本」(『書物学』第八号、勉誠出版、二〇一六年八月)を参照。三代目旭堂小南陵『明治期大阪の園芸速記本基礎研究(付録・東京速記本目録)』(たる出版、一九九四年)も参照。この「新作」出来のからくりは偉業館岡本仙介関与の書物でしか確認できていない。紙型一組を買って書物を作るのとどれくらいの金銭差があるのかを示す史料を持たないが、おそらくは明治二十年代中ごろ以降における紙型の財産性誕生と交代するものと思われる。

あとがき

本書は、ある一年を執筆者に選んでもらうところから始めなくてはならず、また統一を取るのにも手間がかかり、通常よりも多くの工程を経て、成ったものである。しかし、その分、新しい視点からの近世史を描き直すことができたように思う。

本書を構想する最初のきっかけは、二十年ほど前に渡部泰明氏にいただいた。

執筆者の方々は、忙しい教育・研究の現場にありながら、力作をお寄せ下さった。

また、勉誠出版の吉田祐輔氏と福井幸氏には煩雑な編集作業をご担当いただいた。特に、吉田氏の強力なご支援がなかったら、本書が成ることはなかったであろう。

右の方々に心よりお礼申し上げる次第である。

平成三十年夏の終わりに

鈴木健一

執筆者一覧

編者

鈴木健一（すずき・けんいち）

一九六〇年生まれ。学習院大学文学部教授。

専門は近世の和歌・漢詩・古典学。

著書に『古典注釈入門 歴史と技法』（岩波書店、二〇一四年）、『天皇と和歌 国見と儀礼の一五〇〇年』（講談社、二〇一七年）などがある。

執筆者（掲載順）

大山和哉（おおやま・かずや）

一九八五年生まれ。同志社大学文学部助教。

専門は近世和歌文学。

論文に「中院通茂『未来記』『雨中吟』講釈の意義」（『和歌文学研究』一一二号、二〇一六年六月）、「後水尾院の和歌の方法――詠み方と読まれ方から」（『日本文学研究ジャーナル』四号、二〇一七年十二月）、「中院通茂の秀句観と木下長嘯子の秀句」（鈴木健一・杉田昌彦・田中康二・西田正宏・山下久夫編『江戸の学問と文藝世界』森話社、二〇一八年）などがある。

河村瑛子（かわむら・えいこ）

一九八六年生まれ。京都大学大学院文学研究科助教。

専門は日本近世文学、俳文学。

論文に「古俳諧の異国観――南蛮・黒船・いぎ

りす・おらんだ考」（『国語国文』八三巻一号、二〇一四年）、「上方版『私可多咄』考」（『近世文芸』一〇〇号、二〇一四年）、「「かたち」考（『国語国文』八六巻五号、二〇一七年）などがある。

西田正宏（にしだ・まさひろ）
一九六五年生まれ。大阪府立大学人間社会学部教授。
専門は歌学を中心とする学芸史の研究。
著書に『松永貞徳と門流の学芸の研究』（汲古書院、二〇〇六年）、論文に「教養と秘伝と――有賀長伯の歌学書出版をめぐって」（鈴木健一編『浸透する教養　江戸の出版文化という回路』勉誠出版、二〇一三年）、「伝授と啓蒙と――松永貞徳『なぐさみ草』をめぐって」（鈴木健一編『形成される教養――十七世紀日本の〈知〉』勉誠出版、二〇一五年）、「近世前期の万葉学――研究と実作と」（『日本文学研究ジャーナル』第五号、二〇一八年）などがある。

深沢了子（ふかさわ・のりこ）
一九六五年生まれ。聖心女子大学日本語日本文学科教授。
専門は俳諧。
著書に『近世中期の上方俳壇』（和泉書院、二〇〇一年）、論文に「立圃の俳画――教養を楽しむということ」（鈴木健一編『浸透する教養　江戸の出版文化という回路』勉誠出版、二〇一三年）、「蕪村の俳諧――「自己ノ胸中いかんと顧るの外他の法なし」」（『国語と国文学』二〇一七年十一月号）などがある。

田代一葉（たしろ・かづは）
一九七八年生まれ。静岡県富士山世界遺産センター准教授。
専門は近世和歌文学。
著書に『近世和歌画賛の研究』（汲古書院、二〇一三年）、論文に「大田垣蓮月の画賛観」（『日本詩歌への新視点　廣木一人教授退職記念論集』風間書房、二〇一七年）、「近世期の儀礼和歌――元文三年度大嘗会和歌の復興について」（『日本文学研究ジャーナル』第四号、二〇一七年十二月）などがある。

杉田昌彦（すぎた・まさひこ）
一九六五年生まれ。明治大学文学部教授。

専門は日本近世文学。
著書に『宣長の源氏学』（新典社、二〇一一年）、論文に「宣長における〝漢意〟意識の苗床」（『文学』一六巻六号、岩波書店、二〇一五年）、「曲亭馬琴の宣長評」（『江戸の学問と文藝世界』森話社、二〇一八年）などがある。

高野奈未（たかの・なみ）
一九八〇年生まれ。日本大学文理学部准教授。
専門は日本近世文学（特に古典注釈学、和歌）。
著書に『賀茂真淵の研究』（青簡舎、二〇一六年）、論文に「物語の「興」――賀茂真淵『伊勢物語古意』と先行注釈」（『国語と国文学』九十五巻三号、二〇一八年）、「ありのままによむこと」（『江戸の学問と文藝世界』森話社、二〇一八年）などがある。

田中康二（たなか・こうじ）
一九六五年生まれ。皇學館大学文学部教授。
専門は日本近世文学・国学。
著書に『江戸派の研究』（汲古書院、二〇一〇年）、『本居宣長の国文学』（ぺりかん社、二〇一五年）、『真淵と宣長――「松坂の一夜」の史実と真実』（中央公論新社、二〇一七年）などがある。

関原　彩（せきはら・あや）
一九八八年生まれ。学習院大学文学部日本語日本文学科助教。
専門は江戸の戯作。
論文に「草双紙における魂図像の変遷――『心学早染草』善玉悪玉の図像の成立まで」（『日本文学』六四巻九号、二〇一五年九月）、「竜宮城はどこにある？」（鈴木健一編『海の文学史』三弥井書店、二〇一六年）、「黄表紙における竜宮描写」（『学習院大学研究年報』第六四輯、二〇一八年三月）などがある。

有澤知世（ありさわ・ともよ）
一九九〇年生まれ。国文学研究資料館特任助教。
専門は日本近世文学。特に後期江戸戯作。
論文に「京伝作品における異国意匠の取材源――京伝の交遊に注目して」（『近世文藝』一〇四号、二〇一六年七月）、「京伝合巻と図会もの――京伝の挿絵利用方法についての一考察」（『日本文学』六五号、二〇一六年六月）。「山東京伝の考証と菅原洞斎――『画師姓名冠字類抄』に見る考証趣味のネットワーク」(『国語国文』八六巻一一号、二〇一七年十一月)などがある。

門脇　大(かどわき・だい)
一九八二年生まれ。神戸星城高等学校ほか非常勤講師。
専門は日本近世文学(特に、怪異文芸や心学など)。
著書に『江戸の学問と文藝世界』(共著、森話社、二〇一八年)、『俗化する宗教表象と明治時代縁起・絵伝・怪異』(共著、三弥井書店、二〇一八年)、『江戸怪談を読む　牡丹灯籠』(共著、白澤社、二〇一八年)などがある。

奥野美友紀(おくの・みゆき)
一九七一年生まれ。富山県立大学非常勤講師。
専門は日本近世文学。
論文に「岩城司鱸覚書――綾足の俳友」(『都大論究』四〇号、二〇〇三年)、「『綾足家集』と和文紀行――『梅日記 桜日記 卯の花日記』を中心に」(『鈴屋学会報』二六号、二〇〇九年)、「『すずみぐさ』の諸本」(『近世文藝』一〇〇号、二〇一四年)などがある。

田中　仁(たなか・ひとし)
一九八〇年生まれ。大正大学文学部日本文学科専任講師。
専門は日本近世文学。
主な著書に『江戸の長歌――『万葉集』の享受と創造』(森話社、二〇一二年)、論文に「近世後期和歌の一側面――少年期の三条実万の和歌習練をめぐって」(『日本文学研究ジャーナル』第四号、二〇一七年)などがある。

磯部　敦(いそべ・あつし)
一九七四年生まれ。奈良女子大学研究院人文科学系准教授。
専門は近代日本出版史。
著書に『出版文化の明治前期――東京稗史出版社とその周辺』(ぺりかん社、二〇一二年)、『明治前期の本屋覚書き 附 東京出版業社名寄せ』(金沢文圃閣、二〇一二年)、論文に「紙型と異本」(『書物学』八号、勉誠出版、二〇一六年)などがある。

編者略歴
鈴 木 健 一（すずき・けんいち）
1960年生まれ。学習院大学文学部教授。
専門は近世の和歌・漢詩・古典学。
著書に『古典注釈入門 歴史と技法』（岩波書店、2014年）、『天皇と和歌 国見と儀礼の一五〇〇年』（講談社、2017年）などがある。

輪切《わぎ》りの江戸文化史《えどぶんかし》
──この一年に何が起こったか？

平成30年10月19日　初版発行

編　者　鈴木健一
発行者　池嶋洋次
発行所　勉誠出版株式会社
〒101-0051　東京都千代田区神田神保町3-10-2
TEL：(03)5215-9021(代)　FAX：(03)5215-9025

印刷
製本　中央精版印刷

ISBN978-4-585-22220-0　C1021

浸透する教養
江戸の出版文化という回路

従来、権威とされてきた「教養」は、近世に如何にして庶民層へと「浸透」していったのか。「図像化」「リストアップ」「解説」の三つの軸より、近世文学と文化の価値を捉え直す。

鈴木健一 編・本体七〇〇〇円（+税）

形成される教養
十七世紀日本の〈知〉

〈知〉が社会の紐帯となり、教養が形成されていく歴史的展開を、室町期からの連続性、学問の復権、メディアの展開、文芸性の胎動という多角的視点から捉える画期的論集。

鈴木健一 編・本体七〇〇〇円（+税）

生産・流通・消費の近世史

具体的なモノの移動に着目し、その生産・流通・消費の有様を把握。環境・資源・生態系との対話から産まれた技術や生業の複合性から近世の人々の生活を描き出す。

渡辺尚志 編・本体八〇〇〇円（+税）

「近世化」論と日本
「東アジア」の捉え方をめぐって

諸学問領域から「日本」そして「近世化」を論究することで、従来の世界史の枠組みや歴史叙述のあり方を捉えなおし、東アジア世界の様態や変容を描き出す画期的論集。

清水光明 編・本体二八〇〇円（+税）

日本「文」学史 第一冊

A New History of Japanese "Letterature" Vol.1

「文」の環境——「文学」以前

日本の知と文化の歴史の総体を、思考や社会形成と常に関わってきた「文」を柱として捉え返し、過去から現在、そして未来への展開を提示する。

河野貴美子・Wiebke DENECKE
新川登亀男・陣野英則 編・本体三八〇〇円（＋税）

日本「文」学史 第二冊

A New History of Japanese "Letterature" Vol.2

「文」と人びと——継承と断絶

「発信者」「メッセージ」「受信者」「メディア」の相関図を基とした四つの観点より「人びと」と「文」との関係を明らかにすることで、新たな日本文学史を描き出す。

河野貴美子・Wiebke DENECKE・新川登亀男
陣野英則・谷口眞子・宗像和重 編・本体三八〇〇円（＋税）

近世日本の歴史叙述と対外意識

近世日本において、自己と他者をめぐる言説が記憶となり、語られていく諸相を捉え、近世そして近代日本の世界観・思考のあり方を照らし出す。

井上泰至 編・本体八〇〇〇円（＋税）

幕末明治 移行期の思想と文化

「忠臣・皇国のイメージ」「出版文化とメディア」「国家形成と言語・思想」の三つの柱から、移行期における接続と断絶の諸相を明らかにした画期的論集。

前田雅之・青山英正・上原麻有子 編・本体八〇〇〇円（＋税）

江戸時代生活文化事典
重宝記が伝える江戸の智恵

学び・教養・文字・算数・農・工・商・礼法・服飾・俗信・年暦・医方・薬方・料理・食物等々、江戸時代に生きる人々の生活・思想を全面的に捉える決定版大事典。

長友千代治 編著・本体二八〇〇〇円（＋税）

江戸庶民の読書と学び

当時の啓蒙書や教養書、版元・貸本屋の記録など、人びとの読書と学びの痕跡を残す諸資料の博捜により、近世における教養形成・書物流通の実情を描き出す。

長友千代治 著・本体四八〇〇円（＋税）

書誌学入門
古典籍を見る・知る・読む

この書物はどのように作られ、読まれ、伝えられ、今ここに存在しているのか。「モノ」としての書物に目を向け、人々の織り成してきた豊穣な「知」を世界を探る。

堀川貴司 著・本体一八〇〇円（＋税）

書物学 第1～13巻（以下続刊）

これまでに蓄積されてきた書物をめぐる精緻な書誌学、文献学の富を人間の学に呼び戻し、愛書家とともに、古今東西にわたる書物論議を展開する。

編集部 編・本体一五〇〇円（＋税）

江戸時代初期出版年表
天正十九年〜明暦四年

出版文化の黎明期、どのような本が刷られ、読まれていたのか。江戸文化を記憶し、今に伝える版本の情報を網羅掲載。広大な江戸出版の様相を知る。

岡雅彦 ほか編・本体二五〇〇〇円（＋税）

元禄・正徳　板元別出版書総覧

元禄九年から正徳五年に流通していた七四〇〇に及ぶ出版物を、四八〇〇以上の版元ごとに分類し、ジャンル別に網羅掲載。諸分野に有用な基礎資料。

市古夏生 編・本体一五〇〇〇円（＋税）

書籍流通史料論　序説

貸本屋や絵草紙屋、小間物屋等の営業文書や蔵書書目・看板・仕入れ印など、書籍流通の実態を伝える諸史料を博捜。書籍文化史の動態を捉える。

鈴木俊幸 著・本体一〇〇〇〇円（＋税）

近世蔵書文化論
地域〈知〉の形成と社会

社会の基盤をなす〈知〉は、いかに形成・浸透したか。地域で受け継がれるアーカイブズを「蔵書文化」という観点から読み解き、近世社会特有の〈知〉の構造を描き出す。

工藤航平 著・本体一〇〇〇〇円（＋税）